Antonia Michaelis arbeitete in Südindien, Nepal und Peru. In Greifswald studierte sie Medizin und begann parallel dazu, Geschichten und Stücke zu veröffentlichen. Sie engagiert sich für Kinder in Madagaskar und hilft dort in mehreren Dörfern beim Aufbau von Schulen, Kinderhäusern und einem Patenschaftsprogramm. Sie hat zahlreiche Romane für Kinder, Jugendliche und Erwachsene veröffentlicht. »Der Märchenerzähler« wurde für den Deutschen Jugendliteraturpreis nominiert, »Niemand liebt November« gewann den Phantastikpreis der Stadt Wetzlar, »Das Blaubeerhaus« den »Penzberger Urmel«.

Antonia Michaelis

Enia
UND DER
REGEN
ZAUBER

Bilder von Sanna Wandtke

Verlag Friedrich Oetinger · Hamburg

Kinderbücher von Antonia Michaelis bei Oetinger

Das Blaubeerhaus
Der Koffer der tausend Zauber
Die Bucht des blauen Oktopus
Manchmal muss man Pferde stehlen
Wind und der geheime Sommer

1. Auflage
© 2024 Verlag Friedrich Oetinger GmbH,
Max-Brauer-Allee 34, 22765 Hamburg
Alle Rechte vorbehalten. Vorbehalten sind
ausdrücklich auch alle Rechte für ein Text und Data
Mining, KI Training und ähnliche Technologien.
© Text: Antonia Michaelis 2024
© Einband und Illustrationen: Sanna Wandtke 2024
Druck und Bindung: GGP Media GmbH,
Karl-Marx-Straße 24, 07381 Pößneck, Deutschland
Printed 2024
ISBN 978-3-7512-0259-6

www.oetinger.de

1. KAPITEL,

*in welchem ziemlich viel Staub vorkommt,
jemand fast von einem Fahnenmast fällt, eine Ziege
Schluckauf hat, ein Lemur in der Schule gefunden
wird und es nicht regnet*

Sie kam mit dem Wind.

Don sah sie zuerst, und sie kam mit dem Wind.

Eine Wolke aus rotem Staub, die über die weite, trockene Ebene fegte. Sie wirbelte zwischen den vereinzelten Büschen entlang, zwischen den Hütten, unter dem weiten blauen Himmel.

Don sah sie *immer* zuerst. Er stand an der Straße wie jeden Morgen und sah ihr entgegen. Es war natürlich keine richtige Straße, nur die tiefen Spuren von Wagenrädern in der roten Erde.

Da! Da war der Ton der Fahrradklingel: hell und klar und beinahe magisch. Der Ton kam direkt aus dem Staubwirbel.

Und dann war *sie* da, dann sprang *sie* vom Rad: Maitresse Tohizantsoa, kurz Tui.

»Salama, Don!«, sagte sie. »Guten Morgen. Manahoana?«

»Danke«, sagte er, ein wenig verlegen. »Mir geht's gut. Und Ihnen?«

Sie schenkte ihm ein strahlendes Lächeln. »Auch. Heute ist ein wunderbarer Tag. Wir werden ein Abenteuer erleben.«

»Die Klasse wartet schon«, sagte Don. »Werden wir essen?«

»Natürlich werden wir essen«, sagte Maitresse Tui.

Sie schob ihr Fahrrad neben Don her, über die rissige Erde zur Schule.

Das Rad war rot und alt, doch um den Lenker und den Gepäckträger waren hübsche purpurfarbene Rosengirlanden aus Stoff gewunden, sodass es aussah wie ein fahrender Garten. Eigentlich war es nicht möglich, dass sich dieser leuchtende Garten bis eben komplett in einer Staubwolke versteckt hatte.

»Unsere Augen lassen sich zu leicht täuschen«, sagte Maitresse Tui und zwinkerte Don zu.

Hinten war eine Holzkiste befestigt, in die man Dinge legen konnte. Wenn man Dinge hatte. An diesem Morgen war sie leer.

»Sie haben gar nichts mit«, sagte Don enttäuscht. »Zum Lesen.«

Immerhin war er elf Jahre alt, also fast ein Mann, und er konnte lesen. Sie hatte es ihnen allen beigebracht. Aber er brauchte mehr Übung. Und mehr Zahlen. Und französische Wörter.

Maitresse Tui lachte. »Nur, weil du nichts sieht, heißt das nicht, dass nichts da ist«, sagte sie.

Don sah sie an, während sie das Rad neben ihm herschob. Sie war so schön! Er hätte sie sofort geheiratet, aber das sagte er niemandem. Maitresse Tui trug ein weißes Kleid bis zu den Knien, mit kleinen Rüschen, die sich am Rand ein bisschen ablösten. Ihr Haar hatte sie in viele winzige Zöpfe geflochten wie die meisten Frauen, aber sie hatte es hinten zu zwei Knoten gewunden, die nebeneinandersaßen wie weiche schwarze Kätzchen, die sie auf ihrem Kopf spazieren trug.

Und sie ging, als würde sie schweben. So leicht.

Jetzt waren sie fast bei der Schule. Ihre Wände bestanden aus Ästen, tief in die Erde gesteckt, mit einem Dach aus mehr losen Ästen. Vor der Schule stand eine Wolke aus bunten Kindern in allen Größen, und sie alle winkten jetzt: eine Explosion aus Farben im rotbraunen, trockenen Nichts. Die Tücher, die die Mädchen als Röcke umgeschlungen hatten, waren wie strahlende Blumen in der Wüste.

Doch an diesem Tag wuchs auf dem Fahnenmast neben der Schule noch eine Blume. Eine leuchtend gelb-rote Blume.

»Fenomeine«, sagte Don. »Was tut sie da oben?«

Und dann löste sich ein anderer bunter Fleck aus der Wolke aus Kindern und stürmte auf sie zu, ein kleiner Wirbelwind, neben dem eine weiß-braun gefleckte Ziege herrannte. Er stürzte sich in die Arme von Maitresse Tui, die ihn auffing und lachte. Don fing das Fahrrad auf, das sonst gefallen wäre. Es war schwer. Aber es fühlte sich wunderbar an, es festzuhalten für Maitresse Tui.

»Fito«, sagte er und seufzte. »Lass Maitresse Tui los.«

»Aber! Aber! Aber!«, rief Fito und hopste jetzt vor ihnen auf und ab. »Es ist ... es ist alles passiert! Feno ist auf die Fahne geklettert und sagt, es wird was kommen, aus der Ferne. Und sie weigert sich, runterzuklettern. Und die Dorfchefs sitzen hinten bei den Bäumen und haben ein Geheimnis, und Tianay hängt kopfüber am Schul-Mangobaum. Und die Ziege hat schon den ganzen Morgen Schluckauf, das bedeutet, dass etwas im Gange ist.«

»Mora, mora, Fito. Laaangsam«, sagte Don. »Und hör auf, zu hüpfen.«

Fito war anstrengend. Er war immer überall, *mit* seiner Ziege, und er war – leider – Dons kleiner Bruder. »Die *Ziege* hat Schluckauf? Und wieso ist Tianay in der Schule? Der ist sowieso seltsam, das wissen alle. Und der ist viel zu alt für die Schule, der ist mindestens siebzehn!«

»Ist er nicht, er hängt nur an der Mango, der Verrückte«, sagte Fito ungeduldig. »Er sagt, er hört den Regen.«

Maitresse Tui schloss die Augen. »Den Regen«, sagte sie leise. »Ich wünschte, *ich* könnte den Regen hören. Es ist das dritte Jahr, dass er ausbleibt. Aber die Ziege hat recht. Und Fenomeine auch. Es fühlt sich so an, als ob etwas kommt. Als ob sich etwas verändert. Bald. Ich weiß nicht, ob es etwas Gutes oder etwas Gefährliches ist. Vielleicht beides. Es kommt darauf an, was wir daraus machen.« Dann öffnete sie die Augen. »Und du sollst nicht sagen, dass Tianay verrückt ist.«

»Aber er ist anders«, sagte Fito. »Also, als wir. Sagt Nenibe.«

Maitresse Tui nahm Don das Fahrrad ab und schob es weiter.

»Wir sollten Fenomeine von der Fahne holen. Ziege? Kommst du mit?«

»Hicks«, sagte die Ziege.

Maitresse Tui stellte das rote Blumen-Rad im Schatten der Mango ab, damit die Reifen in der Sonne nicht platzten. Die Mango war wunderbar, sie breitete ihre Zweige mit den tief-grünen Blättern über die Schule, als wollte sie sie beschützen.

Nur eine Mango, das wusste Don, reicht mit ihren Wurzeln so weit, dass sie auch jetzt noch Wasser fand.

Und an einem dicken Ast daneben hing also Tianay, kopfüber, die Arme vor der Brust verschränkt, die Augen geschlossen.

»Avy ny orana«, murmelte er. »Der Regen kommt.«

Dann machte er plötzlich die Augen auf und sah Don an. Er hatte komische Augen, braun mit kleinen goldenen Tupfen. Hübsch. Er war überhaupt ein hübscher junger Mann, wie auf einem gemalten Bild. Aber alle im Dorf sagten, dass die Geister in seinem Kopf wohnten.

Die anderen Kinder standen mit etwas Abstand da, ängstlich, und starrten ihn an.

Maitresse Tui jedoch zog ihre hellblauen Plastikslipper aus, stieg auf den Sattel des roten Fahrades, streckte sich und zog sich auf den untersten Ast der Mango. Dann hängte sie sich neben Tianay.

Kopfüber. Genau wie er.

Und verschränkte ebenfalls die Arme.

Der Rock des weißen Kleides hätte nach unten hängen müs-sen, sodass man ihre Unterwäsche sah, doch er tat es nicht.

Vielleicht hatte Maitresse Tui mit der Erdanziehungskraft eine Abmachung. Don traute ihr alles zu.

Und da dachte er: Ich kann das auch. Natürlich kann ich das.

Die anderen sagten, er sei ein Feigling, weil er sich nicht gern mit irgendwem prügelte. Er saß lieber im Schatten und spielte auf der Flöte, die er selbst geschnitzt hatte. Dies war eine Gelegenheit, ihnen zu beweisen, dass er kein bisschen feige war. Er kletterte auf den Fahrradsattel, krallte sich mit bloßen Händen und Füßen im rauen Stamm der Mango fest und … war oben.

»Don ist neuerdings auch seltsam!«, rief jemand von unten.

»Ich hätte nicht gedacht, dass er sich das traut!«, sagte ein anderer.

Don hing jetzt. Kopfüber.

»Hallo, Don«, sagte Maitresse Tui. »Hörst _du_ den Regen?«

Don lauschte. Er hörte sein Herz pochen. Er hörte seinen Magen knurren.

»Nein«, sagte er.

»Ich auch nicht«, sagte Maitresse Tui. »Tianay, bist du sicher?«

»Tropfen«, sagte Tianay. »Viele Tropfen. Pling. Plong. Pling.«

In diesem Moment merkte Don, wie er zu rutschen begann. Er versuchte, mit dem Oberkörper wieder hochzukommen, sich festzuhalten … spürte, wie er fiel. Schloss die Augen. Und landete in weichen Armen. Als er die Augen aufschlug, schwebte Maitresse Tuis Gesicht über ihm. Wie war sie so schnell auf den Boden gekommen?

»Das war ein bisschen gefährlich«, sagte sie und stellte ihn auf die Beine.

»Und jetzt kommt, wir müssen Fenomeine vom Fahnenmast holen, ehe sie auch noch fällt. Heute scheinen alle Kinder reif zu sein, denn sie hängen irgendwo und müssen geerntet werden.«

Fito schob seine kleine dreckige Hand in die von Don, und sie folgten Maitresse Tui zum Fahnenmast. Zusammen mit den anderen Kindern.

»Is gut, dass du nicht gefallen bist«, sagte Fito. »Du hättest dir was durchbrechen können.«

Don drückte Fitos Hand.

Unter dem Fahnenmast blieben sie alle stehen. Der Mast war hoch, höher als das Schuldach. Fenomeines gelber Rock flatterte mit der verblichenen rot-weiß-grünen Fahne um die Wette, flatterte wie eine Sonne, die jemand zum Trocknen aufgehängt hatte.

»Fenomeine?«, rief Don. »Warum bist du da oben?«

»Wegen der Aussicht!«, schrie Fenomeine.

Ihr Haar stand wild in alle Richtungen wie Windböen. Fenomeine *war* ein wildes Kind. Sie waren seit Ewigkeiten Freunde, sie und Don, aber sie war immer wagemutiger gewesen.

Eigentlich hätte sie zu Hause sitzen und Kaktusfrüchte säubern sollen, das wusste Don, und das wusste auch Fenomeine. Ihre Tante mochte es gar nicht, wenn sie zur Schule ging. Und sie mochte es sicher auch nicht, wenn sie auf den Fahnenmast kletterte.

»Da kommt was!«, schrie Feno. »Von hinter dem Horizont!«

»Was denn?«, rief Maitresse Tui. »Regen?«

»Nee!«, schrie Feno. »Besuch!«

11

»Was für Besuch?«, rief Fito.

»Ich weiß nicht genau! Zwei Leute. Ein Erwachsener und ein Kind.«

»Hicks!«, rief die Ziege.

Alle lachten. Nur Miarisoa, die schon älter war, sagte: »Maitresse Tui, das ist doch Unsinn, ist sie jetzt auch übergeschnappt wie Tianay? Dass sie wild ist, weiß jeder, aber das?«

»Ich denke, wir sollten ihr runterhelfen und uns alle beruhigen«, sagte Maitresse Tui. »Wir haben heute eine Menge Worte, die wir lesen wollen, und Zahlen. Und Reis, der gegessen werden muss. Danach können wir darüber nachdenken, was das alles bedeutet. Feno?«, rief sie nach oben. »Komm runter!«

Feno nickte. Dann schüttelte sie den Kopf. Sie sagte etwas, leise, sodass niemand unten es hörte. Aber Don sah, dass der Fahnenmast im Wind schwankte. Der Wind, der jetzt morgens über die Ebene strich, war stark. Feno hatte Angst. Ein paar der älteren Jungen stießen sich an und lachten. »Ihr hättet auch Angst«, sagte Don.

»Wenn die da runterfällt, das sind tausend Meter, dann issie tot«, sagte ein kleines Mädchen.

»Nee, aber sie bricht sich ein Bein«, sagte Miarisoa. »Und niemand wird es heilen können, das ist zu teuer, und das Krankenhaus ist zu weit weg. Meine Tante hat sich ein Bein gebrochen, das ist immer noch steif.«

»Mangina!«, sagte Maitresse Tui scharf. »Ruhe.« Und dann rief sie hinauf zu Feno: »Du kommst alleine nicht runter, richtig? Dann komm mit dem Wind!«

»Mit dem Wind?«, rief Feno.

»Wir haben nicht viel, hier bei uns«, rief Maitresse Tui. »Aber wir haben Wind, und wir haben Staub, und wir haben Träume. Komm mit dem Staub. Komm mit den Träumen. Halt dich an ihnen fest.«

Sie streckte die Hände aus, und ein Staubwirbel stieg in einer Windböe auf, gerade am Fuße des Fahnenmastes; ein roter Staubwirbel, wie er auch ihr Fahrrad jeden Morgen umgab, ehe sie abstieg. Der Staubwirbel stieg höher und höher, drehte sich in sich selbst, hüllte den Mast ganz ein. Die Kinder wichen alle zurück, hielten den Atem an. Die Ziege versteckte sich hinter Fito.

Und dann hüllte der Staubwirbel auch die Fahne ein, Madagaskars stolze Farben verschwanden im Staub: Rot für die Liebe, Grün für die Hoffnung, Weiß für den Frieden. Rot für die trockene Erde, Grün für den Urwald, der längst den Sägen gewichen war, Weiß für die ausgedörrten Flussbetten.

Fenos sonnengelber Rock war fort, da war nur noch Staub: Staub, der im Kreis raste. Und dann begann der Staub, den Mast wieder herabzusinken, noch immer im Kreis wirbelnd.

Oben, an der Spitze des Mastes, flatterte die Fahne. Rot für die Früchte der Kakteen, die gegen den Hunger halfen, Grün für ihre Blätter, die die Ziegen fraßen, Weiß für den Saft der Famatabäume, der Wunden heilte.

Feno war fort.

Der Staubwirbel legte sich. Und da stand sie, am Fuß des Mastes. Und lächelte erleichtert.

»Besuch«, wiederholte sie. »Wir bekommen Besuch. Und ich

bin nicht von den Geistern besessen, also keine dummen Sprüche! Ich habe es ganz deutlich gesehen. Alles wird sich ändern.«

Don hob den Stock auf, der am Fuß des Mastes lag, und drückte ihn Feno in die Hand.

»Ich hatte Angst um dich«, flüsterte er.

»Gehen wir lesen und rechnen«, sagte Maitresse Tui. »Und Französisch lernen.«

Die anderen hatten sich schon abgewandt und strömten in die kleine Hütte aus Ästen, die die Schule war, um sich auf den Boden zu setzen: dicht an dicht, damit alle hineinpassten.

Tianay hing nicht mehr im Mangobaum. Er war irgendwohin gegangen, um andere seltsame Dinge zu tun. Don wartete auf Feno. Sie würde etwas länger brauchen, wie immer. Fenomeine in ihrem sonnengelben Rock war ein wildes Kind, ein mutiges Kind.

Aber sie war blind.

Enia fand den Lemuren ganz zufällig.

Auf einem Reiseblog im Internet, in der Freiarbeitszeit in der Schule.

Er war winzig klein und hatte einen langen, geringelten Schwanz und vier Pfoten. Und die Flügel eines Schmetterlings. Fein gezeichnet, mit großen schwarzen Flecken wie Augen: Pfauenaugenflügel.

Sie zog das Bild größer auf dem iPad, aber das nützte nicht viel, weil es unscharf wurde.

Auf dem Bild saß er auf einer Blume. Entweder war die Blume riesig oder der Lemur wirklich sehr klein.

»Guck mal!«, flüsterte Enia, und Sophia sah von ihrem eigenen iPad auf.

»Was ist das? Sollten wir nicht was über die Cheops-Pyramide in Ägypten recherchieren?«

»Ja, ja«, sagte Enia. »Hab ich gemacht. Aber der hier ist einfach aufgetaucht.«

»In der Cheops-Pyramide?«

»Nein, in diesem Blog. Guck, hier: Michaels Reisen. 2023 – Madagaskars Süden. Das Land der ausgestorbenen Elefantenvögel ...«

»Warum guckst du dir Reiseblogs von Erwachsenen an?«

Enia zuckte die Schultern. »Wegen meinem Vater. Er muss den Studenten heute schon wieder was über das Aussterben von Tieren erzählen, und er forscht ja auch darüber ... Bei uns zu Hause geht es quasi nur ums Aussterben. Aussterben, Artensterben, Waldsterben. Würde mich gar nicht wundern, wenn er irgendwann abends statt ›Schlaf schön‹ zu mir sagen würde: ›Stirb schön aus.‹«

Sophia lachte. »Aber es ist eigentlich gar nicht lustig«, sagte Enia. »Er ist dauernd traurig. Er macht sich zu viele Sorgen. Klimawandel und all das, die Welt geht den Bach runter, sagt er. Und dann kommt er nach Hause und sitzt am Küchentisch und trinkt Tee und sorgt sich.«

»Und das Ding da? Ist das auch ausgestorben?«, fragte Sophia.

»Eben nicht!«, sagte Enia. »Hör mal: *Seltsame Begegnung im Trockenwald nahe Ejeda. Als ich eine Pause im Schatten mache, besucht mich dieses kleine Tierchen. Eine winzige Fledermaus?*

Ein zu groß geratener Schmetterling? Nein, es scheint sich um einen Lemuren zu handeln, noch winziger als der nachtaktive Koboldmaki oder das Aye-Aye. Aber es ist ein Tierchen, das gerne verschwindet.«

»Es gibt keine Lemuren mit Flügeln«, sagte Sophia.

»Warte … *blabla … wird das Tier in einem Reisebericht von 1705 erwähnt. Es war angeblich nur in Trockenwäldern anzutreffen. Die Leute hier nennen es Gidrano, Wasserlemur. Sie sagen, es ist lange ausgestorben, wie der Elefantenvogel. Es ist nie offiziell beschrieben worden und hat daher keinen lateinischen Namen.«*

»Es gibt keine Lemuren mit Flügeln.«

»*Angeblich kann man Wasser finden, wenn man dem winzigen Lemuren folgt.«* Enia sah auf. »Was denkst du?«

»Ich denke, es gibt keine Lemuren mit Flügeln.« Sophia verschränkte die Arme. »Wie soll ein Säugetier Flügel haben?«

»Es gibt auch Schnabeltiere«, sagte Enia. »Und Axolotl. Ich meine, wir wissen doch gar nicht, was es alles gibt.«

»Aber ich weiß, dass es hier Unterricht gibt«, sagte Frau Sahnebier, die zwischen den Schülern auf und ab ging. »Enia, kümmer dich jetzt bitte um deinen Ägyptenvortrag, ich muss sonst wieder mit deinem Vater sprechen.«

»Das muss ich auch«, murmelte Enia.

Sie wartete, bis er sich an den Küchentisch gesetzt und einen Schluck Tee getrunken hatte.

Er sah müde aus, wie immer. Sein Haar war über die Jahre schütter geworden. Auf seinem hellen Hemd gab es am Ärmel ein paar dunkle Flecken, Kaffee oder Soße aus der Kantine, er war meistens mit den Gedanken woanders und bemerkte solche Dinge nicht.

Enia hatte Blumen gepflückt und in einem Eierbecher voll Wasser auf den Küchentisch gestellt. Februarblumen, winzig, aber voller Hoffnung: Schneeglöckchen und Märzenbecher und solche kleinen blauen Dinger, die dem Vorgarten der Nachbarin jetzt fehlten.

Die Blumen waren selber schuld, sie waren durch den Zaun nach draußen gewachsen.

Vielleicht hatten sie versucht, zu fliehen.

»Sehr hübsch«, sagte Papa. »Und du hast Tee gemacht. Wie war dein Schultag?«

»Gut«, sagte Enia vorsichtig. »Und wie geht's den aussterbenden Studenten?«

Papa lachte. Es klang nicht so richtig fröhlich. »Die Studenten interessieren sich nur für ihre Likes auf Instagram. Na, das ist nichts Neues.«

Enia holte tief Luft.

»Papa«, sagte sie dann, »du warst doch mal in der Forschung. Bevor du nur noch den Studenten was vom Artensterben erzählt hast.«

»Ja, aber das weiterzumachen wäre nicht gegangen mit einem Kind«, sagte Papa. »Weißt du doch. Rumreisen und all das. Da war es schon gut, dass ich den Lehrauftrag bekommen habe. Besser für ein ruhiges Leben.«

»Und vor lauter Ruhe bist du ganz eingestaubt«, sagte Enia.

Und dann legte sie ihr iPad vor Papa auf den Tisch. Das Bild von dem winzigen Lemuren mit den zarten Flügeln war noch offen.

»Was ist ... das?«, fragte Papa vorsichtig und beugte sich darüber.

»Ein ausgestorbenes Tier«, sagte Enia. »Nur, dass es nicht ausgestorben ist. Jemand hat es gesehen. Ein Reiseblogger. Vor zwei Wochen. Im Süden von Madagaskar.« Sie senkte ihre Stimme, beinahe zu einem Flüstern. »Und dieses Tier ist nirgends offiziell beschrieben! Es hat nicht mal einen lateinischen Namen. In einem Reisebericht von 1705 ist es erwähnt, den sollte man finden, liegt wohl in irgendeinem Archiv in Berlin. Also, sagt das Netz.«

»Und?«, fragte Papa. Er hielt noch immer die Teetasse, sah aber aus, als hätte er sie vergessen.

»Und wir müssen da hin«, sagte Enia fest. »Nach Madagaskar. Es wird Zeit, dass du mal wieder ein Tier erforschst, das nicht ausgestorben ist.«

»Enia, ich ...« Er schüttelte den Kopf. »Wie stellst du dir das vor? Ich kriege nicht so einfach wieder einen Forschungsauftrag. Und wieso überhaupt *wir*?«

Papa hob hilflos die Hände, und dabei warf er die Teetasse um, die gegen den Eierbecher fiel, aus dem die Blumen rutschten.

»Mist«, murmelte Papa, zog sein Stofftaschentuch heraus, wischte damit über den Tisch und strich sich die Haare aus dem Gesicht, was irgendwie dazu führte, dass ein verirrtes Schneeglöckchen auf seiner Stirn klebte.

»Wieso wir?«, wiederholte er.

»Weil«, sagte Enia und pflückte das Schneeglöckchen von

seiner Stirn, »irgendwer auf dich aufpassen muss.« Sie beugte sich vor und legte all ihre Überzeugungskraft in ihren Blick. Sie hatte dieselben blassblauen Augen wie er, aber – das wusste sie – ihr Blau konnte Funken sprühen. »Wir brauchen keinen Forschungsauftrag. Wir machen das einfach allein. Und wir werden den Wasserlemuren finden, und sie werden alle beeindruckt sein. Ich will kein Geburtstagsgeschenk und kein Weihnachtsgeschenk nächstes Jahr, nur das.«

»Wasser...lemur?«

»Die Leute sagen, er weiß, wo Wasser ist«, sagte Enia. »Ich habe dem Blogger geschrieben. Er hat leider nicht geantwortet. Egal. Wir brauchen keinen Blogger, um eine Reise zu machen.«

»Enia, das geht nicht«, sagte Papa, stand auf und trat ans Fenster. Die Wohnung lag unter dem Dach, in der kleinen Küche sah man die offenen Balken, es war eine hübsche Küche, mit einem hübschen Fensterbrett voller Kräuter. Alles war hübsch. Da draußen, dachte Enia, wartete ein Abenteuer, jenseits von hübsch.

»Wir können nicht einfach irgendwo hinfahren und hoffen, dass wir ein Tier sehen, das quasi noch keiner gesehen hat«, sagte Papa und zupfte am Oregano herum. »Und meine Studenten? Und die Schule? Und alles? Das ist nicht Italien, ein Wochenende hin und zurück. Das ist Afrika.«

»Genau genomen ist es neben Afrika«, sagte Enia. »Madagaskar hat sich von Afrika abgetrennt und ist weggeschwommen, vor ungefähr 160 Millionen Jahren, zusammen mit Indien. Vor 90 Millionen Jahren hat es sich dann von Indien getrennt. Deshalb hat es auch ganz eigene Tiere und Pflanzen.

Lemuren zum Beispiel. Hab ich alles nachgeguckt. Bei so was lerne ich viel mehr als in der Schule.«

Papa lachte, drehte sich zu Enia um und fuhr sich wieder durchs Haar, wobei er irgendwie Oreganoblättchen hineinbekam. Grün gesprenkelt sah das Grau viel interessanter aus.

»Aber ... wenn man forscht, Enia, wohnt man nicht in einem netten Hotel. Sondern man schläft manchmal im Schlafsack ...«

»Wir können das gelbe Zelt mitnehmen. Im Urlaub an der Seenplatte ging das auch ganz gut. Du hast dich nur vier Mal in den Zeltschnüren verheddert und nur ein Mal fast zu Tode erschreckt, als der Fuchs nachts mal gucken kam.«

»Klingt, als wäre ich völlig lebensuntüchtig«, sagte Papa.

»Das bist du«, sagte sie freundlich. »Ich habe eine Liste aller Impfungen gemacht, die wir brauchen.«

Er grinste. »Die Flugtickets hast du noch nicht gebucht?«

»Nein«, sagte sie. »Aber die Verbindung hab ich rausgesucht. Und eine Sprach-App fürs Handy. Französisch und Malagasy.«

Er seufzte. »Was würde Mama dazu sagen?«

»Sie wäre stolz«, sagte Enia. »Sie war die, die forschen wollte. Ich meine, ihr habt das zusammen gemacht, damals, oder?«

Er nickte. »Bis du kamst.«

»Ja. Bis ich ...« Sie schluckte. »Bis ich kam und sie ging. Ich meine, ich hab nie an herumschwebende Engel geglaubt ... aber irgendwie ist sie ja da, und sie kommt mit. Sie passt auf mich auf, und ich passe auf dich auf.«

»Und ich passe auf den Schmetterlingslemuren auf«, sagte Papa.

Sie träumte von den Lemuren.

Er waren mehrere.

Sie saßen überall auf den dornigen Büschen, die in der Steppe wuchsen. Wie ein Schwarm Vögel. Dann flogen sie auf und stoben davon, und in ihrem Traum nahm Enia Papa an die Hand, und sie rannten, über trockenen, rissigen Boden, den Lemuren nach. Und ganz plötzlich standen sie vor einem See, einem glitzernden See. Die Lemuren bildeten mit ihren bunten Flügeln eine Wolke über dem See. Sie stiegen ein wenig auf – und tauchten alle zusammen ins Wasser.

Enia sprang ebenfalls ins Wasser, es war klar und kühl, und sie schwamm unter Wasser weiter, aber sie fand die bunten Flügel nicht mehr. Sie waren verschwunden.

2. KAPITEL,

*in welchem Buchstaben ein Eigenleben
führen, jemand ein rätselhaftes Amulett
erhält und es nicht regnet*

Der Boden der Schule war glatt und hart, festgetreten von vielen Kinderfüßen. Don saß neben Fenomeine wie immer, er spürte den raschelnden Stoff ihres sonnengelben Rocks.

Sie saßen dicht gedrängt, damit alle Platz hatten. Und vorne stand Maitresse Tui.

Sie trug jetzt einen weißen Kittel, wie alle Lehrer, und sah offiziell aus.

»Wir wiederholen die französischen Zahlen«, sagte sie und hob ihren Stock. Und dann riefen sie im Chor, alle sechzig Kinder: »Un! Deux! Trois! Quatre!«

Maitresse Tui gab mit dem Stock den Takt an. Er machte eine

kleine glitzernde Spur in der Luft, wie Sternenstaub. Wenn das nicht Einbildung war. »Cinq! Six!«

»Und jetzt die Tiere«, sagte Maitresse Tui. Die kleineren Kinder kicherten. Sie wussten, was nun kam.

Maitresse Tui hockte sich auf den Boden und grunzte, und die Kinder riefen alle: »Le cochon! Das Schwein!«

»Gut«, sagte Maitresse Tui, streckte den Hals und begann zu gackern.

»La poule! Das Huhn!«

Jetzt wisperte Maitresse Tui Unverständliches, wiegte sich hin und her und wisperte und hauchte, und keiner wusste, was das für ein Tier war. Da stand Fenomeine auf und sagte: »Le vent. Der Wind«, und Maitresse Tui nickte. Nur Fenos Ohren waren gut genug, den Wind zu hören.

Sie würde niemals lesen lernen, denn die Buchstaben, die Maitresse Tui in den Staub malte, konnte sie nicht sehen. Aber sie konnte den Wind auf Französisch rufen.

Dons beste Freunde waren die Zahlen. Er liebte es, wenn Maitresse Tui Rechnungen auf das alte schwarze Tafelbrett schrieb.

Jetzt! Jetzt holte sie ein winziges Stück Kreide aus ihrem aufgerollten Rocksaum und schrieb eine Aufgabe für die Kleinen und eine für die Großen. Die anderen stöhnten.

»Wer will schon rechnen lernen«, maulte einer der großen Jungen. Jean-Marcel. »Sechzig Teller Reis mal fünf mal zweiundfünfzig, wer soll denn so viel Reis haben?«

»Du sei froh, dass ich dich nicht die einzelnen Reiskörner multiplizieren lasse«, sagte Maitresse Tui, und alle lachten. Aber jetzt fuhr sie mit der Hand ganz leicht über das schwarze

Tafelbrett, und auf einmal stiegen die Zahlen herunter und fingen an zu tanzen.

Sie tanzten vor dem schwarzen Brett, und die Kinder sahen mit offenem Mund zu. Da holte Don die kleine Flöte aus der Tasche, die er immer bei sich trug, und spielte für sie, und die Zahlen tanzten schneller, drehten sich, wirbelten herum … Und auf einmal dehnten sie sich und verknoteten sich und wurden zu anderen Zahlen. Standen schließlich still.

»Dreihundert mal zweiundfünzig«, las Jean-Marcel. »Fünfzehntausendsechshundert.«

»Richtig«, sagte Maitresse Tui und klatschte in die Hände. »Jetzt aber husch, zurück auf die Tafel mit euch! Wir wollen weiterüben, also benehmt euch!«

Da sprangen die Zahlen ein bisschen schuldbewusst auf das schwarze Brett, und Don steckte die Flöte weg.

»Seht ihr«, sagte Maitresse Tui, »so viele Teller Reis wären das, wenn wir an jedem Schultag Reis essen würden und das ganze Jahr lang zur Schule gehen dürften.«

In diesem Moment streckte jemand den Kopf zur Tür herein, die nur eine Lücke in der Wand aus Ästen war. Es war eine ältere Frau mit einem Baby auf dem Rücken, hager und gebeugt.

»Wo ist sie?«, fragte sie ärgerlich.

Maitresse Tui schenkte ihr ein Lächeln, das die Frau aber offenbar nicht haben wollte. »Wer?«

»Das wissen Sie genau. Meine Nichte. Fenomeine. Hat sie sich wieder in die Schule geschlichen? Sie soll zu Hause sein und Kaktusfrüchte schälen! Es nützt keinem was, wenn sie hier rumsitzt! Lernen ist überflüssig für Mädchen, und sie ist sowieso blind, was soll sie lernen?«

Don drehte kurz den Kopf, doch Feno saß nicht mehr neben ihm.

»Hier ist sie nicht«, sagte Maitresse Tui, ohne mit dem Lächeln aufzuhören. »Vielleicht ist sie losgegangen, um mehr Kaktusfrüchte zu ernten. Oder um bei jemandem ein Messer zum Schälen auszuleihen.«

Die hagere Frau knurrte, drehte sich aber um und ging.

Feno tauchte wieder neben Don auf. Sie hatte bis jetzt platt auf dem Boden gelegen, zwischen den Reihen der sitzenden Kinder. »Die Tante kann mich mal«, murmelte sie.

»Feno, zeige dem Alter Respekt«, sagte Maitresse Tui.

»Sie kommandiert immer meine Mutter rum, meine Mutter würde mich lernen lassen. Sie ist eine blöde ... eine blöde ... *Tante*«, sagte Feno, der kein gutes Schimpfwort einfiel. »Und ich *kann* Sachen lernen. Wer muss denn was sehen zum Rechnen?«

»Niemand«, sagte Maitresse Tui.

Dann rechneten sie eine ganze Stunde lang andere Dinge aus – wie viele Bretter man bräuchte, um Schulbänke zu bauen, wie viele Hühner in den Klassenraum passten und wie viel die Hühner jeden Tag lernen müssten, um schlau genug zu werden für die fünfte Klasse. Sie rechneten, bis ihre Köpfe rauchten. Danach lasen sie Worte, die Maitresse Tui überall um die Schule herum in den Staub schrieb, sie hüpften von Wort zu Wort, und die Kleinen kicherten. Fitos Ziege war immer dabei. Obwohl sie wirklich nicht gut lesen konnte.

In der Pause spielten sie Murmeln.

Man musste mit seinen Murmeln eine bestimmte Murmel treffen, es war nicht einfach. Don besaß nur zwei Murmeln, eine rote und eine durchsichtige mit gelben und roten Schlieren. An diesem Tag gewann er noch eine – eine wunderschöne große blaue Murmel mit grünen Flecken, von Jean-Marcel, der sich ärgerte. Aber alle hatten gesehen, dass Don gewonnen hatte, er musste die Murmel also rausrücken.

Und nach der Pause durften sie selber schreiben, mit der wertvollen winzigen Kreide auf die Tafel. Nicht alle natürlich.

»Ich will! Ich will!«, schrie Fito und hopste schon wieder auf und ab, aber erst, als er ganz still saß, durfte er. Als Allerletzter.

Und er ging feierlich nach vorn und schrieb: »ICH HAB HUNGA.«

»Gut«, sagte Maitresse Tui. »Dann sollten wir jetzt essen. Nehmt jeder einen Teller. Ich erzähle euch eine Geschichte, während ihr esst.«

Das war der beste Teil des Tages, fand Don.

Sein Magen knurrte schon seit dem Morgen; der Topf zu Hause war leer gewesen. Nenibe, seine Großmutter, war früh aufgestanden, um Kaktusfrüchte zu sammeln, heute Abend würde es also etwas geben, aber solange der Regen nicht kam, gingen die Bohnen ein. Er nahm einen Teller vom Stapel in der Ecke, einen leuchtend orangefarbenen Plastikteller mit einem Riss, und dann saß er mit den anderen draußen unter dem Mangobaum.

»Wir haben einen riesigen Topf mit Reis gekocht«, sagte Maitresse Tui und gab ihm einen Blechlöffel. »Reis mit Ziegenfleisch.«

»Nicht Ziege!«, sagte Fito und legte den Arm um seine Ziege. »Sie ist sonst beleidigt!«

»Fisch!«, rief Feno.

»Gut, ich habe mich geirrt, einen Topf mit Reis und Fisch«, sagte Maitresse Tui. »Habt ihr alle eure Löffel? Dann seht eure Teller an. Der Reis ist weiß, ein kleiner weißer Berg auf jedem Teller. Die Fischsoße ist braun und fettig. Sie riecht nach Gewürzen aus der Ferne. Nach dem Meer, in dem auch Fische schwimmen, weit fort.«

Don schnupperte. Nie hatte er etwas Besseres gerochen.

»Jetzt schließt die Augen und esst den ersten Löffel Reis mit Fisch«, sagte Maitresse Tui. Ihre Stimme war eins mit dem Wind im Mangobaum. »Unsere Freundin, die Mango, reicht mit ihren Wurzeln tief in den Boden«, sagte Maitresse Tui. »Sie trinkt das Wasser von dort unten, und auch sie träumt vom Meer. Alles Wasser fließt irgendwann wieder ins Meer. Dort schwimmen bunte Fische, manche haben viele Arme und spucken Tinte, manche sind flach, und manche sind so groß wie die Schule und atmen wie Menschen, weil sie gar keine Fische sind. Die Wale. Kaut den Reis und den Fisch gut! Stellt euch vor, ihr vergrabt die Zehen im warmen gelben Sand, ihr seht die Kokospalmen links und rechts, und dann bückt ihr euch und hebt eine Muschel auf. Eine große Muschel. Mit glänzenden rosa Auswüchsen, in der Mitte eingekringelt. Und als ihr die Muschel ein wenig schüttelt, fällt ein kleines Tier heraus. Es läuft über den Sand, ganz schnell, es hat vier Beine und einen langen, geringelten Schwanz, wie ein Katta-Lemur aus dem Trockenwald. Aber es ist nicht größer als eine Heuschrecke.

Und jetzt! Jetzt entfaltet es zwei Flügel und steigt auf in die Luft. Wie ein Schmetterling. Immer weiter steigt es auf, gelb-rot-blau gemustert sind die Flügel … Geht ihm nach! Versucht nicht, es zu fangen, denn Schmetterlingsflügel darf man nicht berühren, sonst verlieren sie ihre winzigen farbigen Schuppen. Dann stimmt das Gleichgewicht nicht mehr, und sie stürzen vom Himmel. Geht ihm also nur nach, ohne es anzufassen …«

»Meine Ziege sinkt im Sand ein«, sagte Fito. »Mit den Hufen.«

»Sag ihr, wir haben den Strand schon hinter uns gelassen«, sagte Maitresse Tui. »Wir folgen jetzt dem Schmetterlingstier auf einem Pfad durch den Urwald. Hinter dem Strand ist der Urwald dicht und grün. Er sieht anders aus als unser Trockenwald. Vor tausend Jahren war er überall in Madagaskar grün, ehe sie ihn abgeholzt haben. Wir müssen uns unter Lianen durchducken, wir kommen an Blumen vorbei, die aussehen wie Vögel auf Stielen … Auf der anderen Seite kommen wir wieder aus dem Urwald, und seht euch das an! Wir sind wieder hier. Hier in unserer Ebene. Der Wind trägt das Schmetterlingstierchen weiter … Und schließlich landet es. Genau neben einem Riss in der Erde. Ihr wisst, was für ein Tier das ist. Es ist der Wasserlemur, den so lange niemand mehr gesehen hat. Er sitzt jetzt da und putzt seine Pfoten wie eine winzig kleine Katze. Und aus dem Riss in der Erde kommt Wasser. Frisches, klares Wasser, es kommt einfach aus der Erde gesprudelt! Jetzt habt ihr die Teller leer gegessen, meine Lieben, jetzt beugt euch über die Erdspalte und trinkt.«

Das Wasser war wirklich ganz klar, es schmeckte wunderbar. Don wischte sich den Mund ab und öffnete die Augen.

Feno, neben ihm, lächelte.

»Es gab ihn mal«, flüsterte sie. »Den Wasserlemur, oder?«

»Wenn er wieder da wäre«, wisperte Don, »würde er das Wasser rufen. Und wir könnten wieder Bohnen pflanzen.«

»Ach, das sind bloß Geschichten«, sagte Jean-Marcel. »Ein Tier, das Wasser findet? Hat es nie gegeben.« Er lachte rau und begann, die Teller einzusammeln. Er war einen ganzen Kopf größer als Maitresse Tui.

»Danke für die Teller, Jean-Marcel«, sagte sie.

»Du glaubst also nicht an den Wasserlemur, nein? Aber satt geworden bist du?«

»Ja, schon«, knurrte Jean-Marcel.

»Den Wasserlemuren hat lange keiner gesehen«, sagte Maitresse Tui. »Aber frag mal jemanden im Dorf, was er auf euren Tellern gesehen hat.«

»Was schon, Reis mit Fisch«, knurrte Jean-Luc.

Don stieß Feno an. Sie schmeckten beide noch die Fischsoße, doch sie wussten auch beide: Es war nie Reis auf den Tellern gewesen, und Fisch sowieso nicht.

»Es ist alles eine Frage dessen, was wir glauben«, sagte Maitresse Tui leise.

Und dann pfiff plötzlich jemand. Und alle sahen hinüber: dorthin, wo die Männer des Dorfes in einem Halbkreis saßen, einen Steinwurf von der Schule entfernt. Sie winkten.

»Ich muss zu ihnen gehen«, sagte sie. »Sie wollen mich sprechen. Ich glaube, es ist wichtig, der Rest des Unterrichts fällt heute aus.«

Sie klang mit einem Mal ernst.

»Können wir mitgehen?«, fragte Don.

»Nein«, sagte Maitresse Tui. »Eine Versammlung der Dorf-chefs ist nichts für Kinder.«

Und dann ging sie davon, ging in ihrem hübschen weißen Rüschenkleid durch den roten Staub, sehr aufrecht und stolz.

»Ihre Hände haben gezittert«, flüsterte Don.

»Komm, wir hören im Geheimen zu«, sagte Feno.

»Aber sie werden uns sehen! Hier kann man sich nirgends verstecken.«

Die Versammlung der Männer saß im Schatten von ein paar Famatabäumen, aber zwischen der Schule und den Bäumen gab es nichts als rissige Erde, verziert mit wenigen toten Gras-büscheln. Und ein paar Ziegen.

»Klar!«, sagte Fito. »Klar kann man sich verstecken! Hinter den Ziegen.«

»Du spinnst«, sagte Don.

Fito verschränkte die Arme und funkelte ihn an. »Ich kenn mich aus mit Ziegen, Blödmann.«

Und dann gab er seiner Ziege einen kleinen Schubs, und sie lief zu den anderen Ziegen und meckerte. Die anderen Ziegen meckerten auch, und sie liefen zusammen weiter, wie ein paar Murmeln, die von einer anderen Murmel angeschubst worden waren. Sie liefen in Richtung der Männerversammlung.

Fito lief ihnen nach. Auf allen vieren.

»Er läuft auf allen vieren«, sagte Don.

»Ich weiß«, sagte Feno.

»Woher? Du siehst es doch nicht?«

»Na ja, aber es ist logisch, wenn er sich hinter einer Ziege verstecken will«, sagte Feno und ging auch auf alle viere. »Wo lang?«

»Wir ... was werden die Dorfchefs sagen, wenn sie uns doch bemerken?«

»Angsthase«, sagte Feno, steckte ihren Rock hoch und krabbelte los, auf das Meckern der Ziegen zu. Sie sah mit den Ohren, wie immer.

Don seufzte. Ja, er hatte Angst. Wenn die Männer die Kinder erwischten, würden sie sie vielleicht verhauen. Aber Maitresse Tui war dort. Und ihre Hände hatten gezittert.

Er ging auf die Knie und krabbelte den beiden nach.

Dann war er bei den Ziegen, dann war er Teil der Herde. Er zog Feno ein Stück zur Seite.

»So bist du genau hinter einer Ziege« flüsterte er und legte ihre Hände auf das weiche braune Fell. »Hinter dieser. Die hat irgendwie längeres Fell als die anderen. Bleib bei ihr, sonst sieht man den Rock. Er leuchtet so.«

Er selbst duckte sich hinter eine weiße Ziege und schob sie in Richtung der Männer. Fito schob seine Ziege ebenfalls, sie wollte jetzt nämlich nicht weiter, sondern lieber einen toten Busch fressen, der nicht aussah, als würde er schmecken. Manchmal war sie genauso störrisch wie Fito.

Schließlich rupfte sie den Busch aus und nahm ihn mit.

Die Ziegenherde war jetzt ganz nah an der Versammlung.

Die Männer saßen noch immer in einem weiten Halbkreis auf dem Boden, nur der Dorfchef stand. Er strahlte so viel Würde aus wie die Sonne. Der lange Speer, den er in der Hand hielt, gab ihm ein majestätisches Aussehen. Er trug ein Hemd und darüber ein Tuch, lose über die Schulter geworfen, traditionell. Er tat immer sehr streng, aber er musste eine weiche Seite haben: Das Tuch, das er trug, war mit großen rosa Blumen bedruckt.

Die jungen Männer des Dorfes saßen nicht in der Runde, nur die, die Familie hatten und etwas galten. Sie alle sahen Maitresse Tui an, die sich etwas abseits auf den Boden gesetzt hatte, strahlend in ihrem weißen Kleid – auch wenn die Rüsche abging.

»In zwei Wochen wird sie vorüber sein«, sagte der Dorfchef. »Sie sind aus der Stadt, Maitresse. Sie kennen sich nicht so gut aus mit der Regenzeit hier, aber wir wissen, wann sie zu Ende ist.«

»Die Stadt ist nur eine Stunde weit weg, mit dem Rad«, sagte Maitresse Tui. »Wir haben dieselben Regenzeiten. Und natürlich haben Sie recht. Sie ist eigentlich vorüber. Aber ...«

»Drei Jahre!«, donnerte der Dorfchef. »Drei Jahre lang haben wir gewartet! Nicht ein Tropfen Regen! Der Linta ist versiegt. Unser Fluss. Wir wandern drei Stunden dorthin, aber wozu wandern wir? Um den letzten Rest des Wassers auszugraben, und es ist schmutziges Wasser.«

»Und jeder weiß, dass die Dahalos am Fluss lauern. Die Räuber«, sagte jemand.

»Wir haben zu lange gewartet. Die Hilfslieferungen kommen nicht bis hierher. Wir können nichts mehr anbauen. Die Bohnen sind vertrocknet, der Rest des Saatguts ist nicht mal aufgegangen. Der Entschluss steht fest. Wenn es in zwei Wochen nicht regnet, unterzeichnen wir den Vertrag mit der kanadischen Firma. Dann werden sie hier den Glimmerstein abbauen, der im Boden schläft. Und es wird uns besser gehen. Wie dem Dorf drüben. Das Dorf drüben hat von der Firma Geld bekommen. Um mehr Maniok in der Stadt zu kaufen.«

Wieder murmelten alle zustimmend.

»Aber sie werden den Boden durchlöchern und alles zerstören«, sagte Maitresse Tui. Sie sagte es ganz leise, bescheiden, nicht so, als würde sie eigentlich wiedersprechen. Doch sie widersprach.

»Nein«, sagte der Dorfchef. »*Wir* werden den Boden aufgraben. Sie zahlen gut, sie geben uns Arbeit. Für jedes Gramm Glimmer, das wir finden. Und möglicherweise gibt es sogar Saphire.«

Und alle raunten: »Saphire!«

»Wir werden die Schule abreißen müssen«, sagte der Dorfchef. »Aber es war ohnehin kein richtiges Gebäude. Da, wo sie steht, ist wahrscheinlich am meisten Glimmer, wir haben eine Untersuchung durchgeführt, gestern Nacht, als der Mond günstig war. Wir haben die Ahnen befragt, und sie haben gesprochen. Wir haben mit einem Blatt gesucht, wie man sonst Wasser sucht. Wenn das Blatt zittert, gibt es Wasser. Das Blatt hat nicht gezittert. Dort, wo die Schule steht, ist es zu Boden gesegelt. Das ist ein Zeichen. Es bedeutet, dass dort Glimmer zu finden ist. Oder sogar Saphire.«

»Saphire!«, murmelten wieder alle.

Es war ein schönes Wort, dachte Don, klangvoll und geheimnisvoll.

»Wenn es so kommt, werden Sie sich Arbeit anderswo suchen müssen«, sagte der Dorfchef. »Ohnehin können wir Sie nicht bezahlen, Sie wissen das. Eine Handvoll Mais hier, oder Maniok. Ein paar Kaktusfrüchte dort, ein Stück Ziegenfleisch … Wir haben gegeben, was wir konnten.«

»Wer wird die Kinder unterrichten?«, fragte Maitresse Tui. »Wer wird ihnen die Welt erklären? Wer wird mit ihnen neue Spiele spielen?«

»Sie werden nicht unterrichtet«, sagte der Dorfchef. »Sie werden nicht spielen. Wenn es auch dieses Jahr nicht regnet, müssen sie helfen. Sie werden mit uns den Glimmerschiefer aus der Erde holen. Wir sind eine Gemeinschaft. Wir werden zusammenarbeiten. Damit wir wieder essen können.«

Maitresse Tui nickte. »Aber niemand darf die Mango fällen«, sagte sie leise. »Wenn aller Glimmer aus dem Boden geholt ist, können wir die Schule neu aufbauen. In ein paar Jahren.«

»Die Mango«, sagte der Dorfchef, »wächst dort, wo das Blatt gefallen ist. Genau dort. Wo die Saphire sind. Wenn es nicht regnet, wird die Mango fallen.«

»Aber man kann auch die Mangos essen!« Maitresse Tui war jetzt aufgesprungen, sie stand da, eine weiße Gestalt zwischen all dem Rot und Braun, und leuchtete.

»Sie werden die Entscheidung akzeptieren«, sagte der Dorfchef. »Sie sind eine junge Frau. Gehen Sie zurück in die Stadt, gründen Sie eine Familie. Dann sehen Sie, wie es ist, wenn Ihre Kinder hungern. Ich habe zwanzig Kinder, ich weiß, wovon ich spreche. Wenn Sie es schaffen, zwanzig Kinder in die Welt zu setzen, sprechen wir uns wieder.«

Maitresse Tui stand noch immer aufrecht. »Wäre es nicht besser, ein sattes Kind zu haben statt zwanzig hungrige?«, murmelte sie, doch das hörten die Männer vermutlich gar nicht.

»Zwei Wochen«, sagte sie laut. »Wenn der Regen in zwei Wochen nicht kommt.«

»Ja«, sagte der Dorfchef.

»Ich weiß nicht, ob es hilft, dem Regen ein Ultimatum zu stellen«, sagte Maitresse Tui. »Aber erinnern Sie sich an die Wasserlemuren? Sie haben einmal nicht weit von hier gelebt, im Trockenwald. Vor ein paar Monaten war ein Vazaha hier, ein Weißer, der den Wald sehen wollte. Ich habe ihn hingeführt, er brauchte einen Übersetzer. Ich habe mit ihm über den Wasserlemuren gesprochen.«

»Es gibt keinen Wasserlemuren!«, rief ein Mann aus dem Publikum.

»Nein«, sagte der Dorfchef. »Und niemand will Ihre ausgedachten Geschichten hören. Wenn es in zwei Wochen nicht regnet, werden Sie gehen müssen.«

Don sah zum Himmel. Er war hoch und blassblau, wie immer. Wie jeden einzelnen Tag in den letzten drei Jahren.

»Wenn wir nur den Regen rufen könnten!«, flüsterte Don.

Feno tastete nach seiner Hand. »Ja, das wäre gut«, wisperte sie. »Weil, ohne die Schule kann ich nicht leben. Keiner kann das.«

»Meine Ziege auch nicht«, sagte Fito hinter ihnen. »Sie kann schon fast die Buchstaben!«

Die Ziege kaute immer noch auf dem Busch herum. Sie sah nicht aus, als würden Buchstaben sie interessieren. Aber Regen hätte sie sicher auch gerne gehabt, dann hätte der Busch besser geschmeckt.

Zwei Tagesreisen nördlich fraß sich ein schwarzer Jeep durch den Sand. Auf dem Dach verstaut waren ein Koffer, zwei Rucksäcke und ein gelbes Zelt.

»Wo ist die Straße?«, fragte Enia. »Hört sie hier auf?«

»Nein, sie ist da!«, sagte der Fahrer und zeigte. »Ist nur nicht mehr aus Asphalt.«

»Da ist nur Sand!«, sagte Papa. »Dünen, besser gesagt. Wie bei uns an der Nordsee, am Strand.«

»Der Sand *ist* die Straße«, sagte der Fahrer fröhlich und gab Gas.

Der Wagen heulte auf, für einen Moment drehten die Räder durch, dann fanden sie Halt, der Jeep schlitterte seitwärts, fing sich, fuhr wieder geradeaus. Der Fahrer lachte. »Gute Straße!«, rief er über den Motorenlärm hinweg. »Sehr gute Straße! Später wird sie schlimmer. Aber hier ist sie gut!«

Er sprach französisch. Papa konnte Französisch, und Enia hatte zu Hause angefangen, es zu lernen; in den Wochen, in denen sie auf das Visum gewartet hatten. Aber das Französisch hier war ganz anders als das, was man lernte. Es war so sehr Französisch, wie die Straße eine Straße war. Enia mochte es.

»Wie lange werden wir brauchen?«, schrie Papa.

»Was?«, schrie der Fahrer.

»Wie lange?«

»Bis Ejeda zwei Tage! Dann noch ein paar kleine Stunden bis zum Dorf.«

Er gab wieder Gas, und der Jeep schlitterte weiter, in ein Loch. Enia wurde hochgeschleudert und stieß sich fast den Kopf an der Decke. Bis jetzt waren sie Flugzeug geflogen, drei Mal, und hatten in einem Hotel übernachtet: mit weißen Wänden und einer ganz normalen Dusche.

Jetzt, dachte Enia. Jetzt wurde es abenteuerlich. Endlich.

»Was werden Sie tun in Ejeda?«, rief der Fahrer.

»Wir suchen ein Tier!«, rief Enia und hüpfte wieder unfreiwillig hoch.

»Oh?«, fragte der Fahrer. »Wo haben Sie das Tier verloren?«

Enia versuchte, zu antworten, aber es war unmöglich, auch für Papa.

Der Fahrer sah das ein und drehte die Musik lauter. »Lieder von Gott!«, rief er. »Kirche! Jesus! Er schützt uns auf dem Weg. Auf diese Weise kann kein Unfall passieren!«

Und so hüpften Enia und Papa und mehrere Wasserflaschen im Takt von madagassischen Kirchenliedern weiter im Jeep auf und ab.

Draußen zog die Landschaft vorüber, wild und karg und, dachte Enia, wunderbar. Es war ganz anders als Deutschland, wo zwischen aufgeräumten Asphaltstraßen Leute im Morgennebel an Bushaltestellen warteten und auf Handys guckten.

Es war heiß und staubig und wunderbar.

Kurz hinter Toliara, wo das letzte Flugzeug gelandet war, hatte es noch grüne Ebenen gegeben, Wiesen mit hohem Gras, das sich im Wind an den Boden legte. Und in den Orten jede Menge Menschen, so viele Menschen, wie Enia sie nie auf der Straße gesehen hatte. Menschen, die an kleinen Ständen

Dinge verkauften, Menschen, die auf Fahrrädern die schwersten Lasten transportierten, Menschen, die Rinder antrieben oder schwere Holzkarren zogen, als wären sie selbst Rinder.

Hier gab es nur den roten Boden und die graugrünen Büsche, die aussahen, als wären sie tot. Aber wenn man genauer hinsah, lebten sie. Sie hatten winzige grüne Blättchen. Oder Auswüchse wie Kakteen: vermutlich wassersparender als Blätter. Sie warteten, dachte Enia, sie alle warteten auf den nächsten Regen. Wenn er kam, würden sie aufblühen, grün werden, wachsen. Sie waren so voller Hoffnung, dass man es fühlen konnte.

Der hohe Himmel spannte sich hellblau über dem Land, und in der Ferne standen einzelne höhere Bäume mit Stämmen, dick wie Leuchttürme. Sie hatten nur oben wenige kleine Äste, sie sahen aus wie dicke Damen mit einem sehr kleinen Kopf und einer etwas fusseligen Dauerwelle.

»Baobabs!«, rief Papa, und Enia nickte. Sie hatte darüber gelesen. Die dicken Damen speicherten Wasser in ihren Stämmen.

Enia versuchte, Tiere zu entdecken. Vögel oder Affen. Doch da war nichts.

Irgendwann schlief Enia ein, und als sie aufwachte, fuhren sie über eine Brücke. Der breite Fluss darunter war gesäumt von etwas mehr Grün, sein Wasser war braun und schlammig.

»Meinst du, da sind Krokodile drin?«, fragte Enia.

»Nein«, sagte Papa. »Da ist gar kein Wasser drin.«

»Wie?« Sie sah genauer hin. Er hatte recht. Das war kein sandiges Wasser dort im Flussbett. Es war einfach Sand.

Auf der anderen Seite der Brücke standen drei kleine Mädchen in bunten Tüchern und hopsten und winkten.

»Anhalten!«, rief Enia. »Bitte!«

Die kleinen Mädchen drängten sich an die Scheibe, und Enia kurbelte das Fenster herunter. Die drei waren jünger als Enia, zwischen sechs und acht vielleicht, und sie kicherten und streckten die Hände aus.

»Wollen sie Geld?«, fragte Enia unsicher.

»Was sollen sie mit Geld, hier kann man nichts kaufen«, sagte der Fahrer. »Sie wollen Wasser.«

Papa nickte. »Wir haben eine Menge Flaschen. Gibt ihnen eine ab.«

Enia gab ihnen zwei: zwei blaue Plastikflaschen aus dem Supermarkt. Das Leitungswasser im Hotel, hatte Papa gesagt, konnte man nicht trinken, und es war komisch gewesen, Wasser in einem Supermarkt zu kaufen, aber jetzt war sie froh darüber. Die kleinen Mädchen nahmen die Wasserflaschen und strahlten.

»Merci!«, riefen sie. »Danke! Misaotra!«

»Rano«, sagte eines und zeigte auf die Flasche, und Enia wiederholte: »Rano. Wasser?«

Das Mädchen nickte.

»Gidrano«, sagte Enia. »Wasserlemur.«

Das Mädchen legte den Kopf schief. »Gidrano«, wiederholte sie. Sie sah nachdenklich aus.

»Hast du den Namen schon mal gehört?«, fragte Enia. »Gibt es ihn hier? Den Gidrano?« Sie machte ein vierbeiniges Tier aus ihrer Hand und krabbelte am Fenster entlang. »So ein kleiner Affe. Mit Flügeln.« Sie ließ ihre Hände fliegen.

Die Mädchen versuchten, Enias Fingeraffen nachzumachen,

und kringelten sich vor Lachen. Mehr war aus ihnen nicht herauszubekommen.

»Schade«, sagte Enia.

Doch da beugte sich eins der Mädchen plötzlich vor. Es hatte die schwarzen Haare zu sieben kleinen Bommeln aufgesteckt und trug eine Schnur mit einem winzigen Stoffsäckchen um den Hals, wie sie alle. Aber auf den Wangen und den Armen hatte es helle Flecken, dort war seine Haut wie die von Enia. Und jetzt tat die Kleine etwas Überraschendes: Sie nahm das Amulett ab und gab es Enia: ein kleines Stoffsäckchen, nur daumennagelgroß. Enia fragte sich, was darin war.

»Ist das für mich?«, fragte sie.

Die Kleine nickte. Und dann flüsterte sie: »Gidrano. Rano, rano.« Und, erstaunlicherweise auf Französisch: »Sie sagen, es gibt ihn nicht. Aber es gibt ihn. Jetzt hast du einen Glücksbringer. Er macht unverwundbar. Geh und finde den Wasserlemur. Bloß, pass auf dabei. Es ist gefährlich.«

Damit machte sie einen Schritt zurück, stand wieder bei den anderen Mädchen. Und Enia dachte, dass das gar nicht sein konnte. Dass dieses Mädchen so fließend Französisch gesprochen hatte. Und dass sie, Enia, alles verstanden hatte. Sie musste sich die ganze Sache eingebildet haben. Aber das Amulett in ihrer Hand war ganz und gar wirklich.

Man konnte nicht herausnehmen, was darin war, ohne es zu zerstören, es war fest eingenäht. Und man konnte es nicht fühlen, der Stoff war zu alt und zu hart.

Ein schöner Stein? Ein Knochenstück? Enia legte es sich um den Hals, und die Mädchen hopsten wieder und jubelten. Dann fuhr der Jeep weiter, und sie winkten. Sie umklammerten die großen blauen Wasserflaschen wie einen Schatz.

»Die Flaschen sind gut«, sagte der Fahrer. »Wertvoll. Wenn sie leer sind, kann man etwas reintun. Alle wollen Flaschen haben.«

»Was hat sie dir geschenkt?«, fragte Papa. »Das Mädchen mit der Vitiligo?«

»Viti-was?«

»Die weißen Flecken. Das ist eine Pigmentstörung. Vitiligo. Wenn Leute wie wir das haben, sieht man es nicht so. Hier schon. Ich habe gelesen, manche Madagassen glauben, dass diese Kinder zaubern könnten oder Dinge sehen. Was war es? Ihr Geschenk?«

Enia dachte einen Moment über die Antwort nach. »Ein Geheimnis«, sagte sie schließlich.

Und sie spürte, dass etwas begann. Etwas, das nicht nur Papa und seine Forschung anging.

Etwas Großes. Es war auch gefährlich, das hatte das Mädchen gesagt.

Sie schloss die Hand um das Amulett.

Sie hatte immer ein Abenteuer erleben wollen.

Sie hatte ein bisschen Angst, aber sie war bereit.

3. KAPITEL,

in welchem ein Mädchen Haare in der Farbe der Erde hat, eine wertvolle Murmel verschenkt und Schokoriegel gegessen werden und es nicht regnet

Es geschah vier Tage nach der Versammlung der Dorfchefs.

Vier Tage ohne Regen.

Sie kamen von der Schule, als sie es sahen: Zwischen den vereinzelten Famatabäumen, auf der kahlen Fläche, die die Schule von den Hütten trennte, stand etwas Gelbes. Etwas wie eine weitere Hütte. Aber oben halbrund. Es leuchtete weithin wie eine Blume, wie Fenos gelber Rock.

»Wenn du deinen Rock nicht *anhättest*«, sagte Don verwundert, »könnte man glauben, jemand hätte ihn aufgepustet und einfach da hingestellt.«

»Wohin?«, fragte Feno.

Sie standen zwischen den Büschen, Feno mit ihrem Stock und Fito mit seiner Ziege, die an diesem Tag eine Leine trug: ein Stück Schnur, das Fito gefunden hatte. Er hatte es ihr umgebunden und fand es todschick, aber die Ziege fand es blöd.

»Da vorne hin«, sagte Don. »Es ist oben rund und ... jetzt ist es nicht mehr da.«

»Wie?«

»Es ist eben irgendwie in sich zusammengefallen«, berichtete Don. »Jetzt ist es nur noch ein Klecks gelbe Sonne auf der Erde. Oder ein Rieseneigelb von einem Riesenhuhn.«

Er nahm Feno am Arm und zog sie mit sich, und Feno fauchte: »Ich kann alleine gehen!«, und umklammerte ihren Stock fester.

»Bitte«, sagte Don und zuckte die Schultern. Meistens sah Feno sich die Dinge mit den Händen oder der Nase oder den Ohren an, aber auf die Ferne ging das nicht, und manchmal wurde sie dann ärgerlich.

»Da ist ein Mann!«, rief Fito. »Und er ist in dem Gelben verheddert.«

Er hatte recht, der Mann stand eben auf, den gelben Stoff halb über sich gestülpt, und versuchte, ihn loszuwerden. Aber der Stoff war widerspenstig, wickelte sich immer wieder um ihn, obwohl er kämpfte wie ein Löwe.

Schließlich gewann der Stoff, und der Mann fiel auf den Boden. Don biss sich auf die Unterlippe, um nicht zu lachen. Die Hand des Mannes, die aus dem Stoff kam und um sich tastete, war weiß.

Er war ein Vazaha.

Etwas in Don erschrak und machte sich ganz klein, und etwas anderes wurde groß und neugierig. Ein Vazaha? Hier? Es kamen nie Vazahas her. Er erinnerte sich noch, wie er seinen ersten Vazaha gesehen hatte. In Ejeda war das gewesen, in der Stadt. Er war drei oder vier Jahre alt gewesen. Nenibe hatte ihn mitgenommen, weil sie Mais verkauft hatte, damals hatte es noch Mais gegeben. Sie waren mit dem Omby-Wagen gefahren, dem Rinderwagen, und hatten einen Geldschein dafür bezahlt, den Nenibe oben in ihren Rocksaum eingewickelt hatte.

Und in der Stadt hatte er einen Vazaha gesehen. Er hatte helle Haut gehabt wie dieser Mann und hellbraunes Haar wie die Rinde der Famatabäume. Und er war breitschultrig und groß gewesen, riesengroß wie ein Riese, und hatte kein Tuch über der Schulter getragen wie Männer in seinem Alter sonst, keine Machete und kein Gewehr zum Zeichen seiner Würde. Sondern eine schwarze Tasche. Irgendwer hatte gesagt, in der Tasche sei eine Kamera.

Don hatte sich in den Falten von Nenibes Tuch versteckt und Angst gehabt.

Jetzt versteckte er sich nicht mehr. Oder jedenfalls nicht mehr sehr. Nur hinter einem Busch.

Neben dem gelben Ding und dem darin verwickelten Vazaha standen zwei große Rucksäcke, einer grün wie Bäume unter einem Regenhimmel, der andere blau wie ein Regenhimmel über grünen Bäumen. Und zwischen den Rucksäcken stand – Don blinzelte. Da stand ein Mädchen.

Nicht älter als er selbst, elf vielleicht oder zwölf. Nie hatte er ein Vazaha-Kind gesehen.

Die Vazahas kamen nach Madagaskar, um Dinge zu fotografieren und um die Hilfslieferungen zu überwachen, das wusste er inzwischen. Manchmal kamen sie mit den großen UNICEF-Lastwagen, die Maniok oder Koba-Aina-Pulver für Fertignahrung für die Kinder verteilten. Aber sie kamen nicht in den Lastwagen, sie hatten immer große SUVs. Und sie hatten nie Kinder bei sich.

Das Vazaha-Mädchen hielt zwei dünne Metallstangen in der Hand. Sein Haar war rot wie der rissige Boden, das war komisch, es hatte Haar in der Farbe Madagaskars. Das Haar fiel dem Mädchen offen bis auf die Schultern und sah ein bisschen wild aus, wie bei Feno, wenn sie die Zöpfe vergaß. Am ungewöhnlichsten aber waren die Augen des Mädchens, sie waren groß und blau, wie der Rucksack oder wie der Regenhimmel.

Und mit diesen Augen sah es Don an.

Die Alten sagten, blauäugige Kinder wären blind geboren, aber Fenos Augen waren gar nicht blau, sondern schwarz, und die Augen dieses Mädchens wanderten über Don und die Kinder und nahmen alles in sich auf und waren ganz bestimmt nicht blind. Die Alten, dachte Don, wussten nicht immer alles, obwohl sie doch alles hätten wissen sollen, denn sie waren alt.

Er merkte, wie er nervös wurde, als das Mädchen am Ende wieder ihn ansah.

Sie hob eine Hand und winkte, und er winkte auch, und dann holte er die Flöte aus der Tasche und begann zu spielen. Die Töne der Flöte nahmen die Nervosität weg, sie waren schön und vertraut. Das Vazaha-Mädchen mit den Erdhaaren lauschte ebenfalls.

Dann nickte sie.

Und dann ging sie zu dem gelben Ding und entheddderte den erwachsenen Vazaha. Als er ohne gelben Stoff dastand, war er noch größer als der, den Don damals gesehen hatte. Aber nicht breitschultrig. Er war lang und dünn wie der Fahnenmast, und sein Haar war silbergrau wie Träume in der Nacht. Er hatte dieselben blauen Regenaugen wie das Mädchen, mit denen sah er jetzt zu ihnen hinüber und winkte auch. Ein bisschen verlegen.

»Das ist ein Zelt«, sagte Jean-Marcel, der hinter Don aufgetaucht war. Die anderen Kinder standen jetzt auch alle da: die ganze bunte Wolke. »Sie versuchen, ein Zelt aufzubauen, aber sie kriegen es nicht hin.« Jean-Marcel schnaubte. Don setzte die Flöte ab.

»Was ist ein Zelt?«, fragte Fito.

»Weißt du das nicht?« Jean-Marcel lachte.

»Doch«, sagte Fito und bohrte seine nackten Zehen in den roten Staub. »Ich schon. Aber meine Ziege nicht. Kannst du es ihr erklären?«

»Ein Zelt ist ein Haus aus Stoff«, sagte Jean-Marcel.

»Aber ist ein Zelt nicht das, was UNICEF manchmal baut, statt einer Schule?«, fragte Feno. »Es ist groß und weiß, und der Stoff knattert laut im Wind, und man kann nichts verstehen, wenn jemand redet.«

»Na ja, das ist eine andere Sorte Zelt«, sagte Jean-Marcel. »Das hier ist nur für zwei.«

»Das heißt, die Vazahas wollen hier schlafen?«, fragte Feno. Sie schüttelte den Kopf mit dem wilden Windböenhaar. »Das ist verrückt. In Ejeda gibt es ein Hotel für Vazahas, warum schlafen sie nicht da?«

Das Mädchen hatte sich jetzt in den Staub gekniet und fädelte die Metallstangen in den gelben Stoff, an dem es Öffnungen gab, zog andere Stangen heraus und fädelte sie neu ein, und der silberhaarige Vazaha half ihr dabei. Sie sprachen miteinander in ihrer Sprache, der Wind trug die fremden Worte herüber.

Für Don klangen sie geheimnisvoll. Magisch. Er setzte die Flöte wieder an die Lippen und rief eine der vielen Melodien, die in ihr wohnten. Und im Mantel der Melodie wagte er sich bis zum nächsten Busch. Jetzt trennten ihn nur noch ein paar Meter von den Vazahas.

Fitos Ziege wollte noch näher heran, doch Fito hielt sie an der Leine fest.

»Du darfst da nicht hin!«, flüsterte er. »Vielleicht essen sie Ziegen! Oder Kinder!«

Das Mädchen und der Silbervazaha schlugen mit einem Hammer Metallstifte in die harte Erde, und an den Metallstiften waren Schnüre, die nach oben zum Zeltdach liefen. Sie hielten ein Überdach aus Stoff fest. Dann ließ der Silbervazaha sich schwer atmend auf den Boden fallen, und das Mädchen setzte sich neben ihn. Die anderen Kinder standen jetzt in einem weiten Halbkreis um die beiden herum.

»Salama«, sagte der Silbervazaha und blickte in die Runde. »Manahoa oana? Wie geht's?«

Er sprach ihre Sprache. Malagasy. Er betonte die Worte so, als hätte er etwas Angst vor ihnen, aber er sprach ihre Sprache. Don setzte die Flöte wieder ab.

»Tsara!«, riefen die Kinder alle durcheinander. »Gut! Und dir?«

»Tsara. Gut, auch«, sagte der Vazaha auf Malagasy. »Ich nicht Malagasy gut. Aber lerne ich. Beide wir. Lernen viel.« Die Kinder kicherten.

»Warum sind Sie hier?«, fragte Feno.

»Ich bin ein Forscher«, sagte der Silbervazaha, jetzt auf Französisch.

»Ich erforsche Tiere. Wir suchen ein Tier.« Und er wühlte in dem grünen Rucksack und zog schließlich ein Stück Papier heraus, das er hochhielt. Es zeigte einen kleinen Lemuren mit schwarz-weiß geringeltem Schwanz wie die Kattas im Trockenwald, ein paar Stunden weiter westlich. Aber dieser Lemur hatte Schmetterlingsflügel.

»Er ist nur so groß«, sagte der Silbervazaha und zeigte mit den Fingern ungefähr die Größe eines Mangoblattes.

»Gidrano, der Wasserlemur«, sagte Jean-Marcel.

»Der Wasserlemur«, wisperten die anderen, und es lief als Raunen durch den Halbkreis der Kinder, »der Wasserlemur, der Wasserlemur.«

Allein das Wort zu sagen, klang wie prasselnder Regen.

Aber der Boden war so trocken wie zuvor, und der Wind brachte nichts als Staubwolken.

»Der Wasserlemur ist nur eine Geschichte«, sagte Jean-Marcel. »Ein Märchen, dass Maitresse Tui erzählt. Sie erzählt überhaupt zu viele Märchen.«

»Oder vielleicht gab es ihn mal, aber es gibt ihn lange nicht mehr«, sagte Miarisoa, die schon älter war.

Ihr Französisch klang sehr unfranzösisch, aber der Vazaha verstand es. »Vielleicht«, sagte er. »Angamba.«

Da sprach das Vazaha-Mädchen zum ersten Mal. Sie stand im Eingang des gelben Zeltes, ganz aufrecht, schüttelte das erdrote Haar zurück und verschränkte die Arme.

»Es gibt ihn«, sagte sie. »Wir haben das Bild. Das hat einer vor zwei Monaten gemacht. Er kann ja nicht in zwei Monaten ausgestorben sein. So schnell stirbt man nicht aus.«

Die großen Jungen lachten, und die großen Mädchen schüttelten die Köpfe.

Aber Don spürte etwas wie einen Stich in seinem Herzen.

Das Vazaha-Mädchen war ganz anders als sie, es sah anders aus und sprach anders, aber vielleicht ... vielleicht dachte es ähnlich. Die Gedanken im Kopf konnte man ja nicht sehen, sie waren nicht bei einem weiß und beim anderen dunkel, sie waren einfach da.

Und außerdem sprach es ein genauso kreatives Französisch wie sie.

»Wir gehen jetzt nach Hause«, sagte Miarisoa. »Ich muss meiner Mutter mit den Kleinen helfen.«

»Ich muss auch«, sagte Jean-Marcel. »Mein Vater bessert die Hütte aus, ich sollte helfen, Zweige zu sammeln«, und die bunte Wolke der Kinder löste sich langsam auf.

»Du solltest auch nach Hause gehen, Fito!«, rief Tovondongo, »wolltet ihr heute nicht die Ziege schlachten? Damit es endlich wieder was zu essen gibt?«

»Idiot!«, schrie Fito und schlang die Arme um die Ziege, und die Ziege meckerte, was wahrscheinlich auch »Idiot!« hieß. Dann waren die anderen weg, verschwanden lachend zwischen Staub und Büschen.

Don grub seine Zehen in den roten Staub.

Nur Feno, Fito und er standen noch vor dem gelben Zelt herum.

»Woher ... kommt ihr?«, fragte Don leise und ein bisschen französisch.

»Deutschland«, sagte das Mädchen mit den Erdhaaren.

»Das ist weit weg, oder?«, fragte Feno. Feno hatte offenbar keine Angst, französisch zu sprechen, sie tat es einfach.

»Wir waren tausend Stunden im Flugzeug«, sagte das Mädchen.

»Echt?«, fragte Fito. »Tausend?«

»Nee, nur dreizehn.« Sie lachte. »Bei uns ist es ganz anders als hier.«

»Wie denn?«, fragte Feno. »Kälter?«

»Ja, im Moment. Und es gibt so viele Sachen. Häuser und Straßen und Autos und ... alles. Aber auf den Straßen ist es leer. Hier sind die Straßen voll. Also, in den Orten, wo wir durchgefahren sind. Überall sind Menschen. In Deutschland ist nur überall Ordnung. Und Bildschirme, die alles Mögliche anzeigen. Reklamebilder. Oder Bus-Abfahrtszeiten. Oder sonst was. Alle gucken dauernd auf Bildschirme. Und alle haben es eilig.«

»Warum?«

»Ich glaube«, sagte das Erdhaarmädchen nachdenklich, »weil die Bildschirme ihnen das sagen.« Die Ziege schubste das Erdhaarmädchen mit ihrem Kopf, falls sie vielleicht etwas zu essen hatte, und das Erdhaarmädchen lachte. »Das ist eine sehr hübsche Ziege.«

»Natürlich.« Fito streichelte die Ziege. »Das ist ja auch *meine*

Ziege. Sie ist die schönste Ziege von ganz Ehinde. Und die schlauste. Mein Papa hat sie mir geschenkt, als sie ein Baby war. Sie geht mit mir zur Schule. Ich kann schon das A und das O und das I, und die Ziege auch.«

»Toll«, sagte das Erdhaarmädchen, kam ein bisschen näher und kniete sich vor die Ziege, um sie ebenfalls zu streicheln.

Feno hockte sich neben sie, und da hockte sich auch Don hin, sie streichelten die Ziege zusammen, braune Hände und weiße Hände. Die Ziege wunderte sich über so viel Gestreichel und nieste.

»Wie lange bleibt ihr hier?«, fragte Feno. »Was werdet ihr essen? Was werdet ihr trinken?«

»Wir haben alles mit«, sagte das Erdhaarmädchen. »Flaschen und Vorräte und einen Campingkocher. Wir bleiben, bis wir den Wasserlemuren gefunden haben.«

Don wollte fragen, was ein Campingkocher war, aber das kam ihm dumm vor.

»Wie heißt du?«, fragte er stattdessen. Das war auch leichter auf Französisch.

»Enia. Und ihr?«

»Ich bin Don, und das ist Fito«, sagte Don. Er kam richtig in Fahrt mit dem Französisch. »Er ist leider mein kleiner Bruder. Und das ist Feno. Sie sieht nichts.«

»Natürlich, Blödmann«, sagte Feno. »Nur nicht mit den Augen.« Sie drehte sich zu Enia um. »Kann ich ...«, begann sie zögernd. »Kann ich dich angucken?«

Enia nickte.

Da streckte Feno ihre Hände aus und ließ sie vorsichtig

über Enias Wangen gleiten, ihre Nase, ihre Augenbrauen, ihre Lippen.

»Du hast eine spitzere Nase als wir«, sagte sie. »Und ganz andere Lippen. Aber die Stirn ist gleich. Und die Backen. Und die Ohren auch.« Ihre Finger wanderten in Enias Haar. »Oh«, sagte sie erstaunt. »Das ist ja wie das Fell von Ziegen! Babyziegen! Ich hab mal eine gerettet, aus einem Zyklon. Sie war gegen meine Füße geweht, und ich habe sie nach Hause getragen. Sie war so weich wie dein Haar.«

Enia schloss die Augen, streckte die Hand aus und strich über Fenos Zöpfe, die sich in Auflösung befanden. »Stimmt«, sagte sie. »Dein Haar ist anders. Drahtiger. Das ist praktisch, oder? Meins rutscht aus jeder Frisur.«

»Ich hätte lieber weiche Haare«, sagte Feno.

»Wollen wir tauschen?«, fragte Enia, und sie lachte, und Don verdrehte die Augen. »Mädchen.«

Und in diesem Augenblick tauchte der Silbervazaha aus dem Zelt auf. Merkwürdigerweise hatte er jetzt kleine Stücke von glänzendem Plastik in seinem Silberhaar.

»Papa?«, fragte Enia. Und dann fragte sie noch etwas, was das Wort »Klebeband« enhielt, in ihrer Sprache.

Der Silbervazaha griff erstaunt an seinen Kopf.

»Ich habe ein Stück vom Zelt geflickt«, sagte er. »Mit dem Klebeband. Ich weiß nicht, wie es in meine Haare geraten ist.«

Enia seufzte. »Meinem Vater geraten dauernd Sachen in die Haare«, sagte sie.

»Ich nehme an, wenn er den Wasserlemuren findet, dann dadurch, dass er ihm in die Haare gerät.«

Don war sich nicht sicher, ob er das richtig verstanden hatte, vielleicht hatte sie etwas anderes gesagt, es war immerhin Französisch.

Der Silbervazaha hielt jetzt in einer Hand ein vergilbtes Stück Papier und in der anderen eine Plastikpackung mit buntem Aufdruck. Dons Augen wanderten unwillkürlich zu der Plastikpackung. Die Packung enthielt etwas Essbares, das sah man.

»Ich habe eine Frage«, sagte der Silbervazaha. »Und Schokoriegel.«

Don hörte, wie sein Magen knurrte. Fitos Augen waren so groß geworden, dass sie fast Stiele hatten. Als könnte er die Schokoriegel in der Packung mit den Augen essen.

»Erst die Schokoriegel«, sagte Enia.

»Erst die Frage«, sagte Feno. »Das besonders Gute muss man sich aufbewahren.«

»Dann erst die Schokoriegel«, sagte der Silbervazaha, »denn es ist eine besonders gute Frage.«

Er riss die Packung auf und gab jedem von ihnen einen Riegel, ebenfalls bunt verpackt, gelb und blau und rot. Don zögerte. Eigentlich war der Riegel zu schön, um ihn aufzumachen. Aber sein Magen knurrte wie ein wild gewordenes Gewitter. Er riss die Folie auf und biss in den Riegel, und es war das Beste, was Don je gegessen hatte, süß und irgendwie aufgepufft.

»Kann ich noch einen?«, fragte Fito. Und, als Don ihn böse ansah: »Für die Ziege.«

Der Silbervazaha lachte und gab ihm noch einen Riegel.

»Wenn die Ziege auch über meine Frage nachdenkt.« Er hielt

das vergilbte Papier hoch. »Das hier«, sagte er, »habe ich in einem Archiv in Berlin gefunden. Also an einem Ort, wo alte Dokumente aufbewahrt werden. Es ist von jemandem, der eine Reise nach Madagaskar gemacht hat. Vor sehr langer Zeit. Und er hat ...«

»Den Wasserlemuren gesehen!«, flüsterte Feno und leckte ehrfürchtig die Schokolade von ihren Fingern.

»Ja«, sagte der Silbervazaha. »Er hat damals ein Papier mitgebracht, das ist angeblich eine Beschreibung vom Wasserlemur. Aber erstens ... habe ich es nicht geschafft, es mit Google zu übersetzen, weil ich es kaum lesen kann. Und zweitens ...«, er hielt das Papier noch höher, »ist das hier nur die eine Hälfte. Seht ihr? Es ist in der Mitte durchgerissen.«

»Wer hat die andere Hälfte?«, fragte Feno.

»Das weiß ich nicht«, sagte der Silbervazaha. »Vielleicht ist sie auf der Reise dieses Menschen verloren gegangen. In dem Papier kommen Namen von Orten vor, die kann ich lesen. Und das sind Orte hier. Ejeda. Ehinde. Das hier ist Ehinde, oder?«

Sie nickten alle.

»Und was ist nun die Frage?«, fragte Fito.

»Die Frage ist: Was heißt das? Und was könnte auf der anderen Hälfte gestanden haben?«

Don kniff die Augen zusammen und sah den Zettel genau an. Die Schrift war verschnörkelt und die Worte komisch. Altmodisch. »Ich *kann* lesen«, sagte er. »Aber das hier nicht.«

»Meine Ziege leider auch nicht«, erklärte Fito aufrichtig bedauernd.

»Wer könnte es mir übersetzen? Irgendjemand ... Älteres?«

»Der Dorfchef? Nee«, sagte Feno. »Ich bin ziemlich sicher, dass er nicht lesen kann.«

Don räusperte sich. »Ich weiß, wer.«

Denn es war natürlich klar. Es gab genau eine Person, die die alten Schnökel entziffern konnte.

»Maitresse Tui.«

»O ja«, sagte Feno. »Sie ist unsere Lehrerin. Manchmal kann sie zaubern. Und niemand weiß, ob sie in einer Staubwolke wohnt.«

»Sie mag Ziegen«, sagte Fito.

»Sie hat immer Reis für alle, obwohl sie nichts trägt«, sagte Don. »Und ... sie kennt Geheimnisse.«

»Kann ich mit ihr sprechen?«, fragte der Silbervazaha.

»Du kannst zur Schule kommen«, sagte Fito und zeigte. »Die ist da.«

»Wo?«, fragte der Vazaha, sah aber in die richtige Richtung. Die in die Erde gesteckten Äste standen stolz vor der Mango wie immer, ein Gitter aus Schatten.

»Na, da«, sagte Fito. »Bei dem großen Mangobaum.«

»Oh«, sagte der Vazaha.

Hatte er noch nie eine Schule gesehen?

»Gut.« Er nickte. »Ich komme morgen zu eurer Schule.«

»Dann ... dann gehen wir jetzt wohl«, sagte Feno zögernd und ließ Enias Hände los.

»Ich kann auch einfach hierbleiben«, sagte Fito. »Ich muss gerade nirgendwo hin. Die Ziege auch nicht. Wir können ...«

»Fito!«, sagte Don streng und nahm seine Hand. »Wir gehen jetzt. Du kannst nicht bei ihnen ins Zelt ziehen.«

»Wieso? Es gibt Schokoriegel da«, sagte Fito.

Don zog ihn mit sich, und schließlich ergab Fito sich, setzte sich auf die Ziege und schnalzte, und sie lief vorwärts. Aber nur, weil sie wahrscheinlich auch gerade dorthin wollte, wo vorwärts war.

Da fiel Don noch etwas ein. Er griff in seine Tasche und zog die große blaue Murmel mit den grünen Flecken hervor. Die, die er gewonnen hatte. Er sah sie einen Moment an und seufzte.

Dann lief er zurück zum Zelt und streckte Enia die Murmel entgegen.

»Da! Die ist für dich. Ihr habt uns die Schokoriegel geschenkt. Und wir sind jetzt Freunde. Deshalb.«

»Oh«, sagte Enia. »Danke. Misaotra.«

Sie nahm die Murmel ganz behutsam.

»Das ist sehr nett von dir«, sagte der Silbervazaha.

Don nickte. Dann drehte er sich schnell um, damit er es sich nicht anders überlegen konnte.

Und er setzte die Flöte an den Mund und spielte, und die Melodie stieg über die Ebene und kringelte sich in den Himmel. Wenn er spielte, sah Feno mit den Ohren, wo er hinging, und konnte ihm folgen. Nach ein paar Metern drehte Don sich um.

Da stand Enia und winkte. Die Wolke aus erdrotem Haar um ihren Kopf glühte im Sonnenlicht. Das gelbe Zelt leuchtete hinter ihr in der Ebene. Ihr Vater, der Silbervazaha, war dabei, das Klebeband aus seinen Haaren zu pflücken.

Im selben Moment packte der Wind das vergilbte Papier, und der Silbervazaha machte einen Satz und versuchte, es zu fangen. Doch es floh, und er hüpfte ihm nach wie eine riesige langbeinige Heuschrecke. Schließlich bekam er es zu fassen und fiel dabei der Länge nach hin.

Als er sich aufrappelte, war sein Silberhaar voll Klebeband *und* voller Staub.

Er schien ein bisschen lebensuntüchtig zu sein. Sie würden Enia helfen müssen, auf ihn aufzupassen.

Als die Nacht über der Ebene aufstieg, lag Enia auf dem Rücken auf ihrer Isomatte neben dem Zelt und sah in den Himmel. Die Sonne war violett und orange und golden über dem Horizont untergegangen, und Papa hatte mit der großen alten Kamera tausend Bilder gemacht. Er hatte sie schnell machen müssen, denn der Sonnenuntergang hatte nur ein paar Minuten gedauert.

Jetzt lagen Papa und die Kamera neben Enia auf der zweiten Isomatte.

»Sie sind anders als bei uns«, sagte Enia.

»Wer?«

»Die Sterne. Die Sternbilder sind ... gedreht.«

»Ja, und es gibt welche, die wir nicht haben«, sagte Papa. »Das Kreuz des Südens, da drüben.«

»Es sieht aus wie ein Kreuz auf einer Schatzkarte«, wisperte Enia. »Vielleicht ist da der Wasserlemur und wartet auf uns.«

Papa lachte. »Bist du satt geworden? Von unserem Campingkocher-Reis und dem Dosenmais?«

»Klar«, sagte Enia. »Nur nächstes Mal sollten wir ihn nicht anbrennen. Aber immerhin ist der Campingkocher nicht explodiert wie beim Zelten an der Seenplatte.«

Sie schwiegen eine Weile und sahen zu den Sternen, und dann sagte Papa: »Das also ist ein Out-Camp. So machen Forscher das. Und es kann dauern. Meinst du, das ist in Ordnung für dich?«

Enia rollte herum und stützte sich auf einen Ellbogen.

»Papa«, sagte sie und strich ihm das graue Haar aus der Stirn. »Es ist wunderbar.«

»Ja? Aber es ist staubig und unbequem, und es gibt keine Dusche und keinen Strom und kein Internet und ...«

»Es gibt uns und unser Zelt«, sagte Enia. »Und ich habe etwas geschenkt bekommen.«

»Die Murmel«, sagte Papa. »Das ist ein sehr wertvolles Geschenk. Bei uns sind Murmeln nicht viel wert. Hier ja.«

»Ich weiß«, sagte Enia.

Und dann wurde Papas Atem ganz ruhig, und sie wusste, dass er schlief.

Doch Enia konnte nicht schlafen. Sie setzte sich auf, ließ die blaue Murmel in ihrer Hand kreisen und sah in das nächtliche Land hinein. Es war gut, aber sie hatte auch ein wenig Angst. Das sagte sie Papa natürlich nicht.

Sie tastete nach dem Amulett an ihrem Hals.

Sie hätte es aufschneiden können, um nachzusehen, was für ein Geheimnis darin war. Doch sie wollte es nicht zerstören.

»Mama«, flüsterte sie. »Weißt du, ob wir ihn finden? Den Wasserlemur? Er wäre so glücklich. Ich meine, Papa. Der Wasserlemur vielleicht auch. Oder ... nicht? Meinst du, er will gar nicht gefunden werden? Meinst du, er versteckt sich vor den Menschen und tut so, als wäre er ausgestorben?«

Und dann wandte sie den Kopf und sah das Licht. Ein glühendes Licht, mitten in der schwarzen Ebene, über die der Nachtwind schlich. Es bewegte sich. Flackerte.

Und da waren Schatten, die um das Licht saßen.

Auf einmal dachte Enia an die Männer des Dorfes.

Der Jeep hatte sie am Morgen abgesetzt, und Papa hatte lange mit allen gesprochen: vor allem mit dem Dorfchef, der ein Tuch über der Schulter trug und einen Speer.

Papa hatte mit ihm verhandelt: darüber, ob sie hier zelten durften und wie viel sie dafür bezahlen würden und wie lange sie blieben. Enia hatte nicht alles verstanden. Papa wahrscheinlich auch nicht. Aber der Dorfchef und die Männer hatten von Geistern gesprochen. Davon, dass es zu gefährlich war, in einem Zelt zu schlafen, weil die Geister der Ahnen nachts über das Land gingen. Sie kontrollierten alles, was die Lebenden taten, und wenn sie ein Verbot übertraten, rächten die Geister sich nachts. Sie kamen aus dem Trockenwald, der eine halbe Tageswanderung entfernt lag, und machten Feuer und sangen und tanzten.

Natürlich gab es keine Geister. Aber wer saß dann dort um das gelbe Licht?

Sie hörte leise Stimmen im Wind, flüsternde Stimmen.

Da kroch sie tiefer in ihren Schlafsack und kuschelte sich an Papa und umklammerte ihr Amulett, und so schlief sie ein.

Sie erwachte mitten in der Nacht davon, dass ihr jemand warmen Atem ins Gesicht pustete. Einen Moment lang wusste sie nicht, wo sie war. Dann fiel es ihr wieder ein.

Neben ihr stand eine Ziege.

Neben Papa standen zwei weitere Ziegen und versuchten, seine Haare zu essen.

Er versuchte im Schlaf, sie wegzuscheuchen. Dann wurde auch er wach und setzte sich auf.

»Was … warum … wer?«

»Ziegen«, sagte Enia. »Sie grasen auf dir.«

»Nein«, sagte Papa. »Nein, also wirklich nicht, tut mir leid, das geht zu weit.«

Und er befreite sich aus seinem Schlafsack, packte ihn und die Isomatte und schleifte beides ins Zelt. Enia folgte ihm. Ehe sie den Zelteingang schlossen, sah sie noch einmal dorthin, wo sie das Licht gesehen hatte. Weil es vielleicht Einbildung gewesen war.

Aber es leuchtete stetig in der Nacht. Die Schatten saßen nun still daneben. Sie beobachteten das Zelt, Enia konnte es spüren.

4. KAPITEL,

in welchem etwas leider nur halb ist,
wild getanzt wird, ein Silberkamm Geheimnisse
enthüllt und es nicht regnet

Der Silbervazaha stand plötzlich da, als die Schule aus war.

Er stand vor der Tür, die nur eine Lücke im Astwerk war, und er war zu groß. Er musste sich bücken, um durch die Öffnung zu sehen.

»Ich ... ähe-hem ... Guten Tag«, sagte er und räusperte sich. »Salama.«

»Salama«, sagte Maitresse Tui. »Kommen Sie doch herein. Darf man wissen, wer Sie sind?«

Das war natürlich eine Frage der Höflichkeit, denn selbstverständlich wusste sie, wer er war. Jeder im Dorf wusste das, die Vazahas waren *das* Gesprächsthema seit dem letzten Tag.

»Azafady«, sagte der Silbervazaha, »Verzeihung. Ich wollte Sie fragen, ob ... Ich bräuchte ... eine Lesehilfe.«

»Lesehilfe«, wiederholte Maitresse Tui und musterte ihn. Er hatte sich durch die Tür geduckt und stand wieder aufrecht, aber er stieß mit dem Kopf an die Decke aus Ästen.

Maitresse Tui war tausend Meter kleiner als er. Sie streckte sich ein wenig, griff in die Hemdtasche des Silbervazahas und zog seine Brille heraus, hielt sie ihm hin. »Sie haben hier eine Lesehilfe.«

»Ich ... ja, hm«, sagte der Silbervazaha. »Aber dieser Text ... also, da hilft die Brille nichts.«

Er hielt das Blatt Papier hoch, das Don und Feno schon kannten. »Es ist ... schwer zu erklären.«

Da tat er Don ein bisschen leid. Er brauchte Hilfe.

»Es ist nur halb«, sagte Don. »Und über einen Affen. Er hat es aus einem Archiv, das ist ein Ort für lauter Bücher oder so, und es ist von einer Reise, ganz früher, da hat ein Vazaha eine Reise zu uns gemacht und das Papier bekommen, nur wir waren natürlich nicht da ...« Er verstummte.

Maitresse Tui sah ihn jetzt nämlich an, und er spürte, wie er rot anlief. Sie war so hübsch.

»Ich verstehe nicht ganz«, sagte Maitresse Tui. »Das Papier stammt von einem halben Affen, den unser Besucher in einem Ort aus Büchern gefunden hat, und der Affe ist dann nach Madagaskar gereist, während wir nicht da waren?« Sie schüttelte verwirrt den Kopf. »Wo *waren* wir?«

»Noch nicht geboren«, sagte Feno. »Nicht mal Sie! Ist doch logisch. Das Papier ist furchtbar alt, man kann es fühlen. Und der Affe war nicht halb, sondern ganz. Aber jetzt ist er ganz ausgestorben.«

»Nur glauben wir das nicht«, sagte jemand hinter Maitresse Tui.

Enia. Alle Blicke wanderten zu ihr. Da stand sie im Türrahmen ohne Tür, und ihr rotes Haar leuchtete, gab ihr einen Heiligenschein aus Licht, sie war wie ein Engel.

Ein ungekämmter, zerzauster Engel mit einem grünen T-Shirt mit einem aufgedruckten schielenden Chamäleon.

»Das ist Enia«, sagte Don leise, und Feno sagte: »Sie hat Haare wie eine Babyziege, ganz weich, aber sonst ist sie ziemlich normal.«

»Und ihr Vater hat Schokoriegel«, sagte Fito. Woraufhin ein Raunen durch die Reihen der Schüler lief, die auf dem Boden saßen.

»Und um was für einen Affen bitte geht es?«, fragte Maitresse Tui.

»Er hat noch keinen Namen, weil er nie wirklich beschrieben wurde, nicht im biologischen Sinne«, sagte der Silbervazaha. »Aber ich glaube, bei Ihnen nennt man ihn ... den Wasserlemur.«

Da zuckte Maitresse Tui zusammen, und dann breitete sich ein vorsichtiges Lächeln über ihr hübsches Gesicht.

»Die Kinder müssen noch essen«, sagte sie. »Danach habe ich Zeit für Sie.«

Minuten später standen sie alle draußen unter der Mango, und Maitresse Tui verteilte Teller und Löffel. Enia und der Silbervazaha bekamen auch jeder einen. Zum Glück gab es genug Teller, irgendeine Organisation hatte sie mal gespendet.

Sie setzten sich auf die Erde, in den grünen Schatten.

Nur die Ziege setzte sich nicht, sondern stellte sich neben Maitresse Tuis Fahrrad, das am Stamm der Mango lehnte, und versuchte, den Vorderreifen zu essen.

»Heute haben wir Reis mit roten Bohnen«, sagte Maitresse Tui mit ihrer sanften Stimme.

»Schließt die Augen. Könnt ihr die Bohnensoße riechen? Sie ist dick und fettig. Wir haben nicht mit Öl gespart. Wir werden alle satt werden. Soll ich wieder eine Geschichte erzählen, während ihr esst?«

»Ja! Ja!«, riefen alle, nur Jean-Marcel und ein paar der großen Jungen und Mädchen knurrten irgendwas.

»Letztes Mal habe ich vom Wasserlemuren erzählt, und nun ist jemand zu uns gekommen, der ihn finden will«, sagte Maitresse Tui. »Aber heute werde ich euch vom Glimmer erzählen und von den Edelsteinen, die im Boden schlafen.«

»Ja, ja, erzähl nur«, sagte jemand aus dem Mangobaum. Es war Tianay.

»Siehst du wieder Regen, Tianay?«, fragte Maitresse Tui zu ihm hoch.

»Nein, heute nicht, heute nicht!«, sagte Tianay. »Ich sehe Löcher. Überall Löcher. Tief und schwarz. Man kann hineinfallen, und zack!, ist man weg. Die Erde verschluckt einen. Glimmer! Ja, erzähl ihnen vom Glimmer! Erzähl ihnen, wie es drüben aussieht, im nächsten Dorf. Nichts als Löcher!«

»Tianay, komm runter, nimm einen Teller und sei still«,

sagte Maitresse Tui streng. »Hört zu, Kinder. Wenn es nicht regnen wird, bis zwei Wochen vergangen sind, werden wir im Dorf nach Glimmer graben. Stellt ihn euch vor: Glimmerschiefer, ein schlummernder Stein im Boden. Große Platten, glitzernd, dünn, übereinandergeschichtet. Wunderschön. Es gibt eine Firma aus Kanada, einem Land weit weg, die möchte den Glimmer haben. Und wir werden Geld dafür bekommen, um Wasser zu kaufen und Reis.«

»Wir wollen keine Löcher graben!«, rief Fito. »Sie haben selber gesagt, dass wir das nicht wollen! Die wollen die Schule abreißen und den Mangobaum fällen, damit sie besser graben können!«

»Oh, aber es wird schön«, sagte Maitresse Tui, noch immer sanft. »Ihr werdet Spaten bekommen, und vielleicht findet ihr sogar Saphire. Vielleicht genau da, wo diese Schule jetzt steht.«

»Die haben gesagt, wenn die Schule abgerissen wird, müssen Sie weggehen, Maitresse! Für immer!«

»Wir wollen nicht, dass Sie gehen!«, rief jemand, und alle stimmten in den Ruf mit ein. »Wir wollen nicht, dass Sie gehen!«

»Ich werde immer bei euch sein«, sagte Maitresse Tui und lächelte. »Auch, wenn ich nicht mehr da bin. Wenn ihr zum Fahnenmast kommt, werdet ihr einen Staubwirbel sehen, und ich werde darin sein. Ihr müsst nur daran glauben. Aber noch ... noch haben wir Zeit. Zwei Wochen. Na ja, nicht mehr ganz. Wenn in zwei Wochen der Regen kommt, werden keine Löcher gegraben. Jetzt esst euren Reis und vergesst nicht, gut zu kauen.«

»Don!«, flüsterte Enia, und Don öffnete die Augen. Sie saß

neben ihm und sah ihren Teller an. »Don, die Teller sind alle …
leer!«

»Mach die Augen zu«, wisperte Don. »Natürlich ist der Reis
da. Iss ihn, er ist lecker. Du musst nur daran glauben.«

Und dann saßen sie im gelben Zelt, Maitresse Tui, der Silbervazaha, Enia, Feno und Don.

Es war ziemlich eng. Aber alle hatten mitkommen wollen.
Nur Fito spielte draußen mit seiner Ziege Fußball. Er hatte
einen selbst geknoteten Ball aus geknülltem Papier und einem
Netz aus Schnur – Schnur, gemacht aus dem strähnigen Gras
der Ebene. Maitresse Tuis Fahrrad und ein großer Stein bildeten das Tor, es gab nur eines. Fito sagte, das wäre besser, weil
er dann auf jeden Fall gewann. Die Ziege konnte sowieso nicht
so gut schießen.

Im Inneren des Zeltes jedoch, im gelben Licht, schwebten
die Töne einer Flöte: Don spielte, leise, während Maitresse Tui
voller Konzentration das alte, vergilbte Papier studierte.

Sie saßen auf blauen Isomatten, und in der Ecke des Zeltes
lagen zwei sorgsam zusammengerollte Schlafsäcke, die weich
und warm aussahen wie Wolken, ein blauer und ein grüner.
Von der Decke hing eine Taschenlampe, die jetzt aus war: Es
war alles hübsch und seltsam. Der Silbervazaha gab eine Wasserflasche herum, und das Wasser war ganz sauber und klar.

Als wäre es aus einem Fluss gekommen, der rasch floss.

Eigentlich hatte Don noch nie solches Wasser getrunken.

»Dieser Text … ist schwer zu verstehen«, sagte Maitresse
Tui schließlich. »Wenn wir beide Hälften hätten, wäre es ein-

facher.« Sie lächelte den Silbervazaha an. »Ich lese Ihnen das vor, was ich entziffern kann.« Don setzte die Flöte ab.

»Der Lemur, der das Wasser bringt«, las sie, »ist ein … Hier fehlt etwas. Die Hauptnahrung des Tieres besteht aus … fehlt … sowie von den Zweigen des Famatabaumes, die für andere Spezies giftig sind. Das Tier ist sehr gut getarnt, es … fehlt, fehlt … gibt seine Tarnung nur dann auf, wenn er … fehlt … leider immer seltener werden. In diesem Fall kann er, sagen die Leute, einem das Wasser zeigen. Wartet mal, hier ist eine Zeichnung von seinen Spuren.« Sie hob das Blatt. Unter der Schrift war eine Pfote zu sehen. Sie besaß einen Ballen und vier Zehen, winzig. Darunter gab es eine Darstellung einer Reihe solcher Abdrücke, hintereinander aufgereiht wie auf einer Kette, immer zwei nahe aneinander, die folgenden zwei mit mehr Abstand, dann wieder zwei nahe. Am Ende waren vier Pfoten direkt nebeneinander.

»… stellt den Abflug des Tieres dar«, las Maitresse Tui. »Er stößt sich mit allen vier … Der Rest fehlt wieder. Der Lemur baut seine Nester auf abgelegene, hohe … fehlt … Trockenwald und Steppe. Fehlt, fehlt … leicht erreichbare Wasseradern unter der Erde aufspüren, jedoch … fehlt. Die Wahrheit ist, dass er seinen Paarungsflug nur dann vollführt, wenn … fehlt. Die Tiere spüren die Veränderung des … fehlt … und dies ist die Wahrheit über den Wasserlemuren.«

»Na toll«, sagte Feno, und alle seufzten.

»Famatabäume wachsen hier ein paar«, sagte Don.

»Die Dinger, die aussehen wie Wasserpflanzen? Die keine Blätter haben, sondern solche Wülste?«, fragte Enia.

Don nickte. »Ihr Saft heilt Wunden. Aber er brennt. Wenn

du ihn in die Augen kriegst, tut es weh. Und iss niemals so ein Blatt. Sie sind giftig.«

»Ich will keinen Baum essen«, sagte Enia nachdenklich. »Aber das Bild, das wir vom Wasserlemuren gesehen haben ... im Internet ... Da saß er auf so einem Ast. Vielleicht war es hier in der Nähe.«

»Die Dinger gibt es überall«, sagte Don.

»Ihr könnt seine Spuren suchen«, sagte Feno. »Wenn es regnen würde, könnte ich auch Spuren suchen. Mit den Fingerspitzen in der Erde.«

Der Silbervazaha seufzte noch einmal. »Ich habe mir heute die Spuren in der Umgebung angeguckt. Nur, um zu sehen, was es überhaupt für Tiere gibt. Vögel, Eidechsen, Chamäleons ... Da sind keine Spuren. Der Boden ist so knochentrocken, dass man nicht mal die Spuren der Ziegen sieht.«

»Die machen andere Spuren«, meinte Fito und kicherte. »Sie machen kleine braune Murmeln.«

»Richtig, der Kot!« Der Silbervazaha schlug sich gegen die Stirn. »Darüber steht nichts da, was? Über den Kot des Lemuren?«

»Nicht in dem Teil, den wir haben.« Maitresse Tui schenkte ihm ein Lächeln und nestelte einen kleinen silbernen Kamm aus ihrem tiefschwarzen Haar. Er war wahrscheinlich nicht echt aus Silber, und die blauen Steine waren auch keine echten Edelsteine, sondern Glas.

»Man kann möglicherweise Spuren besser mit einer Lupe sehen«, sagte Maitresse Tui.

Sie kroch aus dem Zelt, und alle folgten ihr. Nur die Ziege

hörte auf, schon wieder an dem Fahrradreifen zu knabbern, und ging ins Zelt. Ziegen tun ja meistens das Gegenteil von dem, was alle anderen tun.

Beim nächsten Famatabaum ein paar Hundert Meter weiter kniete Maitresse Tui sich auf die harte rote Erde. In ihrem weißen Kleid mit der sich ablösenden Rüsche. Sie hielt den Silberkamm vor ihre Augen und sah durch den größten blauen Glasstein.

Der Stein war flach wie eine Scheibe.

»Ich sehe Spuren von drei verschiedenen Vögeln und einem Chamälon, das getanzt hat«, verkündete Maitresse Tui.

Der Silbervazaha kniete sich neben sie, und sie reichte ihm den Kamm. Er kniff ein Auge zu. Sah ebenfalls durch das blaue Glas. Und nickte ungläubig. »Vor und zurück, vor und zurück«, sagte er. »Das war das Chamäleon.«

»Sie tanzen immer« erklärte Fito, hob den linken Arm und das rechte Bein. »So. Vor und zurück, vor und zurück.«

»Warum?«, fragte Enia.

»Sie haben Musik im Kopf«, sagte Maitresse Tui. »Hast du nicht manchmal Musik im Kopf? Sodass du tanzen musst?«

»Ich … weiß nicht«, sagte Enia.

»Hier haben wir das alle«, erklärte Maitresse Tui sanft. Sie stand auf, summte eine kleine Melodie, nahm Enia an den Händen und tanzte mit ihr. Ein bisschen vor und ein bisschen zurück. Don schnappte die Melodie auf und spielte sie auf seiner Flöte, und Fito hopste auf und ab, was seine Art war, zu tanzen.

»Einer der Vögel, der hier Spuren gemacht hat, hat auch getanzt«, sagte Maitresse Tui. »Aber der andere war traurig.«

Sie drehte Enia, und Enia lachte. Da fasste Maitresse Tui den Silbervazaha an der Hand und drehte auch ihn. Obwohl er so viel größer war als sie. Ein Riese. Ein tollpatschiger Riese. Don sah, wie schwer er es fand, die Füße richtig zu setzen, und er spielte langsamer. Da wurde der Silbervazaha mutig und fasste Maitresse Tui um die Hüften.

»Bei uns tanzen wir so«, sagte er, und jetzt war er es, der sie herumschwang. Doch plötzlich stolperte er, landete auf der harten Erde und war irgendwie verheddert in seine eigenen Beine.

Enia kniete sich neben ihn.

»Hallo, Papa«, sagte sie. »Schau mal hier.«

Sie hielt jetzt Maitresse Tuis Silberkamm in der Hand und sah durch das blaue Glas. »Hier sind winzig kleine Pfotenabdrücke. Zwischen den Baumwurzeln. In einer Linie. Immer zwei nah aneinander und zwei mit etwas weiterem Abstand. Sieht aus, als wäre der, dem die Pfoten gehören, vom Baum gekommen und weggelaufen.«

Sie sah Don an. »Ein Wasserlemur!«, flüsterte er und spürte, wie es in ihm kribbelte vor Aufregung.

»Die Frage ist, wann er hier war«, sagte Maitresse Tui und nahm den Kamm, um ihn wieder in ihr Haar zu stecken. »Diese Lupe zeigt einem auch Spuren, die sehr alt sind.«

»Die Spuren führen nach da«, sagte Enia und zeigte nach Westen. »Was ist da?«

»Wenn man lange nach da geht«, sagte Don, »kommt man zum Trockenwald. Einen halben Tag oder so.«

In diesem Moment räusperte sich jemand, und sie drehten alle die Köpfe.

Da stand, einen Steinwurf weit entfernt, der Dorfchef, würdevoll wie immer, gekleidet in das über die Schulter geworfene Tuch mit den großen Blumen, gestützt auf den Speer.

»Was genau tut der Vazaha auf dem Boden?«, fragte er.

»Er sucht Spuren«, antwortete Feno. »Und er hat getanzt. Wie ein Chamäleon.«

»Soso, wie ein Chamäleon«, sagte der Dorfchef. »Getanzt.« Dann kam er ein paar Schritte näher und stieß den Speer auf die trockene Erde.

»Du, junge Dame«, sagte er zu Feno, »solltest zu Hause sein und helfen. Warst du wieder in der Schule? Die Schule ist nichts für Blinde. Und für blinde Mädchen schon gar nicht. Und du«, er sah zu Don, »solltest besser bei deiner Großmutter sein und Ziegen hüten, anstatt hier bei den Vazahas zu sitzen. Ich wundere mich, Maitresse Tui, dass Sie zulassen, dass die Kinder solchen Umgang haben.«

»Was sagt er?«, fragte der Silbervazaha.

»Er sagt ... er wünscht uns viel Erfolg bei der Spurensuche«, sagte Feno.

»Vazahas bringen immer alles durcheinander«, sagte der Dorfchef. »Kommen her und glauben, sie könnten was verändern, und haben keine Ahnung von nichts.«

»Was sagt er?«, fragte der Silbervazaha wieder, stand auf und grinste ein bisschen schief.

»Er sagt, bestimmt finden wir den Wasserlemur«, sagte Don.

»Dieser Besucher hat eine Genehmigung von Ihnen bekommen, den Lemuren zu suchen«, sagte Maitresse Tui zum Dorfchef. »Er hat dafür bezahlt.«

»Er hat gestern Schokoriegel verteilt!«, rief Fito.

»Schokoriegel, hm«, sagte der Dorfchef. »An mich nicht.«

Don sah, wie gerne er einen Schokoriegel gehabt hätte. Jetzt fuchtelte er mit seinem Speer in der Luft herum und sagte: »Ich denke, Sie möchten jetzt gehen, Maitresse. Ihr Fahrrad wartet. Ihre Arbeitszeit in der Schule ist längst vorbei.«

»Ja, ich ... natürlich«, murmelte Maitresse Tui, und Don flüsterte: »Warum tun Sie nichts?«

»Sie könnten den Dorfchef in eine Staubwolke einwickeln und den Fahnenmast hochfliegen lassen«, wisperte Feno. »Sie können doch zaubern!«

»Nur manchmal«, wisperte Maitresse Tui. »Und es gibt Momente, Kinder, da ist es klüger, sich zurückzuziehen.«

Sie nahm ihr Fahrrad und stieg auf, und dann fuhr sie weg, wurde kleiner und kleiner, war nur noch ein Punkt in der Ebene, war fort.

Aber sie hatte etwas verloren: Auf der roten Erde lag der Silberkamm mit den blauen Glassteinen. Enia ging hin und bückte sich danach. Erstaunlicherweise war der Dorfchef schneller.

Er fegte den Kamm mit dem Speer zu sich heran und hob ihn auf.

»Den nehme ich«, sagte er. »Ich werde ihn der Maitresse morgen zurückgeben. Ich bin der Verantwortliche für dieses Dorf.«

»Aber ... wir brauchen ihn!«, rief Feno. »Wir müssen die Spuren ...«

»Junge Dame«, sagte der Dorfchef. »Du solltest lernen, Respekt vor dem Alter zu zeigen.«

Und er wandte sich ab und ging, auf seinen Speer gestützt, den Kamm in der freien Hand.

»Wir brauchen ihn, weil wir den Wasserlemuren finden müssen«, sagte Feno leise. »Wenn er weiß, wo Wasser ist ... dann kann er uns hinführen. Zu einem geheimen See. Einem unterirdischen Fluss. Zu irgendetwas Verborgenem, Wunderbarem.«

»Wir holen den Kamm zurück«, sagte Enia. »Wisst ihr, wo der alte Mann wohnt?«

Don lachte. »Natürlich wissen wir das. Er ist der Dorfchef. Der wichtigste Mann. Und einer der Ältesten.«

»Komisch«, sagte Enia. »Bei uns sind die Ältesten nicht die Wichtigsten. Junge Leute wissen mehr neue Dinge.«

»Aber die Alten wissen die alten Dinge«, sagte Don.

»Also«, sagte Feno. »Wir warten jetzt ein bisschen hier. Bis er nicht mehr an uns denkt. Dann gehen wir zu seiner Hütte. Falls er zu Hause ist, warten wir wieder. Und wenn er weggeht, schleichen wir rein und suchen den Kamm. Und dann ... dann warten wir auf eine gute Gelegenheit, aus der Hütte rauszukommen, ohne dass uns irgendwer sieht.«

»Das ist eine Menge Gewarte«, sagte Enia.

Don nickte. »Madagassen sind Weltmeister im Warten«, sagte er, setzte sich und holte die Flöte heraus. »Komm und lerne.«

Die Hütte des Dorfchefs lag mitten im Dorf. Die Hütten lagen weit verstreut. Sie wuchsen aus dem roten Boden, als hätte jemand sie lose darübergestreut, wie Streusel auf einem Kuchen. Dazwischen war nichts. Keine Büsche, keine Bäume, nur kahler

Boden und hier und da ein paar Kakteen. Vor manchen Hütten saßen Leute und redeten, und eine kleine Herde Ziegen kam vorbeigezuckelt.

»Hier«, sagte Fito, der wieder auf seiner eigenen Ziege ritt, und zeigte auf eine Hütte. »Da wohnt er.«

Die Hütte bestand aus Zweigen, genau wie alle anderen Hütten. Sie war nicht höher als Enia und ein bisschen schief.

»Da?«, fragte sie ungläubig. »Aber er ist der Chef! Irgendwie dachte ich, er wohnt in einem Haus mit Mauern.«

»Es gibt keine Häuser mit Mauern hier«, sagte Don.

Sie kauerten sich in den Schatten der Hütte und lauschten.

»Es ist niemand drin«, flüsterte Feno.

»Und wenn der Dorfchef da ist und einfach still sitzt?«, fragte Enia.

Feno lächelte. »Dann würde ich hören, wie er denkt.«

»Quatsch.«

»Doch, Leute rascheln beim Denken«, sagte Feno. »Wenn man mit den Ohren sehen kann, weiß man das. Kommt.«

Sie schlichen an der Wand entlang bis zum Eingang der Hütte, nur Fito blieb draußen.

»Ich mach Wache«, erklärte er. »Wenn jemand kommt, rufe ich wie eine Ziege. Oder die Ziege ruft wie eine Ziege. Das wäre eigentlich noch unauffälliger.«

Im Inneren der Hütte war es schummerig, nur wenig Licht fiel durch die Lücken zwischen den Zweigen und Brettern.

Es gab eine Feuerstelle zwischen ein paar Steinen, daneben standen zwei Töpfe, ein großer und ein kleiner, und dann waren da ein Stapel Kleider und eine Matte, die wohl das Bett war, denn es lag eine Decke drauf. An der Wand hingen eine Plastiktüte mit ein paar Kaktusfeigen darin, ein Kreuz und ein alter Kalender, auf dem eine Villa in Amerika zu sehen war. In einer Ecke standen mehrere alte Marmeladengläser mit trockenen Pflanzen darin und eine Plastikflasche mit einer trüben Flüssigkeit.

»Was ist das?«, flüsterte Enia.

Don zuckte die Schultern. »Wasser«, sagte er. »Sein Vorrat.«

Enia schüttelte sich. Das Wasser sah aus, als würden sich darin demnächst selbst intelligente Lebewesen züchten. »Das trinkt er?«

»Klar«, sagte Don. »Es kommt vom Linta. Vom Fluss. Man muss ziemlich lange wandern bis dahin. Und dann muss man graben, damit man an Wasser kommt. Und das Wasser wieder ziemlich lange nach Hause schleppen. Die Mädchen bringen es ihm.«

»Sollten nicht die Männer das Wasser schleppen? Die sind stärker«, sagte Enia.

»Pfff, überhaupt nicht«, sagte Feno. Und dann, nachdenklich: »Na ja, das wäre schon nicht schlecht. Am Linta sind die Dahalos und lauern den Mädchen manchmal auf, die mit ihren Eimern kommen. Sie stehlen die Eimer. Oder die Mädchen.«

»Unsinn, das ist nur so ein Gerücht«, sagte Don.

Enia sah von einem zum anderen. »Was sind Dahalos?«

»Oh, Dahalos sind Dahalos«, sagte Feno. »Räuber. Sie nehmen, was ihnen nicht gehört. Man weiß nie, wann sie auftauchen. Wenn es mal eine Ernte gibt, stehlen sie die Ernte. Oder die Tiere. Aber wenn ich größer bin, dann warte ich irgendwann auf sie, im Geheimen.« Sie verschränkte die Arme und warf den Kopf mit dem wilden Haar zurück, angriffslustig. »Und dann mach ich sie fertig. Es ist nämlich so.« Und sie senkte ihre Stimme wieder zu einem Flüstern. »Alle, die die Dahalos sehen, haben Angst vor ihnen und fliehen. Ich sehe sie ja nicht. Also werde ich keine Angst haben.«

Sie boxte in die Luft, und Enia wich aus und stolperte und landete auf der Matte mit der Decke. Auf etwas Pieksigem. Sie sprang wieder auf, tastete ... da war ein Loch in der Decke. In der Füllung. Und dann hielt sie Maitresse Tuis kleinen Silberkamm in der Hand.

Da war noch etwas in der Füllung der Decke. Ewas aus Papier ... Sie zog es heraus. Es war ein Schulheft, uralt und vergilbt, und etwas lag zwischen den Seiten. Ein Stück Papier, das aussah, als wäre es noch viel älter als das Schulheft. Enia hielt es ganz vorsichtig ins Licht, das durch die Türöffnung fiel. Das Papier war an einer Kante unregelmäßig abgerissen. Als hätte jemand es in zwei Hälften zerteilt.

»Das ist ...«, begann Enia.

In diesem Moment verschwand das Licht, es wurde noch dunkler in der Hütte, und sie sahen auf.

In der Türöffnung stand jemand.

Eine alte Frau. Sie sagte etwas auf Malagasy, was Enia nicht verstand, aber eigentlich war es ungefähr klar: »Was um alles in der Welt macht ihr hier, in der Hütte des Dorfchefs? Kommt da raus!«

Enia überlegte, ob sie das Papier schnell einstecken konnte, doch die Alte bückte sich, schnappte es ihr weg und schimpfte weiter. Dann legte sie das Papier in das Schulheft, das Enia auch in der Hand gehalten hatte, und Don sagte: »Sie sagt, wir müssen das zurücklegen, dahin, wo es war. Sonst wird der Dorfchef etwas merken, und er wird unglaublich wütend werden.« Er nahm das Heft mit dem Blatt und steckte es zurück ins Matratzenstroh. »Es ist besser so«, sagte er. »Sonst ruft er die Ahnen. Er hat eine gute Verbindung zu ihnen. Und dann kommen sie nachts und machen uns krank oder ...«

»Glaubst du ernsthaft an Geister?«, fragte Enia leise.

»Das ist keine Frage des Glaubens«, sagte Don. »Es ist einfach Fakt, dass es sie gibt. Ich meine, das ist so, als ob du fragst: Glaubst du an Schildkröten?«

Enia lachte. Es war verrückt. Alles in diesem Land war anders als zu Hause. Sie kroch mit den anderen aus der Hütte, und die Alte schüttelte missbilligend den Kopf. Sie trug ein gemustertes olivgrünes Tuch als Rock und eine verblichene rote Bluse, der vorne drei Knöpfe fehlten. Ihre Wangen waren eingefallen, offenbar hatte sie keine Zähne mehr. Dennoch strahlte sie eine unglaubliche Würde aus. Ihre Augen waren flink und klar, und sie musterte die Kinder aufmerksam.

»Avia!«, sagte sie dann, das kannte Enia: *Kommt*. Sie folgten ihr, weg von der Hütte des Dorfchefs. Was eine gute Idee war, denn gerade kam der Dorfchef zwischen den anderen Hütten heran, in ein Gespräch mit einem jüngeren Mann vertieft, den Speer fest in der Hand.

Enia wollte sich nicht vorstellen, was passiert wäre, wenn er sie in seiner Hütte gefunden hätte.

»Das ist Nenibe«, sagte Fito und hopste jetzt neben ihnen her. »Und habt ihr nicht gehört, wie ich euch gewarnt habe, dass sie kommt? Ich konnte keine Ziege, da hab ich eine Grille nachgemacht ... Aber ihr habt nichts mitgekriegt.«

»Nenibe ist unsere Großmutter«, erklärte Don.

Sie standen jetzt vor einer anderen Hütte, und Nenibe nahm Enias Hand in ihre Hände: faltige, ausgemergelte Hände, die sicher viel gearbeitet hatten, gegraben und gepflanzt und geerntet. Enia sah es direkt vor sich. Aber jetzt waren die Felder trocken.

»Sie sagt, wir sollen den Dorfchef nicht verärgern«, sagte Don. »Aber es ist schön, dass du bei uns im Dorf bist. Dass du unsere Freundin bist.«

»Sag ihr, wir finden den Wasserlemur«, sagte Enia. »Mein Vater ist extra deshalb gekommen.«

Don übersetzte.

Da fing Nenibe an zu lachen. Alle Falten in ihrem Gesicht lachten mit, und sie sagte etwas in das Lachen hinein.

»Sie sagt: ein Vazaha?«, übersetzte Don. »Ein Vazaha glaubt an das Märchen vom Wasserlemur? Er ist seit Jahrzehnten ausgestorben.«

Sie lachte weiter, aber als sie aufhörte, zu lachen, standen Tränen in ihren kleinen wachen Augen.

Und sie sagte noch etwas.

»Sie sagt: Versucht es!«, übersetzte Feno. »Sie sagt, sie wird davon träumen, wie sie wieder Mais pflanzt. Wie früher, als sie ein kleines Mädchen war, ein Mädchen wie wir.«

Als der Nachmittag sich blau dem Abend zuneigte, saß Enia mit Papa vor dem Zelt und schnitt Gemüse fürs Abendessen.

Sie schnitt Zucchini, er schnitt Tomaten. »Das ist das letzte frische Gemüse, das wir mitgebracht haben«, sagte Papa. »Ab morgen gibt es nur noch Dosenkram.«

»Kein Problem«, sagte Enia. »Weißt du ... Don und Fito und ihre Großmutter haben gar kein Gemüse. Nur ein bisschen Hirse.«

»Oh«, sagte Papa.

Enia legte eine halbe Zucchini zur Seite. »Die kriegen sie morgen«, sagte sie. »Morgen suchen wir weiter Spuren. Nach ihrem Unterricht.« Sie seufzte. »Ich wünschte, wir könnten es heute tun. Nachts. Bei Mondschein. Im Mondschein ist alles magisch, hat Feno gesagt. Aber Don hat gesagt, es ist keine gute Idee, nachts loszugehen. Wegen der Geister.«

»So gut könnt ihr euch auf Französisch unterhalten?«, sagte Papa erstaunt.

»Ja, irgendwie geht es«, sagte Enia. »Ich ... habe ganz vergessen, darüber nachzudenken. Wenn man will, kann man sich wahrscheinlich mit jedem unterhalten. Papa, glaubst du, es *gibt* Geister? Die nachts aus dem Trockenwald kommen und an einem Feuer sitzen?«

»Geister an einem *Feuer*?«

»Feno hat gesagt, das ist normal.«

»Hm«, sagte Papa, warf das Gemüse in die kleine Pfanne, goss Öl dazu und machte den Campingkocher an. Und Enia fragte sich, ob sie ihm von den Schatten erzählen sollte. Den Schatten nachts am Feuer. Aber dann tat sie es nicht.

»Sie sagen, die Ahnen bestrafen die Menschen«, sagte sie stattdessen. »Deshalb gibt es keinen Regen. Glaubst du das?«

»Ich glaube, wir haben nur andere Namen für Dinge«, sagte Papa ernst. »Die Leute hier nennen es Ahnengeister, wir nennen es Klimawandel.«

Er goss Wasser in die tiefe Pfanne und gab Reis dazu, und Enia atmete den Geruch von Tomaten und Gewürzen tief ein, lehnte sich an Papa und sah zu, wie die violette Sonne unterging. »Wir finden einfach diesen Lemuren.«

»Ja«, sagte Papa. »Das wäre das Beste. Aber um ehrlich zu sein ... ich sehe nichts durch die Lupe. Ich habe es ausprobiert.«

Enia holte den Kamm aus der Tasche und ging hinüber zu den Famatabäumen. Sah durch den blauen Glasstein in der Mitte des Kamms. Es war dunkel, noch schien der Mond nicht, doch sie sah deutlich kleine Pfotenabdrücke, die nach Westen führten. Konnte es sein, dass nur Kinder durch das Glas etwas sahen?

Sie kehrte zurück zu Papa.

»Und dann ist da noch die Sache mit der zweiten Hälfte des Papiers«, sagte sie. Sie hatte ihm schon von ihrem Fund in der Hütte erzählt. »Wir müssen den Dorfchef davon überzeugen, dass du ein Held bist. Am besten tust du etwas absolut Heldenhaftes für das Dorf, dann muss er dich mögen, und dann gibt er uns das Papier.« Sie gab Papa einen Kuss auf die Nase, wo auch Tomatensoße war. »Für mich bist du ein Held. Und für Mama warst du sicher auch ein Held.«

»Ja, sie hat mich tatsächlich geheiratet, damals«, sagte Papa und seufzte. »Aber ich schätze, das wird der Dorfchef nicht tun.«

Wieder wachte Enia mitten in der Nacht auf. Sie hatten diesmal beschlossen, *im* Zelt zu schlafen, damit nicht wieder irgendwelche Ziegen Papas Haare fraßen.

Enia saß aufrecht auf ihrem Lager und fragte sich, was sie geweckt hatte.

Draußen raschelte etwas. Sie dachte daran, wie Feno gesagt hatte: »Leute, die nachdenken, rascheln.«

Das Rascheln bewegte sich jetzt, vor dem Zelt. Jemand oder mehrere Jemande oder Etwasse gingen vorbei. Dann war da ein Trappeln wie von vielen kleinen Hufen. Und dann Stille.

Enia kroch zum Zelteingang und sah hinaus.

Der Mond schien weiß auf die Ebene und ließ die vereinzelten Famatabäume gespenstisch wirken, wie geduckte Gestalten in der Nacht. In der Ferne glomm ein gelbes Feuer, genau wie in der Nacht zuvor. Und darum herum saßen die Schatten. Reglos, beobachtend.

Aber das Hufgetrappel war in die andere Richtung verschwunden. Der Wind strich über die Ebene. Zu Hause hätte Enia gedacht: Das ist Wind, der Regen bringt. Morgen werde ich Gummistiefel anziehen zur Schule. Aber hier blieb alles trocken. Für immer und immer trocken.

»Papa?«, flüsterte Enia. »Da ist … ein Feuer. Siehst du es auch?«

Papa antwortete nicht. Sie tastete sich zu seinem Lager hinüber. Doch ihre Hände fanden nur einen leeren Schlafsack. *»Papa?«*

Mit fliegenden Fingern suchte sie die Taschenlampe an der Zeltdecke. Knipste sie an. Papa war nicht da. Sie machte die

Lampe wieder aus, damit das gelbe Zelt nicht zu auffällig durch die Nacht strahlte. Auf einmal dachte sie an die Dahalos, die Räuber, die am Fluss waren. Was, wenn sie ins Dorf kamen?

Die Schatten am Feuer saßen noch immer ganz ruhig.

Enia steckte die Hand ins Deckelfach ihres Rucksacks und suchte nach dem Silberkamm, den sie dort verwahrte. Es wäre beruhigend, dachte sie, sein kühles Metall zu fühlen.

Doch sie fand auch den Kamm nicht.

Und sie begriff. Papa hatte den Kamm genommen und war alleine losgegangen, um Spuren zu finden. Vazahas waren wirklich nicht gut im Warten, erwachsene Vazahas schon gar nicht. *Im Mondschein ist alles magisch*, hatte Feno gesagt. Vielleicht fand er wirklich Spuren?

Aber er war ganz allein da draußen. Und tausendprozentig brachte er sich mal wieder in Schwierigkeiten. Sie löste die Taschenlampe vom Zeltdach, steckte sie für Notfälle ein und krabbelte hinaus. Einen Moment stand sie still im weißen Mondlicht.

Dann sagte jemand »Hey!«, und sie erschrak so sehr, dass sie einen kleinen Satz in die Luft machte.

»Hier oben.«

Enia trat näher an die Famatabäume, und da sah sie ihn. Er saß im Schneidersitz zwischen den niedrigen Ästen: ein Junge, vielleicht siebzehn oder achtzehn Jahre alt. Er trug ein zerschlissenes weißes Hemd mit Kragen und ein geheimnisvolles Lächeln. Moment, und saß er? Oder schwebte er?

»Salama, Vazaha-Mädchen mit den Erdhaaren«, sagte er. »Ich bin Tianay.« Er lachte. »Manche Leute glauben, ich wäre seltsam. Aber ich sag dir was, Erdhaarmädchen: Die anderen sind seltsam. Nur ... ich kann kein Französisch.«

»Aber ... du sprichst es gerade.«

»Es spricht sich von selbst«, sagte Tianay. »Hör zu, Erdhaarmädchen. Die Dahalos waren hier. Sie haben die Ziegen geholt. Alle Ziegen des Dorfes. Sie haben sie weggetrieben, zum Fluss. Nur Fitos Ziege ist noch da, denn sie schläft bei ihm in der Hütte.«

»Das war das Rascheln! Das Hufgetrappel!«, sagte Enia. »O nein. Wir müssen sie zurückholen!«

»Das können wir nicht«, sagte Tianay. »Keiner von uns hat eine Waffe.« Er sprang vom Baum und stand vor Enia. Er hatte schöne Augen, ganz groß und sanft. Doch sein staubiges Haar stand in alle Richtungen ab.

»Erdhaarmädchen, die Dahalos sind noch in der Nähe«, sagte er. »Du solltest deinen Vater finden und zurückholen. Es ist nicht klug, nachts draußen zu sein.«

»*Du* bist nachts draußen.«

»Ja«, sagte Tianay einfach.

Er machte einen Handstand, kippte hintenüber, kam wieder hoch und machte direkt den nächsten Handstand. So verließ er Enia, verschwand mit Handständen in die Nacht wie ein Zirkusclown.

Enia sah wieder dorthin, wo das Feuer und die Schatten waren. Sie waren nicht mehr da.

»Okay, Papa«, flüsterte Enia. »Ich komme. Aber nicht allein.«

5. KAPITEL,

*in welchem durch ein blaues Zauberglas gesehen
wird, zwei Leute verschwinden, ein Dorf aus Löchern
vorkommt und es nicht regnet*

»Don!«

Er fuhr hoch und starrte in die Dunkelheit der Hütte. Vor
der Türöffnung hing ein Stück Stoff, das kein Licht hereinließ.
Er hatte von Musik geträumt, im Traum war er mit der Flöte
durch den Trockenwald gewandert und hatte gespielt, und aus
der Flöte waren Seifenblasen gestiegen, die platzten und aus
denen Regen auf die Erde fiel.

»Don!«

Die Stimme kam von draußen, und die Angst kroch in sein
Herz. Nenibe schlief fest neben ihm, ihre mühsamen Atem-
züge füllten die Hütte, ein Leben voller Kohlefeuer und Staub

saß in ihren Lungen. Fito schlief ebenfalls, in seinen Armen die Ziege.

»Don!«

Die Geister, dachte er. Die Geister der Ahnen waren verärgert, weil sie beim Dorfchef eingedrungen waren. Sie kamen, um ihn zu bestrafen. Er lag ganz still auf der Bastmatte neben Fito und umklammerte die Flöte. Und dann berührte etwas seine Schulter ... Er schrie auf.

»Don, verflixt, wach auf! Du musst jetzt wach werden!«, zischte der Ahnengeist.

Es war kein Ahne. Es war Feno. Sie klang so energisch wie immer.

»Enia braucht uns. Der Silbervazaha ist allein da draußen! Er hat den Kamm genommen und ist weg, und Enia glaubt, dass er Spuren sucht ... Du weißt doch, er gerät ständig in Schwierigkeiten!«

Sie fand Dons Hand und zog ihn von seiner Matte hoch.

Draußen vor der Hütte schien der Mond hell und weiß und machte die ganze Ebene unwirklich. Als hätte es geschneit. Don hatte einmal ein Bild gesehen von Schnee, Maitresse Tui hatte es ihnen in einem Kalender gezeigt. Und in dem Kalenderschnee stand Enia und lächelte ihn an.

»Dann können wir ihn jetzt suchen«, flüsterte sie. »Gut, dass du aufgewacht bist. Was ist mit Fito?«

»Den lassen wir besser schlafen«, wisperte Don. »Der ist noch zu klein für so was.«

»Bin ich gar nicht«, sagte Fito und trat durch den Vorhang der Hütte. Die Ziege gähnte und streckte sich.

»Die Dahalos haben die anderen Ziegen«, flüsterte Feno. »Sie haben sie vorhin geholt, hat Enia gesagt.«

Fitos Ziege meckerte leise. »Diese haben sie nicht«, sagte Fito und streichelte sie. »Meine Superziege. Andao, los! Finden wir den Silbervazaha! Superziege kann das!«

Und er kletterte auf die Ziege.

»Vielleicht vollbringt mein Vater gerade eine Heldentat«, sagte Enia. »Kann doch sein. Er ... er folgt den Dahalos und holt eigenhändig die Ziegen zurück oder so.«

»Enias Plan ist nämlich, dass der Dorfchef dann beeindruckt ist und ihn heiratet«, sagte Feno und grinste.

»Nein«, sagte Enia. »Nur, dass er beeindruckt ist. Und dass er uns die fehlende Hälfte des Papiers gibt, auf dem steht, wie man den Wasserlemuren findet.«

Don folgte den beiden in die Nacht, in die Richtung, in die die kleinen Spuren geführt hatten.

Er musste die ganze Zeit an die Ziegen denken. Wenn die Dahalos auch Nenibes Ziegen hatten, besaßen sie nichts mehr, rein gar nichts mehr. Es war in anderen Dörfern passiert, die Dahalos kamen wie ein Spuk, nahmen das Vieh mit und waren wieder fort. Meistens nahmen sie die Rinder.

Er ballte die Fäuste. »Wenn ich diese Dahalos in die Finger kriege«, murmelte er. »Die mach ich fertig.«

»Was hast du gesagt?«, fragte Feno, die neben ihm ging, mit ihrem Stock den Boden abtastend.

»Ach, nichts«, sagte Don und holte die Flöte heraus.

Aber er spielte nur ganz leise, so leise, dass die Töne durchsichtig waren. Niemand, der weiter fort war, sollte sie hören.

Niemand sollte wissen, dass hier jemand durch die Nacht wanderte. Nur sie selbst hörten die Melodie, und sie trug sie auf Silberflügeln über die weiße Schnee-Ebene.

Und dann blieb die Ziege plötzlich stehen und schnüffelte an etwas auf dem Boden. Zuerst dachte Don, sie wollte den kleinen Kaktus fressen, der dort wuchs, denn es war eine dumme Ziege. Dann sah er, dass zwischen den Stacheln des Kaktus etwas glänzte.

»Du bist eine schlaue Ziege!«, sagte er und streichelte sie. »Das ist der Kamm!«

»Mein Vater hat ihn verloren«, sagte Enia. »Er war also hier.«

»Wie kann er ihn verloren haben, ohne es zu merken?«, fragte Feno.

»Wieso ist er ohne den Kamm weitergegangen?«, fragte Fito.

»Na ja, entweder weil er sehr, sehr schusselig ist«, murmelte Enia. »Oder ... weil ihm etwas passiert ist.«

Don hob den Kamm auf und sah durch den blauen Glasstein. Und da war die Spur, direkt vor ihnen, deutlich zu sehen, als hätte jemand sie mit Kreide auf eine Tafel gemalt. Er musste sich nicht mal hinknien, er stand und hielt das Glas vor seine Augen wie eine Brille.

»Hier lang«, sagte er, und die anderen folgten ihm.

Die Büsche duckten sich wie schwarze Geister, und die Kakteen sahen mit ihren Auswüchsen aus wie Menschen. Als er sich einmal umdrehte, hatten Feno und Enia sich an den Händen gefasst. Für Feno, dachte er, gab es immer den Grund, andere an der Hand zu fassen. Er wünschte, er hätte jemanden an der Hand fassen können.

Bei jedem Rascheln zuckte er zusammen, bei jeder Bewegung. Doch es war nur der Wind, der vertrocknete Pflanzen über die Ebene trieb. Einmal huschte ein kleines Tier vor ihnen vorbei.

Kein Lemur, leider, eine Ratte.

Sie kamen an die Straße, die von Kaktushecken gesäumt wurde und eigentlich nur aus tief eingegrabenen Reifenspuren bestand. Die Lemurspuren führten durch eine Lücke in der Kaktushecke, auf die Straße und dann hinüber. In einem Zickzackkurs um die Schlaglöcher herum.

»Ich frage mich, warum er nicht durchgelaufen ist«, flüsterte Enia. »Durch die Löcher.«

»Weil damals, als er hier gelaufen ist, Wasser drin war?«, flüsterte Feno.

Sie sahen sich an. »Dann sind die Spuren drei Jahre alt«, sagte Don. »Kann man mit einem Stück Glas Spuren sehen, die drei Jahre alt sind?«

»Wenn das Glas Maitresse Tui gehört, bestimmt«, sagte Fito. »Guck!« Und er sprang vom Rücken der Ziege und rannte zum anderen Straßenrand. Bückte sich. Hob triumphierend etwas hoch, das im Mondschein durchsichtig bläulich schimmerte. Eine Wasserflasche.

Fito drückte sie an sich. »Die ist prima«, sagte er.

»Wieso, sie ist leer«, sagte Enia verständnislos.

»Ja, aber man kann was reintun!«, rief Fito.

Der Wasserlemur hatte die Straße überquert und war auf

der anderen Seite weiter über die Ebene gelaufen, und sie folgten ihm.

Und dann waren da vier Pfoten nebeneinander, nicht mehr in einer Reihe – und die Spur brach ab. Das war der Moment, in dem sie es hörten. Ein leises Winseln, hoch und seltsam. Ganz nah. Doch es war nichts zu sehen.

»Das ... das ist nur der Wind«, flüsterte Enia. Doch Feno schüttelte den Kopf. »Das ist eine Stimme«, wisperte sie. »Eine menschliche Stimme. Nein. Nicht wirklich menschlich.«

Der Klagelaut schwoll an und wieder ab, mal war er plötzlich tiefer und dann wieder hoch, und er vervielfältigte sich in der Ebene und schien von überall gleichzeitig zu kommen.

»Die Ahnen«, flüsterte Don und spürte, wie seine Beine zitterten. »Jetzt haben sie uns. Das sind die Geister der Ahnen.«

Feno nickte. »Seht ihr sie?«

»Nein«, sagte Enia. »Da ist nichts.«

»Sie sind unsichtbar!«, wisperte Fito und klammerte sich an Dons Bein.

Enia ging ein Stückchen weiter, legte den Kopf schief, lauschte. »Das sind keine Geister. Wetten, das ist etwas anderes. Geister ... gibt es nicht.« Ihre Stimme zitterte aber auch ein bisschen.

»Bei euch vielleicht nicht«, flüsterte Don. »Hier in Madagaskar schon. Bei euch gibt es ja auch Sachen, die es bei uns nicht gibt. Schnee. Und Eis. Und sauberes Wasser, das aus der Wand kommt. Hat mal jemand erzählt. Daran kann man genauso schwer glauben.«

Der Klagelaut war verstummt.

»Da!«, sagte Feno und zeigte nach rechts. »Es kommt von da. Los.«

»Nein!«, flüsterte Don. »Das ist eine Falle! Sie locken uns an, und dann ... schnapp ...«

Er steckte den Kamm in sein Haar, um die Hände frei zu haben, und zog die Flöte hervor.

»Vielleicht mögen die Ahnen Musik«, sagte er und versuchte, furchtlos zu klingen. »Ich spiele für sie, dann lassen sie uns in Ruhe.«

»Und sagen uns, wo der Silbervazaha ist«, ergänzte Feno. »Denn ich wette, es sind die Geister, die ihn haben. Er hätte nicht alleine rausgehen sollen. Vielleicht sind die Geister wie der Dorfchef. Vielleicht mögen sie keine Vazahas.«

»Ich ... ich hab gesagt, ich glaube nicht an Geister«, flüsterte Enia. »Aber ganz ehrlich ... gestern Nacht saßen Schatten an einem Feuer, in der Nacht. Und ich glaube, sie haben das Zelt beobachtet. Und heute auch, am Anfang der Nacht.«

»Das waren sie«, wisperte Don. »Und dann waren sie weg?«

»Ja.«

Er nickte. »Sie sind deinem Vater gefolgt. Vielleicht wollen sie nicht, dass er den Wasserlemuren findet. Sie wollen, dass die Menschen leiden. Zur Strafe.«

»Wieso?«

»Keine Ahnung. Man kann sehr leicht was falsch machen. Es reicht manchmal, wenn man am falschen Tag geboren ist. Wenn der traditionelle Heiler bei uns im Nachbardorf voraussagt, dass ein anderer Tag günstig wäre, und dann kommt das Kind am falschen Tag – dann ist das nicht gut. Oder ... manche sagen … es ist, weil die Mädchen zur Schule gehen. Oder weil Maitresse Tui zu modern ist. Oder weil der siebtälteste Sohn des Dorfchefs ein Telefon hat.«

»Das sind aber komische Gründe für Geister, um Leute zu bestrafen«, sagte Enia.

»Bei euch gibt es doch gar keine Geister!«, meinte Feno. »Wie willst du wissen, was für Gründe sie haben? Kommt. Wir finden den Silbervazaha. Don, spielst du jetzt was für die Geister?«

Sie gingen weiter, und Don setzte die Flöte an und spielte. So schön er konnte. Doch die Töne schwebten ein wenig unsicher zu den Sternen empor. Dann hob der Klageruf wieder an, diesmal näher. Und auf einmal sagte Enia: »Das ist ein Wort! Es ist nur verzerrt. Hört mal: Hiiiii…« Sie stockte. »Hilfe! Da ruft jemand Hilfe! In meiner Sprache! Das ist mein Vater! O Gott, was haben sie mit ihm gemacht?«

»Hiiiiil…feeeeee!«, rief die merkwürdig verzerrte Stimme wieder. Don spielte noch schöner, ließ die Töne jubilieren und tanzen, obwohl ihm eiskalt war vor Angst.

Falls es die Geister besänftigte.

Er sah immer noch nichts und niemanden, die Ebene lag flach unter den Sternen.

Und dann, plötzlich, war die Stimme ganz nah. Als wäre der, der rief, direkt vor ihnen. Aber sein Ruf klang gedämpft, als riefe er durch eine Wand aus Nebel.

»Eeeee-ooo! Hilfe!«

Don blieb stehen und setzte die Flöte ab.

»Das … das ist unmöglich«, flüsterte Enia. »Er ist da, aber er ist nicht da.«

»Ist er … auch ein Geist geworden?«, fragte Fito.

»Aber dann wäre er …«, wisperte Enia.

»Quatsch!«, sagte Feno.

»Papa?«, rief Enia. »Papaaaaa!!« Sie klang plötzlich verzweifelt, und Don hätte sie am liebsten in die Arme genommen. Natürlich hätte es nichts genutzt. Sie ging allein weiter, einfach weiter geradeaus, noch während ihr Ruf in der Ebene verhallte, und dann – war sie weg. Und jemand schrie.

Don blinzelte.

»Die Erde hat Enia verschluckt«, sagte Fito.

»Quatsch«, sagte Feno wieder, aber so ganz sicher klang sie nicht.

Und dann ging Feno auf die Knie und tastete mit den Händen den Boden ab. Krabbelte langsam vorwärts …

»Hah!«, rief sie. »Da ist ein Loch! Im Boden! Sagt mal, sieht man das nicht, wenn man mit den Augen sehen kann?«

»Oh, ähm, nein«, sagte Don. »Irgendwie nicht.«

Und dann knieten Fito, die Ziege und er neben Feno. Nein, die Ziege kniete natürlich nicht, sie stand bloß da und meckerte erstaunt. Vor ihnen öffnete sich ein kreisrundes schwarzes Loch. Es hatte sich irgendwie in den Unebenheiten und Schatten des Bodens versteckt.

»Sag ich doch, die Erde hat sie verschluckt«, meinte Fito zufrieden.

»Enia?«, rief Don in das Loch hinein.

»Ja!«, kam es von unten, leicht verzerrt. »Wir sind hier!«

»Könnt ihr uns rausholen?«, rief der Silbervazaha. Jetzt von Nahem konnte man seine Stimme ganz gut erkennen.

»Was machen Sie denn da unten?«, rief Don.

»Ich fange Kinder, die auf mich fallen«, antwortete der Silbervazaha.

»Aber warum ... warum sind Sie da drin?«

»Oh, ich ging hier so entlang, und da bin ich hineingefallen«, sagte der Silbervazaha. »Das Loch war bedeckt mit irgendwelchen Ästen und Sand. Hier unten ist auch ziemlich viel Erde und Sand. Überall. Vor allem in meinen Haaren.«

Feno tastete den Rand des Loches ab. »Das ist ein Brunnen. Ein trockener Brunnen. Im Dorf sagen sie, früher hätte es mal einen Brunnen gegeben. Das muss er sein. Haben wir ein Seil?«

»Klar, Dutzende«, sagte Don.

»Dann müssen wir ein Seil *machen*«, sagte Feno entschlossen. Sie wickelte ihr Tuch ab, das sie als Rock getragen hatte, und zog ihr T-Shirt aus. Don begriff und streifte sein T-Shirt ab. Die kurze Hose nutzte nichts. Fito hatte zum Glück eine lange Hose an, auch wenn sie völlig kaputt war. Es war Feno, die all ihre Kleider zusammenknotete und am Ende die Leine der Ziege dazufügte. Das Seil, das entstand, war nicht sehr lang, doch es war besser als kein Seil.

Don ließ es in das Brunnenloch hinab.

»Wartet!«, hörte er den Silbervazaha keuchen. »Enia ... muss erst auf meine Schultern klettern ... dann kommt sie vielleicht ran.«

In diesem Moment zischte Feno: »Psssst!« Und Don sah, wie sie sich aufrichtete, um zu lauschen. »Da kommt jemand. Mehrere Jemande. Drei oder vier. Männer.«

»Woher weißt du ...?«, begann Don, aber dann sah er es:

Durch die sternenbeglitzerte Dunkelheit näherten sich vier schwarze Gestalten. Noch waren sie ziemlich weit entfernt, kaum zu erkennen, doch sie kamen rasch näher.

»Das sind keine Geister«, meinte Fito.

Jetzt hörte Don die Stimmen der Männer, sie waren tief und rau und klangen definitiv nicht nüchtern. Und dann sah er, dass sie etwas trugen. Zuerst dachte er, es wären Speere, wie jeder Junge sie bekam, wenn er alt genug war. Nein. Es waren Gewehre.

»Du weißt, wer das ist«, flüsterte Fito.

»Ja«, wisperte Don.

Die Dahalos. Er hatte sie nie gesehen, nur von ihnen gehört.

Die Ziegen des Dorfes, die sie in dieser Nacht fortgetrieben hatten, reichten ihnen also nicht.

Der Brunnen war mit Ästen abgedeckt gewesen, dachte Don. Zur Tarnung. Jemand nutzte diesen alten Brunnen als Falle. Für was auch immer. Ziegen, Menschen, kleine Tiere.

Jemand, der die Falle jetzt kontrollieren kam. In diesem Augenblick.

»Ihr müsst da raus!«, rief er. »Schnell! Die Dahalos sind auf dem Weg hierher!«

Er lag jetzt auf dem Bauch und ließ das Kleider-Seil mit beiden Armen so weit hinunter, wie er konnte.

»Jetzt!«, sagte Enia.

Und er spürte ihr Gewicht. Alleine konnte er sie niemals hochziehen. Feno packte ihn von hinten, und auch Fito zog. Wie oft hatten sie bei Maitresse Tui Tauziehen geübt! Sie hatte immer gesagt, eines Tages würde es für etwas gut sein.

Hatte sie gewusst, was passieren würde?

»Und – jetzt! Und – jetzt!«, keuchte Feno. Dann war Enia oben.

Blitzschnell zog sie ihre eigenen Kleider aus, und Feno knotete fieberhaft.

Sie ließen das verlängerte Seil wieder in den Brunnenschacht hinab.

»Schnell!«, wisperte Enia.

Diesmal war das Seil lang genug. Der Silbervazaha erreichte es mit einem Sprung, ein weiterer Ruck lief hindurch, und fast wäre es ihnen entglitten. Sie stemmten sich zu viert gegen das Gewicht am Ende des Seils, die Füße fest auf den Erdboden gedrückt, und sie rutschten ... rutschten auf das Loch zu. Ganz hinten in der Reihe zog die Ziege – sie zog mit den Zähnen an Fitos Unterhose. Und das war gut, sonst wären sie wohl alle in das Loch gerutscht.

»Und – jetzt! Und – jetzt!«

»... das da vorne für ein Aufruhr?«, fragte einer der Dahalos. Der Nachtwind trug ihre Stimmen hinüber.

»Da sind Leute«, sagte ein anderer. »Bei unserer Falle. Da will uns jemand die Beute klauen! Was ist es wohl, hm? Noch 'ne Ziege?«

Sie lachten alle, rau und unangenehm. Don spürte, wie eine Gänsehaut auf seinem Rücken wuchs, als wollten dort Flügel sprießen, damit er wegfliegen konnte.

Aber er durfte nicht wegfliegen. Er wurde gebraucht, und er zog ... zog ... Da kamen die Hände des Silbervazahas über den Brunnenrand, seine Arme, sein Kopf – und dann saß er keuchend neben dem Loch. Die Tauzieher fielen alle hintenüber und rangen nach Atem.

»Mi…saotra«, keuchte der Silbervazaha, »… betsaka. Vielen Dank.«

»Wir müssen weg hier«, sagte Don.

Und dann rannten sie. Sie rannten über die Ebene, unter dem sternübersähten Himmel: ein riesiger Mann mit Silberhaar, der ein Seil aus Kleidern unterm Arm trug, lauter Kinder in Unterhosen und eine Ziege.

Enia hatte nicht gewusst, dass sie so schnell rennen konnte. Sie war noch nie in ihrem Leben wirklich vor etwas davongerannt, was gefährlich war, es war immer nur ein Spiel gewesen.

Hier waren so viele Dinge anders.

Die Dahalos brüllten. »Ajanona! Halt! Stehen bleiben!«

Doch keiner von ihnen dachte auch nur daran. Sie rasten, sie flogen, sie waren schnell wie ein Windstoß, schnell wie Gedanken. Wohin rannten sie? Es gab nichts, wo sie sich verstecken konnten … Dann fiel das Gelände ein wenig ab … Und auf einmal lagen Hütten vor ihnen. Die Hütten des nächsten Dorfes. Einige von ihnen waren eingestürzt oder im Begriff, einzustürzen, sie sahen aus, als würde sich einfach niemand um sie kümmern. Dazwischen waren Löcher. Anders als das Brunnenloch, breit und flach. Die Sterne streuten ihr Licht hinein, und es glimmerte und glänzte dort. Sie umrundeten eine zerfallende Hütte und fanden ein Loch, das sehr tief in die Erde hinabführte, schräg. »Hier rein!«, keuchte Enia.

Sie krabbelten alle nacheinander in das Loch.

Das Loch war ein Gang. Man konnte nur auf allen vieren kriechen, und für Papa musste es furchtbar eng sein, aber irgendwie ging es. Schließlich saßen sie alle still in der Schwärze und lauschten. Die Schritte der Dahalos kamen näher ... und verstummten.

Sie sagten irgendetwas. Wahrscheinlich »Wo sind sie?«.

»Sie durchsuchen die Hütte«, wisperte Feno. »Die Hütte, hinter der der Gang ist.«

Enia hörte Geraschel, hörte die Dahalos fluchen, wagte nicht, sich zu rühren. Schließlich sagte der Anführer wieder etwas. Und dann entfernten sich ihre Stimmen und Schritte.

»Sie haben gesagt, sie haben schon fünfzehn Ziegen«, flüsterte Don. »Das ist genug für eine Nacht.«

»Wo ist meine Ziege?«, fragte Fito.

»Määää hä hä«, sagte die Ziege. Sie war tatsächlich mit in den dunklen Gang geklettert.

»Ist ja irre«, sagte Enia. »Die haben den Gang nicht gesehen? Echt nicht? Die Klügsten sind sie nicht! Was ... ist das hier?«

»Eine Art Bergwerk«, sagte Papa, während sie langsam rückwärts aus dem Gang krochen. »Irgendwas scheinen sie hier abzubauen.«

»Glimmerschiefer«, meinte Don.

Schließlich saßen sie wieder draußen, neben dem Loch. Und jetzt sah er, wie viele Löcher es wirklich waren, es mussten Dutzende, Hunderte sein, das ganze Dorf war zerwühlt, als hätten Mäuse dort einen riesigen Bau angelegt.

Sie erzählten es Feno, und Feno sagte, sie wäre froh, dass sie es nicht sah.

»Glimmerschiefer und Saphire«, erklärte Don, weil Enia es ja nicht wusste. »Das wollen sie bei uns auch machen. Wenn es nicht regnet. Wenn wir nie wieder Felder haben können. Dann verkaufen sie das Dorf an eine Firma, die den Glimmer will, und sie werden graben.«

»Aber … das ist schrecklich!«, flüsterte Enia. »Dieses Dorf ist komplett kaputt!«

»Meinst du, sie kriegen *viel* Geld dafür?«, fragte Fito. »Können wir dann Schokolade kaufen?«

»Blödmann«, sagte Feno. »Kannst du in Schokolade *wohnen?*«

»Vielleicht, wenn ich ein Haus aus Schokolade kriege …« Er verstummte, weil keiner lachte.

»Warum bohrt eigentlich niemand einen neuen Brunnen?«, fragte Enia.

»Wer soll denn das bezahlen?«, fragte Feno.

»Außerdem müsste man zu tief bohren«, sagte Papa. »Das Grundwasser befindet sich hier unter einer dicken Felsschicht, in sechzig Metern Tiefe. Dafür braucht man schwere Geräte, die müssen aus der Hauptstadt kommen. Viel zu teuer.«

Zu Hause war das Wasser in ein oder zwei Metern Tiefe, dachte Enia. In Deutschland war alles einfach. Aber in Deutschland regnete es auch.

»Wir müssen den Wasserlemuren finden«, sagte sie entschlossen.

»Jetzt finden wir erst mal eine Mütze voll Schlaf«, sagte Papa, gähnend wie ein Löwe.

»Ich hab aber keine Mütze«, sagte Fito und kletterte auf seine Ziege.

Enia lachte. »Man sagt das nur so. Komm. Gehen wir nach Hause.«

Es war wunderbar, auf die Isomatte zu sinken und die Augen zu schließen. Was für eine Nacht!

»Bitte«, murmelte Enia, ehe sie einschlief, »versprich mir, dass du nie wieder einfach verschwindest. Wenn wir den Wasserlemuren suchen, machen wir das zusammen.«

»Klingt, als wärst du die Erwachsene und ich das Kind«, sagte Papa.

»Isso«, sagte Enia. Und dann schlief sie.

Sie träumte davon, dass der Wasserlemur auf einem hohen Ast saß und einen Klecks auf den Kopf des Chefs der Dahalos machte. Es war ein guter Traum, und der Wasserlemur sah sehr zufrieden aus.

Als sie am nächsten Tag aufwachte, saß Papa schon vor dem Zelt, trank Kaffee und schrieb Notizen in seinen Laptop.

»Enia!«, sagte er. »Guten Morgen! Du glaubst es nicht, es ist mir gelungen, die Spuren zu fotografieren! Ich schicke sie mal ans Institut zu Hause …«

»Du hast *durch* den Kamm von Maitresse Tui fotografiert?«, fragte Enia.

»Nein«, sagte Papa. »Also. Es war so, als der Mond schien, habe ich durch den Kamm die Spuren gesehen, vorher ja nicht, das war schon mal sehr aufregend.« Er grinste wie ein kleiner Junge, und Enia wuschelte durch sein Haar, in dem immer noch Staub und Sand war. »Ich bin den Spuren also nachgegangen, und dann … Dann habe ich sie so gesehen! Ohne Kamm. Frische Spuren.«

»*Was?*«

»Ja. Da lagen ein paar Kaktusfrüchte bei einer Kaktushecke, habt ihr die gesehen? Komischerweise steckte ein Stock da, mit einem Stück Stoff dran, wie eine Fahne. Eine abgerissene weiße Rüsche. Vielleicht war da früher mal ein Feld, und das war eine Markierung? Ich bin jedenfalls hingegangen, und da habe ich gesehen, dass die Früchte zertrampelt waren von den Ziegen. Und … tada! In dem Matsch aus Kaktussaft und Staub waren Spuren. Ganz deutlich. Guck.«

Sie beugte sich über Papas Schulter und sah auf das Display seines Handys. Und da waren sie: Spuren von winzig kleinen Pfoten mit vier Zehen, zwei nahe aneinander, die anderen beiden weiter voneinander weg.

Wäre der Lemur nicht durch die Kaktusfrüchte gestapft, hätte man nichts gesehen.

»Und guck mal, das hier, das kleine Weiße, das aussieht wie Radierkrümel, das muss sein Kot sein!«, sagte Papa begeistert.

»Lecker«, sagte Enia.

»Weißt du, was wir jetzt machen? Wir gehen zur Schule und warten auf Maitresse Tui«, sagte Papa und klappte den Laptop zu. »Ich muss mit ihr reden. Die Mail ist abgeschickt.«

»Hier gibt es Internet?«

»Mobile Daten«, sagte Papa. »Manchmal geht es. Sehr manchmal. Bin gespannt, was das Institut sagt. Wenn wir dieses Tier finden, Enia, dann … dann darf ich es benennen, ich wäre der Erste, der es wissenschaftlich beschreibt!«

»Es heißt doch schon«, sagte Enia. »Wasserlemur.«

»Auf Latein«, sagte Papa. Und Enia fragte sich, warum das Tier einen lateinischen Namen brauchte, wo doch weder die Madagassen noch die Deutschen noch der Lemur Latein konnten.

Aber sie wollte Papa seine Begeisterung nicht nehmen. Er hatte seit Jahren nicht so gestrahlt.

In der Schule aus Zweigen saßen die Kinder und wiederholten französische Wörter. Don, Feno und Fito saßen zwischen den anderen Kindern und schliefen. Die Ziege, an die Fito sich lehnte, schlief auch. Und Maitresse Tui stand vorne und tat nichts Magisches oder Schönes, sondern sagte nur die Wörter. Sie sah ein bisschen traurig aus. Hinter ihr saß auf einem kaputten Plastikstuhl der Dorfchef.

»Er überwacht den Unterricht!«, flüsterte Papa. Sie sahen durch eine Lücke im Astwerk. »Wieso?«

»Er will, dass sie ihnen keine modernen Sachen beibringt«, flüsterte Enia. »Weil moderne Sachen die Ahnengeister verärgern. So ein Blödsinn. Ich glaube, den Geistern ist das ganz egal.«

»Du ... glaubst neuerdings an Geister?«

»Na ja, keine Ahnung«, murmelte Enia. »Manche Sachen gibt es eben nur hier. Wie Lemuren. Und Famatabäume.«

Maitresse Tui entließ jetzt die Kinder mit einem Nicken, und sie stürmten alle hinaus und versammelten sich unter dem Mangobaum. Enia und Papa sahen zu, wie Maitresse Tui Teller verteilte.

Aber dann sah sie den Dorfchef an, der auf seinen Speer gestützt aus der Schule getreten war.

Und Enia wusste, was er sagte, auch wenn sie die Worte nicht verstand.

»Die Teller sind ja leer.«

Die Kinder drehten sich alle zu ihm um. Dann sahen sie auf die Teller. Und dann gaben sie sie mit gesenkten Köpfen zurück. Denn sie *waren* leer. An diesem Tag waren sie leer.

Und die Kinder gingen nach Hause.

Nur Feno, Fito und Don waren noch da, weil sie jetzt endlich aufgewacht waren.

»Der Dorfchef sagt, man soll nicht zu viel Fantasie in die Köpfe der Kinder füllen«, erklärte Maitresse Tui leise.

»Heute Morgen, als er hier ankam«, wisperte Don mit einem Blick zu dem alten Mann, »haben wir ihm gesagt, dass wir nicht wollen, dass hier der Boden aufgegraben wird. Ich hab den anderen erzählt, wie es drüben in dem anderen Dorf aussieht, und wir haben alle zusammen gesagt, was wir denken. Es war ... ziemlich laut. Da ist er böse geworden. Kinder dürfen nicht so laut sein. Sie dürfen auch nicht sagen, was sie wollen. Er hat gesagt, Maitresse Tui ist schuld. Ihr Unterricht.«

»Aber das stimmt nicht«, flüsterte Feno. »Schuld sind die Löcher.«

Der Dorfchef stieß seinen Speer auf den Boden und kam zu ihnen herüber, in den Schatten des Mangobaums. Er sagte etwas zu Maitresse Tui und bedachte Enia und Papa mit einem misstrauischen Blick.

»Er hat gehört, dass Sie gestern in einen Brunnen gefallen

sind«, übersetzte Maitresse Tui. »Er fragt, ob der Brunnen jetzt wieder Wasser führt. Sie haben doch versprochen, Wasser zu finden.«

»Sagen Sie ihm, der Brunnen besteht aus Sand und Staub.« Maitresse Tui übersetzte, und sie übersetzte auch die Antwort: »Dann ist ein Teil des Brunnens in Ihrem Haar.« Der Dorfchef lachte. Er hatte nur noch drei Zähne.

»Aber mein Vater hat Spuren entdeckt!«, sagte Enia triumphierend. »Frische Spuren. Sagen Sie ihm das! Wir werden den Wasserlemuren finden. Und da er seine Nester in der Nähe von Wasser baut, werden wir Wasser finden. Bald.«

Sie verschränkte die Arme und wartete auf die Übersetzung. Der Dorfchef lachte wieder. Er glaubte ihr nicht. Sie fühlte die Wut in sich aufsteigen, und sie sah, dass es Feno genauso ging, Feno hatte die Hände zu Fäusten geballt und schaffte es, den Dorfchef böse anzugucken, obwohl sie doch gar nichts sah.

»Wir brauchen die zweite Hälfte des alten Papiers«, sagte Enia. »Darauf steht, was der Wasserlemur frisst und wo er genau seine Nester baut. Wir haben zufällig gesehen, dass es bei Ihnen liegt. Die … die Tür war offen.«

»Er sagt, *zufällig* besitzt er kein solches Papier«, übersetzte Maitresse Tui.

»Natürlich besitzt er eins!«, rief Feno.

Doch Maitresse Tui schüttelte den Kopf. »Es hat keinen Zweck, Kinder. Geht nach Hause.«

Sie nestelte an dem Silberkamm in ihrem Haar. Don oder Feno mussten ihn ihr zurückgegeben haben. Aber etwas war anders an dem Kamm. Enia sah genauer hin.

Tatsächlich. Die größte blaue Glasscheibe fehlte.

Die, durch die man die Spuren sehen konnte.

Maitresse Tui stieg auf ihr Fahrrad, lächelte – und verschwand in einer Wolke aus rotem Staub.

Der Dorfchef humpelte murmelnd an ihnen vorbei. Dann war auch er fort.

Aber Enia spürte, dass sie einen Zettel in der Hand hielt, der eben noch nicht dort gewesen war.

Entweder hatte Maitresse Tui ihn ihr zugesteckt – oder sie hatte ihn durch Zauberkraft in ihrer Hand entstehen lassen. Sie entfaltete den Zettel. Don sah ihr über die Schulter.

»Man sagt, beim letzten Vollmond der Regenzeit baut der Wasserlemur sein Nest für das nächste Jahr«, las Enia. »Dies ist die Regenzeit, auch wenn es nicht regnet. Und gestern Nacht war Vollmond.«

»Ein Nest, ein Nest, wer weiß«, sagte jemand über ihnen.

In den Ästen der Mango saß Tianay. »Aber man sollte es nicht tagsüber besuchen!«, flüsterte er vom Baum herunter, gerade so, dass sie es hörten. »Sonst gibt es zu viele, die einen sehen!«

»Also nachts?«, fragte Don. »Schon wieder? Muss das sein? Nachts sollte man schlafen und das Draußen den Geistern überlassen.«

»Wohin gehen wir denn nachts?«, fragte Fito, der der Ziege Mangoblätter zu fressen gab.

»In Richtung Westen, nehme ich an«, murmelte Papa. »Zum Trockenwald.«

»Was will ein Lemur, der die Nähe von Wasser sucht, in einem *Trocken*wald?«, fragte Enia.

»Ich weiß nicht«, sagte Papa. »Aber die Spuren führten in die Richtung. Ihr müsst nicht mit, ich gehe gern allein …«

»Auf keinen Fall«, sagten Enia, Feno, Don und Fito im Chor. Und die Ziege nickte.

»Wir gehen mit und passen auf dich auf.«

6. KAPITEL,

in welchem Enia sehr hoch klettern muss,
Tianay Tropfen im Inneren eines Baumes hört, ein
Geisterlicht durch den Wald geht und es nicht regnet

Diese Nacht war noch dunkler als die zuvor.

Don taumelte aus der Hütte, als Feno ihn weckte. Es war die dunkelste Nacht seit Langem.

»Da sind Wolken«, flüsterte Enia. »Deswegen.« Und, aufgeregt: »Vielleicht kommt der Regen doch noch!«

»Ich kann ihn riechen«, sagte Feno. »Die Wolken müssen nur platzen. Wie eine reife Frucht.«

»Wir müssen nur das Nest finden, dann finden wir auch den Wasserlemur, weil, der sitzt doch drauf und brütet«, sagte Fito praktisch. »Und zack, regnet es.«

Und dann wanderten sie los, diesmal alle gemeinsam: Der

Silbervazaha hatte unter den Wolken gewartet. Es war gut, eine Gruppe zu sein, es fühlte sich sicherer an. Als sie an die Piste kamen, die zwischen den Kaktushecken in der Nacht lag wie eine unendliche Schlange, saß dort jemand. Im Schneidersitz, mitten zwischen den tiefen, längst hart gewordenen Spurrillen. Don erschrak.

»Ich habe gewartet«, sagte Tianay, stand auf und streckte sich. Dann machte er einen Handstand und sah die kleine Gruppe von unten an.

»Wieso?«, fragte Feno. »Wir kommen prima alleine klar.« Sie hob die Hand, und Don sah, dass sie die kleine blaue Glasscheibe darin hielt – die aus Maitresse Tuis Kamm.

»Oh, man weiß nie«, sagte Tianay. »Ich höre den Regen, ehe er kommt.«

»Und ich rieche ihn«, sagte Feno.

»Lass ihn doch mitkommen«, sagte Enia. »Ist doch egal.«

Feno zuckte die Schultern. »Solange er nicht die ganze Zeit Blödsinn redet.«

Da setzte Don die Flöte an, und er spielte eine seiner leisen Melodien, denn so konnte niemand Blödsinn reden, weil sie lauschten. Enia nahm die Glasscheibe und hielt sie vor ihr eines Auge, und sie begannen, den winzigen Spuren zu folgen.

Diesmal verschwand niemand in einem Brunnen. Sie machten einen Bogen darum herum.

Wie komisch, dachte Don, es hatte eine Zeit gegeben, da hatten die Menschen hier Eimer hinabgelassen und voll wieder hochgezogen. Sie hatten das Wasser nicht vom ausgetrockneten Fluss holen müssen, wo sie danach gruben.

War Nenibe damals jung gewesen? Und Dons und Fitos Mutter ein kleines Mädchen? Er erinnerte sich kaum an sie.

»Wo hast du Flöte spielen gelernt?«, fragte Enia.

Don machte eine Pause und dachte nach. »Nirgends. Ich denke es mir aus, während ich es tue.«

»Oh«, sagte Enia. »Und wer hat dir gezeigt, wie man eine Flöte schnitzt?«

»Niemand«, sagte Don. »Ich habe es mir ausgedacht, während ich sie geschnitzt habe.«

»Die Spuren werden schwächer«, sagte Enia. »Falls sie aufhören, denkst du dir dann bitte aus, wie wir den Wasserlemuren finden?«

»Ich versuche es«, sagte Don.

Es war weit bis zum Trockenwald. Die Nacht ballte sich um sie herum wie eine Faust, trotz der Flötenmelodie. Es roch noch immer nach Regen, die Wolken am Himmel quollen ineinander und wieder auseinander, doch kein Tropfen fiel. Als sich die schwarze Masse der Bäume vor ihnen erhob, erschraken sie alle.

In der Nacht sah der Trockenwald dichter aus als bei Tage, er lag da wie ein großes Wesen, das sich auf die Ebene gesetzt hatte, und je näher sie kamen, desto eher glichen seine blattlosen Bäume gekrümmten menschlichen Gestalten.

Ein paar Blätter gab es, kleine und harte Blätter, die Büsche speicherten das Wasser in sich, doch sie konnten sich keine richtigen Blätter leisten. Nur zur Regenzeit wurden sie üppig und grün und blühten. Sie hatten drei Jahre lang nicht mehr geblüht.

Don steckte die Flöte ein, und sie betraten den Wald in vollkommener Stille.

Es gab gerade genug Platz zwischen den Bäumen, um durchzuschlüpfen: Sie standen dicht beieinander wie Statuen. Der Boden war voller Zweige und Dornen, und Don trat vorsichtig auf. Enia und der Silbervazaha hatten Schuhe. Turnschuhe. Feno hatte die Flipflops ihrer Familie an den Füßen, sie hatte mitgedacht. Ihre Mutter, ihre Tante, ihre kleinen Schwestern und sie trugen die Flipflops abwechselnd.

Wenn wir den Wasserlemuren finden, dachte Don. Wenn auf den Feldern wieder etwas wächst. Dann können wir vielleicht sogar etwas auf dem Markt in Ejeda verkaufen. Und dann kaufen wir ein Paar wunderschöne Plastikflipflops. Auch auf dem Markt.

»Hier sind keine Spuren mehr«, sagte Enia.

»Sie ... sind zu schwach geworden?«, fragte der Silbervazaha.

Sie schüttelte den Kopf. »Sie hören auf. Guck.«

Sie sahen alle durch das Glas, und Enia hatte recht: Die Spuren brachen ab.

Da waren vier nebeneinander, und dann nichts mehr.

»Na klar! Er ist weggeflogen!«, flüsterte Feno.

»Aber wenn er tatsächlich fliegen kann, wieso ist er den ganzen Weg zum Wald zu Fuß gegangen?«, wisperte Don. »Wenn ich fliegen könnte, würde ich nicht zu Fuß gehen.« Er bückte sich und pflückte einen Dorn aus seiner Fußsohle.

»Klar, es ist zu piksig«, meinte Feno. »Er geht gerne spazieren, aber wenn es piksig wird, fliegt er.«

»Und woher wissen wir, *wohin* er geflogen ist?«, wisperte Enia.

Tianay legte den Finger an die Lippen, dann ging er weiter, und sie folgten ihm.

Schließlich fand er, was er gesucht hatte: einen Baum, auf den man klettern konnte. Er war innerhalb von Sekunden ganz oben, legte eine Hand ans Ohr und lauschte.

Don lauschte ebenfalls. Da war das Rascheln des Windes in den Ästen. Da war sein eigener Atem. Sein Herzschlag, zu rasch. Sonst nichts.

»Natürlich!«, sagte Tianay.

Dann kletterte er wieder hinunter und landete mit einem gewagten Sprung neben ihnen.

»Bitte sehr«, verkündete er mit einer Verbeugung. »Regen.« Und zeigte tiefer hinein in den Wald.

»Der ... Regen?«, fragte der Silbervazaha. »Du hörst ihn fallen?«

»Ich höre ihn *schlafen*«, sagte Tianay.

»So ein Schwachsinn«, wisperte Feno. »Was tut er denn beim Schlafen? Schnarcht er?«

»Er ist im Holz«, erwiderte Tianay unbeirrt. »Kommt! Aber leise!«

Also schlichen sie weiter durch den Wald, duckten sich unter Ästen hindurch, zerkratzten sich die Arme und Beine, und die verflixten Dornen bohrten sich in Dons Füße. Fito ritt wieder auf seiner Ziege, die trug ja quasi Schuhe.

»Es ist wirklich zu dornig«, sagte Tianay, der auch keine hatte. Und dann ging er einfach auf den Händen weiter. »So sehe ich besser, wo ich hintrete. Und ich kann die Dornen vermeiden.«

Don wollte sagen, dass er das nicht konnte, doch in diesem Moment raschelte es lauter, in einem anderen Teil des Waldes. Als würde etwas Großes sich hindurchbewegen.

»Ziegen?«, wisperte Fito. »Andere Ziegen?«

»Nee, größer«, flüsterte Enia. »Menschen?«

»Geister«, wisperte Feno. »Sie wohnen im Wald, weiß doch jeder.«

»Als wir aufgebrochen sind, saßen wieder ein paar am Feuer«, flüsterte Enia. »Meinst du, sie sind uns gefolgt?«

»Entschuldigung, aber ... können Geister rascheln?«, erkundigte sich der Silbervazaha.

Das Rascheln war jetzt verstummt. Vielleicht hatte der oder die, die raschelten, sie gehört.

»Da ist ein Licht!«, flüsterte Don. »Sie haben ein Licht!«

Das Licht war flackerig und unstet, wie eine Fackel. Wenn es Feuer war, dachte er, war es irre gefährlich. Die Fackel konnte den Trockenwald leicht entzünden, und er würde brennen wie Stroh.

Andererseits war Geisterfeuer vielleicht nicht heiß.

»Weiter!«, zischte Tianay. »Die Geister sind stehen geblieben. Vielleicht schlagen sie ihr Lager da auf, wo sie jetzt sind.«

Sie schlichen noch leiser voran, selbst die Ziege, und eine schleichende Ziege sieht man selten.

Dann hielt Tianay an und stellte sich wieder richtig herum hin.

Sie befanden sich am Fuß eines mächtigen Baobabs, mitten

in der Mitte des Waldes. Tianay legte seine Hand auf den dicken Stamm. Erst ganz oben gab es ein paar Äste, die dick und aufgedunsen begannen wie der Stamm und in seltsam dünne, blattlose Ärmchen ausliefen.

»Hier drin«, flüsterte Tianay, »schläft der Regen.«

Enia sah ihn seltsam an. »Ja?«

»Wenn wir diesen Baum anritzen, wird Wasser herausfließen«, erklärte Don. »Baobabs speichern Wasser.«

»Aber warum holt ihr das Wasser für das Dorf dann nicht hier?«

»So viel Wasser gibt der Baobab nicht raus«, sagte Fito. »Der will auch was für sich selber.«

Sie sahen alle an dem Baobab empor. Sein Stamm war zu glatt, um daran hochzuklettern.

Und dann schrie Feno auf, ganz leise. »Huch!«

»Was ist?«, flüsterten Don und Enia gleichzeitig.

»Da war was! Es hat meine Haare gestreift ... im Vorbeiflattern ... Es ... oh! Es ist wieder da. Es sitzt auf meinem Arm!«

Sie hatte einen Arm ausgestreckt, hatte eine Hand auf die Rinde des Baobabs gelegt, und zu diesem Arm lauschte sie hin. »Es hat ganz niedliche Pfoten«, wisperte sie. »Mit Krallen. Sie piksen. Oh! Und ich fühle den flauschigen Schweif, nur so groß wie ein Grashalm ...« Sie sah auf, als folgte sie mit den Augen – oder mit den Ohren – etwas, das wegflog.

Und dann breitete sich ein Lächeln über ihr Gesicht.

»Er war da«, flüsterte sie. »Der Wasserlemur.«

»Aber ... da war nichts«, sagte Don. »Ich habe nichts gesehen.« Die anderen schüttelten alle die Köpfe.

»Man kann ihn vielleicht mit den Augen nicht sehen?«, murmelte Enia.

»Wohin ist er geflogen?«, fragte der Silbervazaha.

»Nach oben natürlich«, antwortete Feno. »In die Äste des Baobabs.«

»A-haa«, sagte der Silbervazaha und begann, in seiner Umhängetasche zu kramen. »Diesmal habe ich ein Seil mit!« Er zog es heraus. »Ich dachte, falls jemand wieder in einen Brunnen fallen möchte.«

Am Ende des Seils war ein Metallhaken. Tianay nickte nur knapp und nahm das Seil. Dann ließ er den Haken ein paarmal kreisen und schleuderte ihn weit, weit hinauf. Er verhedderte sich in den Ästen, Tianay zog probeweise – das Seil hielt.

»Wer klettert?«, fragte er und sah in die Runde. »Jemand Kleines und Leichtes wäre gut.«

»Ich bin *zu* klein«, sagte Fito. »Ich warte hier und bete.«

»Ich kann es versuchen«, sagte Feno. »Aber ob das geht, wenn man mit den Augen nicht sieht, weiß ich nicht. Kann man fallen?«

Natürlich konnte man. Alle schüttelten die Köpfe. Und sahen Don an.

»Ich … hab leider gerade einen Krampf im Fuß«, sagte er schnell.

Er hatte Angst. Viel mehr, als er je zugegeben hätte.

Der Baobab war hoch, sicher sechs Meter, und vielleicht mochten es die Ahnengeister nicht, wenn man auf Baobabs kletterte? Immerhin waren Babobabs das Wahrzeichen der Landschaft, sie waren ein Symbol.

»Ich gehe«, sagte Enia und trat einen Schritt vor.

Enia hatte Angst.

Viel mehr, als sie je zugegeben hätte.

Der Baobab war hoch, sicher zehn Meter, und vielleicht würde sie fallen. Tief, tief fallen. Die Baobabs waren das Wahrzeichen der Landschaft, sie hatte sie schon auf Bildern gesehen, ehe sie hergekommen waren. Sie ragten in den Himmel wie Säulen.

O ja, sie hatte Angst. Aber jemand musste gehen.

Sie packte das Seil und sah daran empor. Der graue, glatte Stamm des Baobabs war wie eine Straße. Und so stieß sie sich ab und begann, Fuß vor Fuß diese Straße hinaufzuwandern.

Wie ein Bergsteiger an einer Felswand.

Diese Bäume waren wirklich seltsam – zu denken, dass sie Wasser, trinkbares Wasser, in ihrem Stamm verbargen! Sie waren wie Hüter aus einem Märchen, die das Leben in sich aufbewahrten.

In dir schläft der Regen, sagte sie zu dem Baobab – lautlos. *Wann schickst du ihn heraus? Das Land, in dem du stehst, ist komisch. Es ist so schön, mit seiner roten Erde und seinen weiß blühenden Kakteen und seinen Menschen, die unter dem blauen Himmel viel mehr lachen als die Deutschen zwischen ihren grauen Häusern. Aber dann ist es wieder schrecklich. Weil die Menschen hungern. Weil kein Regen fällt. Wenn Regen fiele, wäre es das Paradies.*

Ja, kleines Mädchen, so ist es, sagte der Baobab.

Werde ich auf dir einen Lemuren mit Schmetterlingsflügeln finden?, fragte Enia, während sie weiterkletterte. Es war gut, mit dem Baobab zu sprechen, denn so hatte sie keine Zeit, an ihre Angst zu denken.

Wenn du ihn findest, sagte der Baobab, was willst du tun? Ihn fangen? Ihn einsperren?

Ich weiß nicht, sagte Enia. Darüber habe ich nicht nachgedacht. Er kann einem zeigen, wo Wasser ist ... Kann ich ihn fragen? Ich meine, ich rede mit einem Baum, aber das ist alles nur in meinem Kopf, oder?

Der Baobab antwortete nicht mehr, und sie war sich nicht sicher, ob er je geantwortet hatte.

In diesem Moment erreichte sie die untersten der seltsamen Äste, die dick und aufgebläht anfingen und dann zu dünnen Spitzen mit ein paar kleinen Zweigen ausliefen. Sie zog sich in die erste Astgabel, und da saß sie und rang nach Atem und sah über den Trockenwald.

Schwarz und dornig lag er unter ihr, aber sie wusste, dass er grün und lebendig werden würde, sobald der Regen kam.

Dort – dort war das Licht! Das flackernde Licht, das sich durch den Wald bewegte. Es war noch weit weg, aber es kam näher. Jemand hielt es fest. Sie hatte das Gefühl, dass es kein netter Jemand war. Sie hob den Kopf und sah zum Himmel, wo die Wolkenmassen noch immer in- und auseinanderflossen und manchmal für Sekunden den Mond durchließen, der den ganzen Wald weiß machte wie Knochen.

Und dann sah sie es. In dem weißen Mondlicht.

Das Nest. Es lag, etwa tischtennisballgroß, in eine andere Astgabel geschmiegt, perfekt getarnt: Ein gekrümmter Ast wuchs in einem kleinen Bogen direkt darüber und beschützte es.

Sie beugte sich vor. In dem Nest saß kein winzig kleiner Lemur. Dort lag ein Ei. Ein Ei, nicht größer als eine Glasmurmel. Es sah, um ehrlich zu sein, auch aus wie eine Glasmurmel: eine hellblaue, milchige Murmel, wie die Murmeln, mit denen die Kinder hier spielten.

Enia streckte die Hand aus – und zog sie zurück. Nein. Sie durfte das Ei nicht berühren.

Wo war seine Mutter? Da! War das nicht das Geräusch flatternder Flügel …? Oder doch nur der Wind? Sie spürte einen Lufthauch neben sich, als flöge etwas vorbei.

»Man … kann sie nicht sehen!«, wisperte Enia. »Feno sieht sie, mit den Ohren, mit den Händen. Aber mit den Augen kann man sie nicht sehen! Sie ist … entweder perfekt getarnt oder … unsichtbar.« Sie schüttelte den Kopf. »Aber im Netz war ein Bild. Das heißt, sie werden … unter bestimmten Umständen sichtbar. Geben ihre Tarnung auf. Wie … Chamäleons?«

Madagaskar, dachte sie, war wirklich das Land der seltsamen Tiere.

»Vielleicht«, sagte sie zu dem Ei, »müssen wir deine Mutter zähmen, damit sie uns erlaubt, sie anzusehen. Sie kann uns das Wasser nur zeigen, wenn wir sie sehen. Wie zähmt man einen Wasserlemur?«

In diesem Moment wurde es unten laut, sie hörte Stimmen aus dem Wald heraufschallen.

Das Licht! Das Licht war jetzt ganz nah! Nur noch zwanzig Meter trennten es von der Gruppe am Fuß des Baobabs. Die unten hatten es auch gemerkt und duckten sich hinter den dicken Stamm des Baobabs. Der Mond blinzelte zwischen den wilden

Wolken hindurch, und die schwarzen Gestalten, die das Licht trugen, sahen eigentlich nicht aus wie Geister. Eher wie Männer. Männer mit Beilen und Macheten.

Und jetzt begannen sie, einen Baum zu fällen. Einen schönen, geraden, hohen Baum.

Er stürzte krachend – zum Glück nicht in Richtung des Boababs.

Sie fällten einen zweiten. Einen dritten. Es ging beunruhigend schnell. Und Enia saß oben im Baobab und merkte, wie sie zitterte. Vor Wut. Wie konnten sie einfach herkommen und Bäume fällen? Es gab viel zu wenig Bäume, und das Land brauchte die Bäume! Papa hatte gesagt, dass sie die Regenwälder an den Küsten auch ständig weiter abholzten, um Kohle zu machen, Kohle zum Kochen. In Deutschland machte man einfach den Herd an. Obwohl – der Strom musste ja auch von irgendwoher kommen, vielleicht war das also genauso schlecht?

Ein vierter Baum fiel. Enia ballte die Fäuste.

Wo sollte der Wasserlemur leben, wenn sie den Wald zerstörten?

Die Männer lachten und kamen noch ein Stück näher an den Baobab heran. Enia hatte das Seil hochgezogen, damit es sie nicht verriet. Jetzt standen sie direkt unter Enia, zum Glück hatten die Wolken den Mond gerade verschluckt.

Einer der Männer klopfte auf die Rinde des Baobabs, der andere hob seine Axt.

Sie wollten den Baobab fällen! Die anderen, dünneren Bäume waren ihnen nicht mehr genug. Aber – einen Baobab? Niemand fällte einen Baobab, ganz sicher war das doch etwas, das die Ahnengeister nicht duldeten! Diese Männer mussten den Verstand verloren haben. Oder sie waren betrunken. Ja, ihre Stimmen hörten sich so an, sie lallten.

Der Erste ließ jetzt die Axt auf den glatten grauen Stamm niedersausen, einmal, zweimal, Enia zuckte jedes Mal zusammen. Es würde dauern, aber der Baum würde fallen, und mit ihm würde sie selbst fallen. Und das Ei. Es würde zerbrechen, und vielleicht wäre das der letzte Wasserlemur gewesen. Wie oft kam es wohl vor, dass ein Wasserlemur ein Ei legte, in dieser Trockenheit?

Noch ein Hieb, noch einer ...

Und plötzlich schrien die Männer erschrocken auf. Aus der Wunde, die sie geschlagen hatten, strömte Wasser, gurgelnd, plätschernd. Der Baobab wehrte sich. Die Männer hätten es wissen müssen, aber sie hatten es vergessen in ihrem Rausch.

Und da hatte Enia eine Idee. Ganz plötzlich. Sie griff in ihre Tasche und zog die große blaue Murmel heraus, die, die Don ihr geschenkt hatte. Streckte den Arm aus und ließ sie fallen. Die Murmel landete genau auf dem Kopf des größten Mannes. Er schrie, sah sich um – seine Augen auf einmal schreckgeweitet. Dann taumelte er rückwärts, vom Stamm des Baobabs weg, die Hände abwehrend erhoben. Die anderen Männer folgten ihm.

Und Enia hörte ein Wort, das sie inzwischen kannte: *Razana*. Geister.

Sie schienen endlich zu begreifen, was sie getan hatten: Sie hatten versucht, ein heiliges Symbol zu fällen. Und sie flohen.

»Sie glauben, ein Geist hätte etwas geworfen«, flüsterte Enia dem Baobab zu. »Sie haben mich nicht gesehen. Dabei brauchen wir gar keine Geister, was? Du und ich? Du weißt selbst, wie man die Baumfäller erschreckt, und ich habe ein bisschen geholfen.«

Der Baobab lächelte, sie spürte es in seinen Ästen.

Wie sie rannten, die Männer! Sie ließen die gefällten Stämme liegen, für den Moment waren sie damit beschäftigt, den Geistern zu entkommen, die im Wald Steine warfen.

Enia ließ das Seil wieder herunter.

Zu ihrem Erstaunen kletterte Sekunden später jemand daran hoch. Don.

Er kam keuchend bei ihr an, und sie zog ihn in ihre Astgabel.

»Ich dachte, du hättest Angst, hochzuklettern?«

»Nein, nur einen Krampf im Fuß, der ist jetzt weg«, keuchte Don. »Enia, sie ... Weißt du, warum sie den Baobab fällen wollten? Es war, weil ...« Er holte tief Luft. »Weil sie wissen, dass der Wasserlemur sein Nest hier hat. Sie haben darüber geredet.«

»Das hat er«, sagte Enia. »Oder: sie.« Sie zeigte auf das gut verborgene kleine Nest, und Don pfiff durch die Zähne. »Ein Ei! Sie werden zurückkommen. Irgendwer hat ihnen gesagt, dass der Wasserlemur auf dem Baobab in der Mitte des Waldes gewohnt hat, vor langer Zeit, und sie wollen ihn finden. Aber nicht, um allen Leuten Wasser zu bringen. Sondern um ihn in einen Käfig zu stecken und zu verkaufen.«

»Das haben sie gesagt?«

Er nickte. »O ja, sie werden wiederkommen. Sie wollten den Baobab nachts fällen, damit niemand es merkt. Aber als sie weggelaufen sind, haben sie gesagt, sie kommen doch lieber tags wieder.«

»Sie werden kein Nest und kein Ei hier finden«, sagte Enia und grinste.

Und sie griff unter den gekrümmten, schützenden Ast und flüsterte: »Wir werden das Ei beschützen, bis es schlüpft. Niemand steckt einen Wasserlemuren in einen Käfig und verkauft ihn.«

»Ja«, sagte Don. »Das Wasser, das er bringt, ist für alle da.«

Enia zog das Nest behutsam aus seinem Versteck und knotete es vorne in ihr T-Shirt ein.

Dann kletterte Don voraus, am Seil hinunter.

Und dann kletterte Enia. Es war schwierig, weil sie das Nest im T-Shirt-Knoten nicht zerdrücken durfte, sie kletterte so langsam wie möglich ... Papa pflückte sie vom Seil. Er sah unglaublich erleichtert aus.

»Vorsicht!«, sagte Enia und löste den Knoten in ihrem T-Shirt. Hielt den anderen das Nest entgegen. »Ich habe etwas mitgebracht.«

»Eine ... Murmel in einem Nest?«, fragte Fito.

»Nein, du Dödel«, sagte Enia. »Das ist das Ei des Wasserlemuren. Eigentlich ist es eine Wasserlemur...iane. Ich habe sie nicht gesehen, nur gehört. Sie tarnt sich zu gut, keine Ahnung, wie sie das macht. Und ich glaube, sie ist geflohen, nach all dem Lärm heute Nacht. Wir werden das Ei beschützen, bis das Junge schlüpft.«

7. KAPITEL,

*in welchem überraschend sehr unangenehme Leute
auftauchen, eine Botanisiertrommel das Schicksal
aller rettet und es nicht regnet*

»Hast du wirklich den Wasserlemuren gespürt?«, fragte Don,
während sie am Fuß des Baobabs darauf warteten, dass Enia
die blaue Murmel fand.

»Gesehen«, sagte Feno. »Klar. Die Pfoten auf meinem Arm
waren ganz winzig. Und die Flügel rascheln wie ... ich weiß
nicht ... Papier aus Schulheften? Maitresse Tui hat dieses
Schulheft, in das sie schreibt.«

»Habt ihr keine Schulhefte?«, fragte Enia.

»Wie soll das denn gehen, für jedes Kind ein Schulheft?«,
fragte Fito. »Und es nützt auch gar nichts, wenn es keine Stifte
gibt.«

»Bei uns hat jeder mehrere Hefte«, sagte Enia. »Ach, da ist sie ja!« Sie steckte die blaue Murmel wieder ein, und Don fühlte sich stolz. Ohne seine Murmel wären die Dahalos nie abgehauen.

»Und wenn man kein Geld für Hefte hat«, sagte Enia, »kriegt man das bezahlt.«

»Von wem?«, fragte Feno, während sie sich auf den Weg zurück durch den Trockenwald machten.

»Vom Staat«, sagte Enia.

Don wollte fragen, wer das war.

»Es ist so«, sagte der Silvervazaha, »die reichen Leute zahlen Steuern, also, sie zahlen was ein, und davon kriegen die Armen was. Hefte. Oder Essen. Oder Medizin.«

»Aha«, sagte Don und dachte, dass der Silbervazaha sich das höchstwahrscheinlich ausdachte, weil es natürlich keinen Sinn ergab. Warum sollten die Reichen etwas für die Armen zahlen?

»Hier«, sagte der Silbervazaha und hielt etwas komisches Rundes hoch. »Wollen wir da das Nest reintun? Die hatte ich dabei, in der Umhängetasche. Nur für alle Fälle. Das ist eine Botanisiertrommel. Also, eigentlich etwas, wo Biologen Pflanzen hineintun. Aber es steht nirgends, dass man keine Nester hineintun kann.«

Er klappte das Runde auf, es war wie eine Dose, und Enia legte das Nest vorsichtig hinein.

»So wird es nicht zerquetscht«, sagte der Silbervazaha.

Dann steckte er die Bota-Dingsda-Trommel zurück in die Umhängetasche, und sie gingen weiter durch den dornigen Trockenwald.

»Wenn der Wasserlemur schlüpft«, sagte Feno, »dann wird er direkt zahm, oder? Weil wir ihn füttern. Und dann können wir ihn sehen, und er zeigt uns, wo Wasser ist.«

»Er sollte sich mit dem Schlüpfen beeilen«, murmelte Feno düster. »Das ... wie hieß es? Ultimatum? Läuft in acht Tagen ab. Wenn es bis dahin nicht regnet, lassen sie diese Firma das Dorf umgraben.«

Sie waren jetzt am Rand des Trockenwaldes, ein kleiner rindenfarbener Gecko floh einen Ast entlang, und ein müdes Chamäleon ging langsam einen Baum hoch. Dann standen sie wieder in der Ebene.

Die Wolken am Himmel brodelten noch immer. Irgendwo zuckte etwas wie ein Blitz, und sie hörten den Donner grollen. Die Luft zitterte vor Spannung. Doch kein Tropfen Regen fiel.

»Aha«, sagte jemand neben ihnen, und Don fuhr herum.

»Aha!«, sagte ein zweiter Jemand, und er sah zur anderen Seite.

Und dann kamen sie hinter den letzten Büschen am Waldrand hervor und standen in der Nacht wie Erscheinungen aus einem bösen Traum: fünf Männer.

Die Holzfäller.

Sie waren also doch nicht ganz bis aus dem Trockenwald geflohen, sie hatten an seinem Rand gewartet. Sie hatten gehört, dass noch andere im Wald waren. Und sie hatten ihnen aufgelauert.

»Sieh mal einer an, wen man hier nachts so findet«, sagte einer, in dessen Mundwinkel eine Zigarette glomm. »Kinder aus Ehinde.«

»Wir könnten ein paar Kinder brauchen«, sagte der Zweite. Er trug eine Maske wie im Film: eine schwarze Maske über Auge und Nase, sodass man sein Gesicht nicht richtig erkannte. »Kinder, die arbeiten können.«

»Und wenn mich nicht alles täuscht, ist das ein Vazaha-Mädchen«, sagte der Dritte und hob die Öl-Laterne ein wenig, um Enia besser zu sehen. »Dafür kriegt man eine hübsche Summe Geld.«

»Wir gehen nirgends hin, um für Sie zu arbeiten!«, fauchte Feno.

»Nein? Das solltet ihr aber!«, sagte der Vierte und griff in seine Tasche, und auf einmal hielt er eine Pistole in den Händen. Sie sahen in die schwarze Mündung wie in einen Abgrund.

»Nehmen Sie die Waffe weg, Sie sind ja verrückt!«, sagte der Silbervazaha auf Französisch und trat zwischen die Kinder und die Männer.

Und Don begriff, wer sie waren.

Nicht irgendwelche Männer aus einem Nachbardorf, die Holz holen wollten, illegal und nachts, obwohl es verboten war. Nein. Dies hier waren die Dahalos. Die Räuber vom Fluss.

Sie waren ihnen direkt in die Arme gelaufen.

Es waren jetzt vier Pistolen, nicht mehr nur eine.

Der Silbervazaha hob ganz langsam die Hände. Die Dahalos lachten.

»So ist es schön!«, sagte der mit der Maske. Vielleicht war er der Chef. »Und jetzt kommt ihr mit. Ihr alle.«

Tianay machte Handstand und lief ein Stück auf den Händen hin und her. »Natürlich, natürlich!«, rief er. »Oh, das wird lustig! Ich wollte schon immer ein Dahalo werden! Ich kann Regen hören, der nicht da ist, aber ich kann auch Steine kochen! Steine für alle, leckere Steine! Und ich tanze so gerne! Ich werde meine Freunde, die Elefantenvögel, rufen, damit sie zum Fluss kommen und mit uns tanzen!«

»Hat der sie nicht mehr alle?«, fragte der mit der Maske seinen Kollegen.

»Das ist der Verrückte bei uns im Dorf«, sagte Feno. »Er ist uns nachgelaufen, wir sind ihn nicht losgeworden. Er ist leider sehr lästig.«

»Aber ...«, begann Don. Feno stieß ihn an, und da schwieg er.

»Tragisch, wenn ein Junge in dem Alter schon verrückt ist«, sagte ein anderer Dahalo.

Tianay stand immer noch auf den Händen und wackelte mit den Füßen. Das war deshalb etwas umständlich, weil er eine Tasche trug, halb um seinen Oberkörper gewickelt.

»Ja, kommt, kommt, lasst uns schneller gehen!«, rief er und lief ganz nah an den Dahalo mit der Maske heran, sodass dem seine Füße beinahe im Gesicht hingen.

»Geh weg!«, sagte der Dahalo ungehalten. Er sah sich nach den anderen um. »Den Verrückten lassen wir hier. Ich brauch sein Generve nicht.«

Und er zog ein Seil aus der Tasche seiner Hose, die sehr viele aufgenähte Taschen hatte und sicherlich wertvoll war. »Streckt die Hände aus!«, schnauzte er seine anderen Gefangenen an. »Wird's bald!«

Einer seiner Kollegen schoss in die Luft, und sie zuckten zusammen und streckten die Hände nach vorn. In Sekunden waren ihre Hände gefesselt, alle mit demselben Strick, und der Chef mit der Maske nahm das Ende.

»Vorwärts, marsch!«, befahl er.

Es blieb ihnen nichts übrig, als mitzugehen. Die Dahalos führten sie mit sich wie Sklaven: einen Vazaha, vier Kinder und eine Ziege. Denn die Ziege hatten sie ganz hinten mit angebunden. Sie meckerte und setzte sich hin, sodass sie sie ein Stück ziehen mussten, und das sah lustig aus. Aber Don war nicht nach Lachen.

»Wenn das Vieh nicht gehorcht, nehmen wir es tot mit«, sagte ein Dahalo. »Dann wird es morgen gegessen.«

»Aber dann müssen wir es schleppen«, meinte ein anderer.

»Sie sollten die Ziege nicht essen«, sagte Fito. »Sie ist eine Zuchtziege. Sehr wertvoll. Sie kriegt Babyziegen, die ganz besonders groß werden, mit viel Fleisch. Bei uns im Dorf ist sie nur für Babyziegen da.«

»Das wäre doch was, fette Fleischziegen zum Verkaufen«, sagte der Dahalo mit der Maske. »Ja, sie sieht schon besonders aus, deine Ziege. Danke, mein Junge. Du!« Er zeigte auf den neben sich. »Trag die Ziege!«

Da löste der die Ziege vom Strick, stöhnte genervt und hob sie hoch.

Die Ziege sah ziemlich zufrieden aus. Don musste sich plötzlich ein Grinsen verbeißen. Natürlich war es keine Zuchtziege, und besonders war sie auch nicht.

Nur besonders lauffaul.

Nach einer Weile drehte Don sich um, und da stand Tianay in der Nacht. Er war gerade wieder auf die Füße gekommen und fuhr sich durchs verstrubbelte Haar. Der Mond kam kurz gucken, und in seinem Licht winkte Tianay.

Ja, da stand er, mit der Umhängetasche und seinen löcherigen Kleidern und winkte ...

Moment, dachte Don. Umhängetasche? Tianay besaß keine Umhängetasche. Er sah nach vorne, zum Silbervazaha. Der keine Umhängetasche mehr hatte.

Es war die Tasche des Silbervazahas! Tianay musste sie ihm weggeschnappt haben, als die Dahalos sie überfallen hatten. So blitzschnell, dass es niemandem aufgefallen war. Und in der Umhängetasche befand sich die Botani-Dingsda-Trommel mit dem Nest und dem Murmelei.

»Was grinst du so blöd?«, fragte der Dahalo neben ihm.

»Oh, ich grinse nicht, ich weine«, sagte Don schnell und schluchzte.

»Ja, tu das, heul nur«, sagte der Dahalo. »Jetzt bist du ein Sklave wie vor hundert Jahren die Leute, die von anderen Stämmen besiegt wurden. Sklaven sind sehr praktisch. Ich kenn mich aus mit der Geschichte von Madagaskar, ich bin klug, weißt du? Ich hätte Lehrer werden können. Aber ein Leben als Dahalo ist besser. Man verdient ja nichts als Lehrer.«

So klug, dachte Don, konnte er aber nicht sein, denn erstens trug er eine Ziege, die keine Lust zum Laufen hatte, und zweitens hatte er nicht gemerkt, dass ihnen das Wertvollste in dieser Nacht durch die Lappen gegangen war: das Ei des Wasserlemuren. Des vielleicht letzten seiner Art.

Die Wolken kochten am Himmel noch einmal auf und verzogen sich dann.

Sie nahmen die Hoffnung auf Regen mit, doch sie ließen auch die Sterne frei.

Der Himmel war auf einmal von ihnen übersät wie von Glitzerpulver, und die Nacht war schön und mild. Enia hörte einen Vogel darin singen, vielleicht im Trockenwald. Sie hörte das Rascheln kleiner Füße in den Büschen. Eidechsen vielleicht.

Sie hatte Angst gehabt, aber komisch, jetzt hatte sie keine mehr.

Sie war nicht allein.

Sie hatte die anderen. Und Papa, aber auf den mussten sie wahrscheinlich eher aufpassen … Und von irgendwoher zwischen den Sternen sah Mama ihnen zu. Sie war da, Enia konnte es fühlen.

Einmal huschte etwas wie ein kleiner Igel über ihren Weg. »Ein Tenrek!«, sagte Papa, begeistert wie ein kleiner Junge. »Ein madagassischer Igel! Wusstest ihr, dass er mit seinen Stacheln singen kann wie eine Heuschrecke, die ihre Beine aneinanderreibt?«

»Nein«, sagte Enia, und der Tenrek wusste es offenbar auch nicht, denn er lief davon, ohne zu singen, in seine eigene geheimnisvolle Nacht.

Enias Füße waren müde. Ihre Augen begannen, im Gehen zuzufallen.

»Da!«, sagte der Dahalo mit der Maske. »Da sind wir!«

Sie standen am Rand eines breiten Flusses, doch der Fluss führte kein Wasser. Genau wie der, über den sie mit dem Jeep

gefahren waren. Wo sie den Kindern an der Brücke die Wasserflaschen geschenkt hatten. Der Anhänger, dachte Enia, sie trug
noch immer den Glücksanhänger des Mädchens. Und in der Tasche Dons blaue Murmel.

Komisch, in Deutschland hatten sie sich eigentlich nie Sachen geschenkt, ihre Freundinnen und sie, außer an Geburts-
tagen. Obwohl sie viel mehr Sachen besaßen.

»Da runter«, sagte der Dahalo mit der Maske und zog am
Strick, und beinahe wären sie allesamt die sandige Böschung
hinabgefallen. Unten im trockenen Flussbett marschierten
sie weiter, und dann sah Enia das Lager der Dahalos: In einer
Flussbiegung wuchs am Rand eine kleine Ansammlung von
niedrigen Famatabäumen, und darunter lag im Sternenschim-
mer eine Hecke aus Kakteen.

Wenn man genau hinsah, merkte man, dass es eine Einzäu-
nung war.

In der Mitte des trockenen Flussbettes glänzte etwas. Wasser.

Aber es war nur eine Pfütze.

Hierher kamen die Leute, um Wasser zu holen, dachte Enia,
und die Dahalos warteten ganz bequem in ihrem Unterschlupf
und konnten sie überfallen. Offenbar kamen in letzter Zeit
nicht mehr so viele Leute, sonst hätten sie keine Sklaven beim
Trockenwald zu stehlen brauchen.

»Da rein!«, schnauzte der Dahalo mit der Maske und schubste
sie durch die Umzäunung. Dahinter, gut versteckt, gab es eine
Hütte. Draußen war eine Feuerstelle und … an die fünfzig schla-
fende Ziegen. Da waren sie. Die gestohlenen Ziegen aus dem
Dorf. Und aus anderen Dörfern.

Sie lagen unter den Ästen und träumten, manche kauten im Schlaf, manche seufzten. Der Ziegenträger setzte Fitos Ziege ab. Dann schnauzte der Chef noch etwas, und sie verschwanden zu dritt in der Hütte. Der Vierte band die Gefangenen los und setzte sich mit seiner Waffe auf den Boden.

»Sie sagen, wir können hier schlafen«, flüsterte Don. »Aber wenn wir abhauen, sind wir tot.«

Da lag schon jemand. Ein Mädchen, ungefähr so alt wie Enia und Feno. Sie trug ein buntes Tuch als Rock und eine alte rosa Bluse mit ausgefranstem Saum, und sie lag auf der kahlen Erde und schlief.

Sie musste sehr müde sein, denn der Lärm der Neuankömmlinge weckte sie nicht.

»Hinlegen!«, fauchte der Dahalo.

Also legten sie sich ebenfalls auf den kahlen Boden, und Enia dachte, dass sie einen Plan brauchten. Doch ehe sie darüber nachdenken konnte, schlief sie schon. Das Letzte, was sie spürte, waren Dons und Fenos Hände, die ihre nahmen. Fito hatte sich an seine Ziege gekuschelt.

Und so glitten sie in ihre Träume, jeder in seine.

Der Morgen zog dunstig und gelb-orange hinter den Kakteen auf, als sie erwachten.

Es roch nach Kaffee. Tatsächlich, die Dahalos saßen um eine Feuerstelle, in der Kohlen glühten, und in einem Topf kochte Kaffee. Das Mädchen in der rosa Bluse rührte mit einem Löffel Klumpen von Zucker hinein, die es aus einer Plastiktüte nahm.

»Salama!«, sagte es und lächelte. »Guten Morgen! Ich bin Zafimira.«

»Enia«, sagte Enia und gähnte. »Und das ist Don und Feno und Fito und ... mein Papa. Ach so, und die Ziege.«

»Ziegen gibt es hier viele«, sagte Zafimira. »Und ein paar Ombys. Rinder. Ich koche und wasche und hüte die Tiere, aber jetzt können wir das vielleicht zusammen machen.« Sie strahlte.

Sie sah schön aus mit ihrem Strahlen vor dem Morgenhimmel, der sich eben rosa verfärbte wie ihre Bluse. Ihr Haar war mit ausgeblichenen roten Bändern zu lauter kleinen Zöpfen geflochten, die kurz über ihren Schultern endeten und wippten, wenn sie sich bewegte.

Enia stand auf und streckte sich, und da bemerkte sie, dass sie jetzt eine Kette an einem Fuß trug. Eine Kette mit einem Zahlenschloss, wie um ein Fahrrad abzuschließen, zweimal um den Knöchel gewickelt.

»Ich bin doch kein Fahrrad«, sagte sie.

Von der Kette lief eine weitere Kette zu dem Baum. Sie konnte sich bewegen, herumlaufen, aber nicht weg.

»Ihr seid alle Fahrräder«, sagte Zafimira.

Enia ballte die Fäuste. »Und du?«

»Sie wissen, dass ich nicht weglaufe. Weil sie mich sowieso wieder einfangen würden. Ich habe ein lahmes Bein. Immer schon.« Sie sprach jetzt Französisch, und es war etwas schwer zu verstehen, aber es ging.

»Diese ... diese ... Mistkäfer!«, flüsterte Enia.

»Woher kommst du?«, fragte Don.

Zafimira sagte einen Namen, den Enia nicht kannte, und

Don sagte, das sei das Dorf mit den Löchern in der Erde. Sie sprachen leise, die Dahalos beachteten sie nicht, sie tranken Kaffee aus Blechtassen.

»Nachher hauen wir ab!«, wisperte Papa. »Ich denke mir was aus. Wir sind Fahrräder, aber Fahrräder kann man stehlen. Einen Kaffee hätte ich schon gerne ...« Er sagte Letzteres laut und auf Französisch. Tatsächlich – einer der Dahalos streckte Papa eine Tasse hin.

»Danke«, sagte Papa. »Misaotra.«

»Damit Sie nicht sagen können, wir hätten Sie schlecht behandelt«, knurrte der Dahalo. »Zafi, gib ihnen was zu essen!«

Zafi nickte und verteilte Plastikschüsseln mit Brei.

»Hirse«, sagte Papa.

»Esst!«, befahl der Dahalo mit der Maske. Der Chef. »Ihr werdet arbeiten, also braucht ihr Kraft. Sie da, Monsieur! Sie kommen mit, die Stämme holen. Der große Junge auch. Die Mädchen und der Kleine kochen den Reis für mittags und hüten danach die Ziegen.«

»Wie lange ... werden wir hier sein?«, fragte Enia.

»Du vielleicht nicht so lange«, sagte Maske. Enia beschloss, ihn Maske zu nennen, das war einfacher. »Für Vazahas kriegt man sicher ein hübsches Lösegeld. Die anderen bleiben.«

Enia sah Papa an. Papa zwinkerte.

Keiner von uns bleibt hier, hieß das.

»Und diese Ziege sieht überhaupt nicht aus wie eine Zuchtziege«, sagte Maske und packte Fitos Ziege an den Hörnern. »Wir werden sie heute Abend essen. Die Mädchen können sich um das Fleisch kümmern.«

Auf einmal hatte er ein Messer in der Hand.

Fito schrie auf und versuchte sich auf ihn zu werfen, doch ein anderer Dahalo hielt ihn fest.

Ein weiterer hielt Enia fest und ein vierter Papa. Sie schloss die Augen und spürte, wie Tränen dahinter aufstiegen. Dann hörte sie einen Schrei – und öffnete die Augen wieder.

Maske saß auf dem Boden, das Messer lag neben ihm, und die Ziege sprang eben über die Kaktushecke. Sie konnte wirklich hoch springen. Maske stand auf, fluchte und rieb sich den Hintern. Die Hose war an zwei Stellen zerrissen, ungefähr in dem Abstand, in dem auch die Hörner der Ziege standen.

»Das Vieh hat mich in den Po gepiekt!«, brüllte er. »Verdammt noch mal! Dann gibt es heute Abend eben nur Reis, die anderen Ziegen brauchen wir, die sind schon so gut wie verkauft. Verdammt!«

Die Ziege drehte sich außerhalb der Kaktusumzäunung kurz um und meckerte. Es hörte sich an wie ein Lachen. Dann preschte sie die Böschung des trockenen Flusses hinauf und verschwand. Don seufzte. »Die sehen wir nicht wieder.«

»Nee-hee«, flüsterte Fito. »Weißt du denn nicht, was die jetzt macht? Die holt Hilfe.«

Enia hatte noch nie Töpfe geschrubbt. An diesem Tag lernte sie es. Zafi und Feno sagten, es wäre normal, dass der Reis unten am Topfboden anbrannte.

»Zu Hause gießen wir dann Wasser drauf und trinken das«, erklärte Feno. »Es ist abgekocht, da sind nicht so viele Keime drin. Und noch bisschen was Nahrhaftes. Vom Reis.«

»Hm«, sagte Enia.

Sie schnitten kleine verkrumselte Zwiebeln und Tomaten, die ganz anders aussahen als im Supermarkt, und Feno und Zafi sangen zusammen, was schön war.

»Es ist ein Lied von der Hoffnung«, flüsterte Zafi. »Davon, dass alles grün wird. Eines Tages. Und davon, dass man keine Angst haben muss.«

»Ich hab ein bisschen Angst um meinen Vater«, sagte Enia. »Ihm geht doch immer so viel schief. Was, wenn er sich beim Baumtransport einen Stamm auf den Fuß fallen lässt? Er ist jetzt beim Wald, mit den Dahalos ...«

»Sie werden auch wieder nach dem Wasserlemuren suchen«, flüsterte Feno und sah zu dem Dahalo hinüber, der dageblieben war, um auf sie aufzupassen. Er schraubte an einem rostigen Moped herum und beachtete sie nicht. »Aber, so ein Pech, sie werden kein Nest finden.«

Und dann holten sie Wasser an der Pfütze im Fluss, Wasser, das braun aussah wie Kakao.

Während sie die Eimer schleppten, erzählten sie Zafi leise von dem Nest und dem Ei und überhaupt alles. Zafis Augen wurden immer größer.

»Wenn das stimmt«, sagte sie, »wenn euer Lemur wirklich weiß, wo Wasser ist ... Dann könnte man wieder etwas pflanzen auf den Feldern! In meinem Dorf ist alles kaputt. Es sind nur Löcher da. Weil sie nichts mehr pflanzen können und Geld brauchen.«

»Wir haben es gesehen«, sagte Enia.

»Ich habe da gearbeitet. Glimmer rausgeholt«, sagte Zafi.

»War scheußlich. Fast ist es besser, für die Dahalos zu arbeiten.«

»Quatsch, du fliehst mit uns«, sagte Enia. »Bald. Und dann sorgen wir für jede Menge Wasser. Ich hoffe, Tianay brütet in der Zwischenzeit das Ei aus.«

»Klar«, sagte Feno. »Wie ich Tianay kenne, sitzt er den ganzen Tag auf dem Ei.« Sie kicherte. »Maitresse Tui wird ihm helfen.«

»Sie ... sitzt auch auf dem Ei?«

»Mangina! Ruhe!«, rief der Dahalo, der sich beim Moped-Basteln gerade den Finger geklemmt hatte. »Hier wird nicht gequatscht, sondern gearbeitet! Aha, ihr habt das Gemüse geputzt. Gut. Dann bringe ich euch jetzt zur Weide und gehe den anderen nach. Wird Zeit, sie warten.«

Er löste ihre Ketten vom Baum und nahm sie in die Hand. Und Enia dachte, sie hätten sich vielleicht losreißen können, aber blöderweise hielt der Dahalo seine Pistole in der anderen Hand.

»Zafi, treib die Ziegen zusammen!«, befahl er. »Hol die Ombys! Und dann geh voraus, du kennst den Weg!«

Die Weide war keine Weide. Sie war nur ein Stück der Ebene. Rot und trocken, wie überall. Es gab vereinzelte Grasbüschel darin und ein paar dornige Sträucher und natürlich Kakteen. Aber, seltsam, schon von Weitem hörten sie die Melodie einer Flöte.

Und dann sahen sie es: Neben einem alten, toten Baumstrunk saß jemand.

Er war an den Baumstrunk gekettet, saß da und spielte.

»Don!«, rief Feno. »Was tust du hier?«

»Ich warte auf euch«, sagte Don. »Sie haben gesagt, ich bin zu nichts nutze beim Bäumeschleppen. Ich bin zu schwach. Da haben sie mich hiergelassen.«

»Ein Junge, der Flöte spielt, ts, ts«, sagte der Dahalo und kettete auch die Mädchen und Fito an den Baumstrunk. »Jetzt kümmert euch schön um die Ziegen und die Ombys, bis wir zurück sind.«

Dann war er fort, und sie waren allein – mit zwanzig Ziegen und zehn Rindern. Eins von ihnen kam zu ihnen und schnaubte freundlich. Es hatte dunkle, liebe Augen und sah anders aus als deutsche Kühe, es hatte einen Fettlappen am Hals und einen Höcker. Fito streichelte seine flauschigen Ohren.

»Haben sie dich auch geklaut?«, fragte Enia das Omby.

»Es sagt: Ja«, sagte Zafi. »Wenn sie noch mehr haben, treiben sie sie in Richtung Küste. Da verkaufen sie sie, und sie kommen auf ein Schiff. Und dann ziehen sie in eine andere Gegend und holen mehr Ombys.«

»Das … ist so gemein!« Enia ballte die Fäuste. »Was machen denn die Leute, denen die Tiere gehört haben?«

»Nichts«, sagte Don. »Sie haben zu viel Angst.«

»Und die Polizei? Was macht die?«

»Auch nichts«, sagte Don.

Enia sprang auf. »Wir werden nicht nur Wasser finden«, verkündete sie. »Wir werden die Dahalos hinter Gitter bringen. Ich weiß noch nicht, wie, aber irgendwie werden wir.«

Sie streckte die Hand aus, und die anderen legten ihre Hände darauf.

»Nie mehr Dahalos!«, rief Feno.

»Nie mehr Dahalos!«, riefen die anderen.

Es fühlte sich gut an, das zu rufen. Das Omby muhte laut, es war wohl auch dafür.

Aber sie waren immer noch gefesselt. Und es war furchtbar heiß.

»Vielleicht verdursten wir leider, ehe uns etwas Gutes einfällt«, sagte Fito.

Einen Moment lang schwiegen sie alle bedrückt.

Dann sprang Don plötzlich in die Luft.

»Da!«, rief er. »Guckt mal!«

Sie wandten alle die Köpfe, und jetzt sahen sie es auch: Über die Ebene näherte sich eine rote Staubwolke. Sie wirbelte zwischen den vereinzelten Büschen entlang, direkt auf sie zu.

Und dann hörten sie die Fahrradklingel: klar und hell. Magisch. Der Ton kam aus dem Staubwirbel.

»Da ist sie«, sagte Don feierlich. »Sie kommt mit dem Wind. Wie immer.«

8. KAPITEL,

*in welchem viel Eis gegessen wird,
man in Seifenblasen fliegen kann,
Zahlen eine Rolle spielen, viele Leute
weg sind und es nicht regnet*

Und dann sprang Maitresse Tui vom Rad und stand plötzlich vor ihnen.

»Salama!«, sagte sie. »Guten Morgen. Manahoana?«

»Maitresse Tui!« Fito warf sich auf sie und klammerte sich an ihre Beine. Er hatte sich die ganze Zeit tapfer gehalten, aber auf einmal schluchzte er. »Wir wollen nicht hier sein! Wir wollen nach Hause! Die Dahalos haben Pistolen, und sie fällen Bäume ...«

»Ist ja gut, ist ja schon gut«, murmelte Maitresse Tui und strich Fito über den Kopf. »Ich bin ja hier.«

»Hat …« Fito wischte sich die Nase mit dem Handrücken ab. »Hat die Ziege Sie geholt?«

Maitresse Tui nickte. »Sie hat mir den Weg erklärt.«

Erst jetzt sahen sie, dass in der Kiste auf Maitresse Tuis Gepäckträger die Ziege saß. Sie quoll an den Kanten etwas über. Jetzt nahm Maitresse Tui sie aus der Kiste, und die Ziege und Fito umarmten sich, oder jedenfalls umarmte Fito die Ziege.

Maitresse Tui setzte sich auf den toten Baumstrunk und schlug die Beine elegant übereinander.

»So«, sagte sie. »Möglicherweise möchtet ihr wissen, wie es einem gewissen Ei geht?«

Sie nickten alle.

»Aber zuerst …«, sagte Maitresse Tui. »Der Picknickkorb. Ich habe Eiscreme mitgebracht. Ich dachte, es könnte etwas warm hier sein.« Sie stellte einen Korb neben sich, den Don vorher gar nicht gesehen hatte. Es war ein sehr hübscher Korb mit einem geflochtenen Deckel und einer violetten Schleife.

Maitresse Tui klappte den Deckel auf und griff tief in den Korb. »Wo hatte ich denn die Eisbecher … Ich habe die guten genommen, aus Kristallglas, die mit den langen Stielen … ach, hier. Vier Kugeln für jeden.«

Sie beförderte den ersten Eisbecher ans Licht, in dem sich vier bunte Eiskugeln türmten. Don spürte, wie seine Augen größer wurden.

Maitresse Tui sah sich um. »Feno, Zafi, könnt ihr den Klapptisch aufstellen?«

»Welchen Klapptisch?«, fragte Zafi verwirrt. »Und woher wissen Sie, dass ich Zafi heiße?«

»Heißt du denn nicht Zafi?«

»Doch, ich ...«, stotterte Zafi.

»Na, siehst du, dann hat ja alles seine Ordnung«, sagte Maitresse Tui. »Der Tisch ist natürlich in meiner Fahrradkiste.«

»Da passt doch kein Klapptisch ...«, begann Don.

»Da war doch die Ziege ...«, begann Fito gleichzeitig. Sie verstummten beide. Zafi war aufgestanden und zu Maitresse Tuis Rad gegangen, und eben zog sie einen Klapptisch aus der Kiste auf dem Gepäckträger. Er war aus verwittertem Holz, aber ganz brauchbar. Zafi humpelte damit zu ihnen, ihr lahmes Bein nachziehend, und dann klappte sie ihn vor dem toten Baumstrunk auf.

»Ja, so ist es hübscher«, sagte Maitresse Tui. »Wenn man so einen schönen blauen Klapptisch ansehen kann, fühlt man sich gleich kühler.«

Don blinzelte. Tatsächlich, der Klapptisch war himmelblau gestrichen, und er sah auch gar nicht mehr so verwittert aus. Maitresse Tui stellte den Eisbecher darauf ab, griff wieder in den Picknickkorb und holte der Reihe nach sechs weitere Eisbecher aus der Tiefe.

»So viel kann doch da gar nicht reinpassen!«, wisperte Enia. »Und das Eis wäre längst geschmolzen!«

»Junge Dame«, sagte Maitresse Tui, »besser, du zweifelst nicht, sonst hört dich das Eis und schmilzt wirklich. Was für eine Schweinerei das wäre!« Dann stellte sie einen der Eisbecher unter den Tisch. »Für die Ziege.«

Und schließlich gab sie jedem der Kinder einen langen, glänzenden Silberlöffel.

»Setzt euch doch auf die Stühle«, sagte sie, »und steht da nicht so rum.«

Don merkte, dass hinter ihm ein Hocker stand, und er setzte sich und war ein wenig verwundert, aber Maitresse Tui war eben Maitresse Tui. Einen Moment lang sahen sie die Eisbecher nur ehrfürchtig an. Jede Kugel hatte eine andere Farbe, die vor Don waren hellgrün, rosé, weiß und blassviolett. Die in Enias Becher waren gelb, tiefrot, schwarzbraun und dunkelblau.

»Hmm, Banane«, sagte Enia. »Himbeere ... Schokolade ... und Blaubeere. Ich wusste gar nicht, dass es das alles in Madagaskar gibt!«

»Warum sollte es nicht?«, fragte Maitresse Tui und nahm eine kandierte Kirsche aus der Sahnehaube auf ihrem eigenen Eis.

»Das ... ist großartig!«, murmelte Zafi mit vollem Mund. »Wundervoll! Vielen Dank! Ist eure Lehrerin immer so?«

»Neulich nicht«, sagte Fito. »Neulich war sie ganz traurig. Das war, als der Dorfchef da war.«

»Warum waren Sie da so?«, fragte Feno. »Warum haben Sie ihm nicht widersprochen und gemacht, was Sie wollen?«

»Es gibt Zeiten, um traurig zu sein, und Zeiten, um Eis zu essen und Rebellionen anzuzetteln«, sagte Maitresse Tui. »Genießt euer Eis!«

Erst, als kein Eis mehr da war, fragte Don: »Was ist eine Rebellion?«

»Wenn man dagegen ist«, sagte Enia.

»Nein, wenn man dafür ist«, sagte Maitresse Tui. »Für etwas Neues. Dafür, Dinge anders zu machen. Nun ... wir wollten über das Ei sprechen. Tianay hat es zu seinem Huhn ins Nest gelegt. Es ist ein kleines schwarzes, sehr nettes Huhn. Ich habe die ganze Geschichte am nächsten Morgen von ihm gehört.«

»Von Tianay oder dem Huhn?«, fragte Enia und lachte.

»Von dem Huhn«, sagte Maitresse Tui. »Tianay hat mich zu ihm geführt. Das Huhn war etwas aufgeregt, denn so ein hartes Ei hat es noch nie bebrütet, aber es wird sein Bestes geben. Wenn der kleine Wasserlemur schlüpft, muss sich allerdings jemand anders um ihn kümmern. Ich hoffe, dass die Mutter bis dahin zu uns gekommen ist. Vielleicht sucht sie ihr Ei schon?« Sie lächelte. »Wenn sie zu uns kommt … dann zeigt sie uns vielleicht, wo Wasser ist. Es wäre gut, die zweite Hälfte des Papiers zu haben, um mehr über die Lemuren zu erfahren. Ich bin nur eine Grundschullehrerin.« Sie seufzte und sah sich um. »Wo ist der richtige Biologe?«

»Die Dahalos haben ihn mit zum Trockenwald genommen, sie wollen die Stämme holen, die sie nachts geschlagen haben«, erklärte Feno.

Maitresse Tui nickte. »Schade. Ich hätte ihn gerne vieles gefragt.«

»Wir haben übrigens beschlossen, diese Dahalos hinter Gitter zu bringen«, sagte Enia. »Das geht doch nicht, dass sie überall Ombys und Ziegen klauen!«

Maitresse Tui sah nachdenklich aus.

»Rebellion«, wiederholte sie leise. »Ja. Das wäre wahrhaftig etwas Neues. Niemand hat sich bisher den Dahalos entgegengestellt.« Sie sah die leeren Eisbecher an, klatschte dann plötzlich in die Hände und rief, fröhlicher: »Lasst uns aufräumen.«

Dann hob sie eine Hand und schnippte mit den Fingern, und der blaue Klapptisch war fort. »Wo ...?«, begann Zafi.

»In der Fahrradkiste natürlich«, antwortete Maitresse Tui und stand auf. »Die Hocker sollten auch hinein.« Sie schnippte wieder mit den Fingern, und die Hocker verschwanden. Es geschah so schnell, dass Fito auf den Boden plumpste. Er lachte selbst darüber.

»Gehen wir nach Hause«, sagte Maitresse Tui.

»Aber ... die Ketten!«, rief Enia. »Wir müssen die Ketten loswerden!«

»Ach ja«, sagte Maitresse Tui. »Diese Kleinigkeit hätte ich fast vergessen.«

Doch Don war sich sicher, dass sie die ganze Zeit darüber nachgedacht hatte. Sie tat nur, als wäre es eine Kleinigkeit. Damit es nicht so schlimm war.

Jetzt beugte sie sich über Dons Fuß und begann, an dem Fahrradschloss zu drehen.

»Die sind im Grunde einfach zu knacken«, sagte sie. »Billigschlösser. Sie rutschen manchmal fast von selbst in die richtige Position. Aha!«

Don sah voller Verwunderung, wie das Schloss aufsprang.

»Drei, drei, sieben, merk es dir«, sagte Maitresse Tui.

Er fragte sich, wozu. Er würde sich ja kaum selbst wieder anschließen.

Maitresse Tui beugte sich über Fenos Knöchel, rüttelte, murmelte »Zwei, vier, acht« ..., und dann folgten Enias und Fitos Ketten. »Neun, eins, acht ... sechs, sieben, fünf.«

»Wir sind frei!«, schrie Fito und machte einen Purzelbaum.

»Nur deinen Vater müssen wir noch befreien«, sagte Maitresse Tui nachdenklich. »Ich habe gehört, ihr sollt heute noch Wäsche für die Dahalos waschen?«

Feno, Zafi und Enia nickten. »Hier hätten wir schon ein wenig Seife«, sagte Maitresse Tui, trat kurz an ihre Fahrradkiste und zog einen langen dunkelbraunen, gerillten Seifenbarren sowie eine kleine Flasche mit Wasser heraus.

Sie goss etwas Wasser in ihre Hände, seifte sie ein und legte die Seife zurück. Dann zog sie die Hände auseinander – und dazwischen hing eine hauchdünne Seifenmembran, schillernd wie ein Regenbogen.

»Lasst uns die Freiheit feiern«, sagte Maitresse Tui. »Und die Rebellion! Wer wahrlich frei ist, kann fliegen!«

Sie formte eine Höhle aus ihren Händen, blies behutsam hinein ... die Seifenmembran wölbte sich ... schloss sich zu einer Blase ... schwebte davon und stieß an Fitos Stirn. Doch sie platzte nicht. Im Gegenteil: Sie stülpte sich um Fito herum, und im nächsten Augenblick befand er sich *in* der Blase. Die Blase stieg mit ihm hoch in den blauen Himmel, drehte sich, sodass Fito kurz auf dem Kopf stand, drehte sich wieder richtig herum ...

Maitresse Tui machte eine weitere Blase. Diese stülpte sich über Zafi und schloss sie ein. Danach machte sie eine Blase für Feno, für Enia ... ganz zum Schluss für Don. Er fühlte, wie er in die Blase gesogen wurde und gleichzeitig völlig frei war. Schwerelos. Es war ein unglaubliches Gefühl. Auch Maitresse Tui steckte jetzt in einer Seifenblase, und so schwebten sie gemeinsam dem Blau entgegen. Sie kugelten und trudelten durch den Himmel, die gutmütigen Ombys hoben die Köpfe und sahen ihnen verwundert nach, und die Ziegen meckerten voller Erstaunen.

Nur Fitos Ziege befand sich ebenfalls in einer Blase und schwebte mit ihnen.

Don spürte ein glucksendes, albernes Kichern in sich, und er drehte seine Blase absichtlich, kugelte durch die Luft zu Enia und stieß ihre Blase an. Sie lachte auch, ja, sie kullerten in den Blasen durch die Luft und lachten und lachten, und es gab nichts Schweres und keine Probleme.

Sie konnten alles schaffen, er spürte es. Gemeinsam. Sie würden zum Trockenwald fliegen und den Silbervazaha einfach mitnehmen und ...

Auf einmal waren da Stimmen. Unter ihnen. Laute, raue Stimmen.

Die Dahalos. Sie kamen mit dem Silbervazaha zurück, die gefällten Baumstämme im Schlepptau: Sie hatten Riemen darangebunden und zogen sie mühsam mit.

Er sah ihre grimmigen Gesichter, er hörte ihre Flüche, und da begann seine Seifenblase zu sinken. Auch die der anderen sanken, schneller und schneller ... Dann landete Don, die Blase zerplatzte, und er saß auf dem Boden. Als er aufsah, waren auch die anderen gelandet.

Zuletzt platzte die Blase von Fito – leider noch in der Luft. Don breitete rasch die Arme aus und fing ihn auf, und sie lagen keuchend übereinander auf dem Boden.

In exakt diesem Moment waren die Dahalos wieder da.

»Was ist denn hier passiert?«, fragte Maske.

»Wir ... die Ketten ...«, stammelte Zafi ängstlich. »Ich war das nicht! Ich habe die Ketten nicht gelöst!«

»Nein, das hast du nicht«, sagte Maske und lachte dröhnend. »Nur, warum liegt ihr alle in einem Haufen?«

Sie rappelten sich auf, und jetzt sah Don zu seinem Erstaunen, dass die Ketten um ihre Fußknöchel alle noch abgeschlossen waren. Als wären die Schlösser nie geöffnet worden.

»*Sie!*«, brüllte Maske plötzlich. »Was machen *Sie* hier? Woher wissen Sie, dass wir hier sind?« Und er machte einen Schritt auf Maitresse Tui zu, die gerade den Staub von ihrem weißen Kleid klopfte. Sie ging rückwärts.

»Nun, ich habe meine Schüler besucht. Unterricht ist wichtig.«

Ihre Stimme zitterte, und Don spürte, dass sie Angst hatte. Maske hielt jetzt seine Pistole in der Hand.

»Ja, sehr wichtig«, sagte er. »Dann kommen Sie am besten gleich mit, wir können auch etwas Unterricht gebrauchen.«

Und er streckte die Hand aus, um Maitresse Tuis Arm zu packen.

Doch genau in diesem Moment stolperte der Silbervazaha und fiel gegen Maske, und Maske geriet aus dem Gleichgewicht und fiel ebenfalls. Und Maitresse Tui machte einen Satz zur Seite und war bei ihrem Fahrrad. Die Ziege war schon in die Kiste gehopst.

»Ach, wie *ungeschickt*, azafady«, murmelte der Silbervazaha entschuldigend.

Maske knurrte wütend und kam auf die Beine. Doch als er seine Waffe diesmal hob, saß Maitresse Tui bereits auf ihrem

Fahrrad, und einen Wimpernschlag später war sie in einer Staubwolke verschwunden: einem roten Wirbel, der sich über die Ebene entfernte.

Der Schuss, der sich aus der Waffe löste, traf nur einen trockenen Busch.

»Verflucht!«, brüllte er. »Was ist das für eine komische Lehrerin?«

»Das ist Maitresse Tui«, sagte Don und fühlte sich innen warm und golden. »Sie kommt mit dem Wind.«

Als die Dahalos sie wieder im Räuberlager festketteten, war Enias Herz schwer.

Es war alles so schön gewesen. Sie waren geflogen, und sie waren satt geworden von dem Eis ... Jetzt knurrte ihr Magen wieder, als hätte sie nie Eis gegessen. Sie half Feno und Zafi, die Hemden der Dahalos in einem Bottich voll dreckiger Seifenlauge zu waschen, und sah die Blasen auf dem Wasser.

»Sind wir wirklich geflogen?«, flüsterte sie.

»Klar«, wisperte Feno und grinste.

»Wieso sind wir dann nicht zum Dorf zurückgeflogen?«, flüsterte Enia.

»Oh, weil alles immer so ist wie vorher, wenn Maitresse Tui wieder geht«, wisperte Feno.

»Maaangina! Ruuuhe!«, schrie einer der Dahalos, obwohl nicht einzusehen war, wozu die Dahalos Ruhe brauchten, sie taten nämlich gar nichts, sie spielten nur Karten.

Don und Papa waren dabei, Waldäste für das Feuer in kleine Stücke zu zerbrechen.

»Drei, drei, sieben!«, wisperte Feno ganz, ganz leise. Enia sah sie an. »Du meinst ...?«

»Mangina!«, brüllte ein anderer Dahalo.

»Wann ist die Wäsche endlich fertig?«, fauchte Maske, der gerade schlechte Karten hatte und verlor. »Ist längst Zeit, den Reis zu kochen! Wir haben Hunger! Los jetzt, zack, zack!«

»Ja, wir hängen die Wäsche jetzt auf«, sagte Feno und nahm ein sehr nasses Hemd, und Enia dachte, dass sie ganz vergessen hatte, es auszuwringen. Feno ging mit ihren vorsichtigen Schritten, ohne Stock diesmal, in Richtung der Wäscheleine. Als sie an Maske vorbeikam, rutschte ihr das nasse, noch etwas seifige Hemd aus der Hand und landete genau auf seinem Gesicht. Auf der schwarzen Maske.

»Ach, hoppla«, sagte sie und tastete in der Luft herum. »Azafady. Ist es auf den Boden gefallen?«

»Es ist auf *mich* gefallen«, grummelte Maske und schälte das nasse, seifige Hemd von seinem Gesicht. »Nimm es, verflixt! Und stell dich nicht so dumm an!«

»Sie wissen ja, ich sehe nichts«, sagte Feno.

Der Dahalo knurrte und spuckte etwas Seife aus. Dann nahm er einen großen Schluck von dem trüben Wasser.

Die Sonne begann unterzugehen, und der Himmel glühte rot und machte den trockenen Fluss für Minuten schön, ließ die letzte Wasserpfütze leuchten wie flüssiges Gold.

»Los!«, wisperte Feno, als sie von der Wäscheleine zurückkam. »Lass uns den Rest aufhängen und den Reis kochen. Wir haben noch was vor heute Nacht. Wenn sie so weitertrinken, wird es ein Kinderspiel.«

»Was?«, flüsterte Enia. »Was wird ein Kinderspiel, nur weil sie Wasser trinken?«

»Das ist kein Wasser, das ist selbst gebrannter Schnaps«, flüsterte Zafi.

»Heute Nacht werden sie tief schlafen«, wisperte Feno. »Ich sag nur: drei, drei, sieben.«

Und dann kam die Nacht.

Mond und Sterne und wieder Wolken: Wolken wie Tiere am Himmel. Sie kamen und fraßen die Sterne und fraßen den Mond, und Enia lag wach. Sie balgten sich am Himmel und wisperten mit dem Wind *Regen! Regen!*, und Enia lag wach. Sie flohen wieder und regneten nicht, und Enia lag wach. Und ein riesengroßer weißer Lemur sah aus den Famatabäumen herab und flüsterte *Bananeneis für alle …*

»Hey, Enia! Wach auf!«, wisperte Feno. »Es geht los! Sie schlafen alle!«

Enia fuhr hoch. Den riesengroßen weißen Lemuren hatte sie wohl geträumt.

Die anderen waren alle schon wach. Sie waren über ihre Fußfesseln gebeugt und drehten die Räder der Fahrradschlösser so leise sie konnten. Vermutlich, dachte Enia, würde es nicht gehen. Vermutlich waren die Zahlen der Schlösser genauso nur ein Traum gewesen wie das Eis. Wie der Flug in den Seifenblasen.

Acht, eins, neun.

Das Mondlicht fiel nur hier und da durch die Äste; es war schwer, die winzigen Ziffern zu sehen. Das erste Rad auf acht …

das zweite auf eins ... das dritte auf neun ... Nichts. Moment, nein! Es war andersherum gewesen! Neun, eins, acht! Diesmal merkte sie, wie ein Mechanismus einrastete, und Sekunden später war sie frei.

Sie legte die Kette ganz behutsam ab, damit der Dahalo, der vor der Hütte schlief, nicht wach wurde. Die anderen waren genauso vorsichtig, nur bei Fito rasselte es ein bisschen, wie bei einem Gespenst, und Enia zuckte zusammen. Der Dahalo vor der Hütte zuckte. Hob einen Arm ... Sie erstarrten alle. Er ließ den Arm wieder sinken. Murmelte etwas und drehte sich um.

»Jetzt!«, wisperte Don.

Sie standen lautlos auf. Feno, Don, Enia, der kleine Fito und Zafi, die keine Kette hatte lösen müssen. Sie sah am ängstlichsten aus.

»Papa!«, wisperte Enia.

Auch Papa stand jetzt auf. Er trug seine Kette noch immer. Er nahm Enia fest in die Arme und flüsterte, ganz dicht neben ihrem Ohr:

»Ich komme hier raus, versprochen.«

Enia merkte, wie etwas Schweres sich in ihrer Kehle breitmachte.

»Wir ... wir können dich doch nicht zurücklassen!«

»Ihr müsst nach dem Ei sehen!«, wisperte Papa. »Sie werden mir nichts tun. Ich bin zu wertvoll, sie wollen Lösegeld.«

»Von wem?«

Er zuckte die Schultern, sie konnte es spüren. Dann ließ er sie los. »Kümmert euch um den kleinen Wasserlemuren, ja? Wenn er schlüpft ... ich glaube, dann wird etwas Großes und

Unerwartetes passieren. Vielleicht wird es noch sehr abenteuerlich. Mach ein Bild von dem Kleinen, ja? Und schick es ans Institut. Du weißt das Passwort vom Laptop. Und grüß Maitresse Tui.«

»Wir kommen wieder und holen dich raus«, wisperte Enia. »Wir ...«

»Kopf hoch«, flüsterte Papa. »Geh jetzt.«

»Enia!«, zischte Feno vom Tor im Kaktuszaun her, nervös. »Avy! Komm jetzt!«

Und da geschah es. Der Dahalo, der draußen lag, wälzte sich wieder herum, stöhnte im Schlaf – und saß plötzlich aufrecht da. Er sah sie verschlafen an. Suchte mit einer Hand nach seiner Waffe, konnte sie aber im Moment nicht finden: Er hatte noch immer zu viel Selbstgebrannten im Blut. Papa griff in seine Tasche, zog etwas heraus und stopfte es dem verblüfften Dahalo einfach in den Mund.

»Azafady«, sagte Papa. »Die Kinder brauchen noch etwas Zeit. Sie verstehen.«

Er sagte noch etwas, doch das hörte Enia schon nicht mehr: Sie rannte. Sie rannte, so schnell ihre Füße sie trugen, durch das Tor in den Kakteen, ein Stück den trockenen Fluss entlang, die sandige Böschung hoch. Und dann stand sie oben, und dort warteten die anderen.

Unter ihnen erstreckte sich das Band des trockenen Flusses bis in die Ferne. Irgendwo rief ein Nachtvogel.

»Was ... hatte dein Vater in der Tasche?«, keuchte Zafi. »Was er dem Dahalo in den Mund gestopft hat?«

»Eine alte Socke«, sagte Enia.

Und dann rannten sie weiter, aber beim Rennen lachten sie, was ziemlich schwierig war.

Sie rannten über die Ebene, rannten durch die Nacht, die Sterne begleiteten sie. Und Zafi mit dem lahmen Bein rannte auch, humpelnd, stolpernd. Enia hatte sie an einer Hand genommen. An der anderen hielt sie Feno, die rannte, ohne etwas zu sehen. Und Feno hielt Don, und Don hielt Fito.

Sie sind hinter uns, dachte Enia. Der Typ hat die alte Socke inzwischen ausgespuckt und seine Leute aufgeweckt. Sie drehte sich um.

Die Ebene war leer.

Doch einen Moment später war sie nicht mehr leer, in der Ferne waren jetzt vier Gestalten, die rasch näher kamen.

»Wir ... wir müssen uns loslassen!«, keuchte Zafi. »Enia, Don, Fito! Ihr schafft es, ihr seid schnell genug! Feno und ich nicht.«

»Wir lassen niemanden zurück!«, keuchte Enia.

Sie sah sich nach einem Versteck um. Es gab leider keins. Die Ebene war vor allem eines: eben. Und in diesem Moment hatte jemand alle Kaktushecken und Bäume weggeräumt.

Moment. Da lag etwas. Etwas wie ... ein Haufen Schrott. Da waren Stücke von Metall ... ein Rad ... Und jetzt waren sie dort.

Es war kein Schrott. Es war ein Fahrrad. Maitresse Tuis Fahrrad.

Warum lag es hier, mitten im Nichts? War sie nicht damit zum Dorf zurückgefahren?

Don hob es blitzschnell auf.

Die vier Gestalten waren schon ganz nahe. Sie waren so dunkel gegen den Sternenhimmel wie die Dunkelheit selbst.

»Los!«, sagte Don. »Aufsteigen!«

»Wie – alle?«, fragte Enia.

»Klar, was dachtest du denn?«, fragte Don. Noch nie hatte Enia ihn so entschlossen gehört. »Ich kann das. Maitresse hat mich mal fahren lassen. Los, du auf den Sattel, Feno hinten, Zafi auf den Lenker.«

Er hob Fito in die Kiste, Enia saß jetzt auf dem Sattel, Feno kletterte tastend zu Fito, stellte sich auf den Gepäckträger und hielt sich an Enias Schultern fest.

»Ich hab Angst!«, wimmerte Zafi. »Ich gehe zurück zu den Dahalos.«

»Rauf jetzt!«, fauchte Feno.

Da zuckte Zafi zusammen und kletterte gehorsam auf den Lenker, und dann fuhr Don los.

Im Stehen. Enia konnte sich nicht umdrehen, doch sie spürte, dass die Dahalos ganz nahe waren.

Jetzt hörte sie, wie sie nach ihnen riefen, laut und wütend. Dann zerfetzte ein Schuss die Nacht. Don machte einen gewagten Schlenker mit dem Rad, fing sich jedoch.

Noch ein Schuss.

Er traf niemanden, wie der erste.

Sie waren unglaublich schnell. Es ging ein kleines bisschen bergab, und das war wunderbar – sie flogen. Don, der schüchterne, Flöte spielende, magere Don, war ein echter Rennfahrer. Die Pedale kreisten so schnell wie ein Wirbelwind, die Räder sangen, das ganze Rad klapperte, aber das musste wahrscheinlich so sein, und auch der dritte Schuss der Daha-los traf nichts.

»Oeeee!«, schrie Don, was wohl eine Art »Yipppiee!« war. »Lass sie nur ihre Munition verballern!«

Und er fuhr einen weiteren Bogen ... Überhaupt fuhr er in die falsche Richtung, dachte Enia. Dann begriff sie. Die Daha-los durften nicht wissen, zu welchem Dorf sie gehörten.

»Sehen die uns überhaupt?«, schrie sie. »Don, ich glaube, die sehen uns nicht! Die sehen nur einen Wirbel aus Staub!«

»Aber sie dürfen ... auch nicht wissen ... wohin der Staub-wirbel fährt!«, rief Don atemlos.

»Fliegen wäre gut!«, rief Enia.

Don antwortete nicht, aber er trat noch schneller in die Pe-dale, noch schneller ... und dann fuhren sie über einen Stein, und das Fahrrad sprang in die Luft – und blieb dort. Stieg hö-her und höher. Enia sah ihren Mondschatten auf dem roten Bo-den, sah die Dahalos in der Ferne kleiner werden.

»Kennt ihr E.T.?«, schrie Enia.

»Nein!«, riefen die anderen.

»Das ist so ein Film, da fahren sie mit dem Fahrrad am Mond vorbei!«, rief Enia. »Den gucken wir mal zusammen!«

Sie hatte keine Ahnung, wie oder wann, doch es fühlte sich gut an, das zu sagen. Sie hatte gedacht, sie würde nur kurz mit den anderen ein Abenteuer erleben. Und danach würde sie wie-der gehen. Aber in diesem Moment, auf dem Fahrrad in der Luft, während der letzte Schuss im Nichts verhallte, spürte Enia, dass sie Freunde geworden waren.

Vielleicht für immer.

Sie fuhren schweigend durch die Luft. Nur einmal sagte Don: »Schade, dass man nicht Rad fahren und Flöte spielen gleichzeitig kann.«

Dann ging er tiefer, und sie sahen die vereinzelten Hütten und etwas abseits das Zelt und die Schule und den alten Mangobaum. Dort ließ Don das Rad sanft landen – oder hatte vermutlich vor, es sanft landen zu lassen. Leider fielen sie bei der Landung trotzdem alle herunter und holten sich eine ganze Tüte voll blauer Flecken.

Als sie sich wieder aufgerappelt hatten, sagte Don: »Ich wette, Tianay sitzt da oben auf dem Baum, und das schwarze Huhn auch.«

Doch aus dem Mangobaum flogen nur ein paar Fledermäuse auf.

Sie wanderten still ins Dorf, Enia wollte die anderen noch nach Hause bringen. Zikaden zirpten in der Nacht, und der Tenrek, oder ein anderer Tenrek, lief über Enias Füße. Don öffnete die geflochtene Tür zur Hütte seiner Großmutter.

Die Hütte war leer.

»Nenibe?«, fragte er. Niemand antwortete.

»Das ist seltsam«, sagte Don.

Sie gingen weiter, Feno öffnete die Tür zu ihrer eigenen Hütte.

»Neni?«, fragte sie. »Mama? Tante? Seid ihr da?«

Wieder antwortete niemand.

»Meine kleinen Schwestern!«, sagte Feno. »Und meine Mutter und meine Tante, die können doch nicht alle plötzlich weg sein!«

Da ging Enia zu irgendeiner Hütte und öffnete die Tür, und auch diese Irgendeine-Hütte war leer.

Es war überall dasselbe. Und schließlich gab es keine Hütte mehr, in die sie nicht hineingesehen hatten.

»Sie sind verschwunden«, sagte Don. »Alle Menschen aus dem Dorf sind verschwunden.«

»Und Maitresse Tuis Fahrrad lag einfach so herum«, sagte Enia.

Sie sahen sich an. »An einer Stelle haben wir nicht nachgesehen«, wisperte Enia. »Im Zelt.«

Minuten später waren sie dort, und Enia schlug die Zeltklappe zurück.

Da lag Fitos Ziege, behaglich die Beine unter den Bauch gezogen, und schnarchte leise. An sie geschmiegt brütete ein kleines schwarzes Huhn.

»Das begreife ich nicht«, flüsterte Zafi. »Alle Leute sind wie vom Erdboden verschluckt, aber das Huhn und die Ziege sind noch da. Ich ... Wir müssen ...« Sie gähnte.

»Morgen«, murmelte Enia. »Morgen finden wir raus, was geschehen ist.«

Und dann kuschelten sie sich alle im Zelt zusammen, um zu schlafen, denn draußen waren vielleicht wieder Geister.

9. KAPITEL,

in welchem etwas schlüpft, Don Mama wird,
niemand Blumen hat, die Spur nach Norden führt
und es nicht regnet

Sie erwachten davon, dass das Huhn triumphierend gackerte.

Es hob seine schwarzen Flügel und wedelte damit und gackerte, und Don rieb sich verschlafen die Augen. Dann öffnete er die Zeltklappe, damit das Huhn hinausgehen konnte.

Das tat es – und zwei kleine flauschige schwarze Küken folgten ihm.

»Das Lemurenei!«, sagte Enia, die auch eben aufwachte. »Es muss doch warm gehalten werden!«

Fito streckte sich und gähnte, im Chor mit der Ziege.

»Da ist kein Ei«, sagte er dann.

Sie starrten alle das Nest an. Er hatte recht. Da lagen nur die

Schalen von zwei normalen Hühnereiern. Und ein paar kleine weiße Splitter. Don berührte einen, vorsichtig. Er war steinhart. Wie der Splitter einer weißen Murmel.

Feno tastete ebenfalls nach den Splittern.

»Der kleine Wasserlemur ist geschlüpft«, flüsterte sie.

»*Wo* ist er?«, fragte Don und sah sich in dem gelben Zelt um.

»Pssst! Hier«, flüsterte Feno. Sie zog ihre Hand zurück, mit der Handfläche oben. »Auf meiner Hand. Er ist eben daraufge-klettert. Er ist wirklich sehr, sehr klein.«

»Oooh!«, flüsterte Zafi. »Er ist wirklich da, ja? Und er ist … unsichtbar?«

»Sieht so aus. Wie seine Mutter.«

Enia zog das halbe Stück Papier aus ihrem Rucksack.

»Hier steht … *Der kleine Lemur gibt seine Tarnung nur dann auf, wenn er …* und dann fehlt was, und dann … *leider immer seltener werden. In diesem Fall kann er, so sagt man, einem das Wasser zeigen.*«

Sie sah auf. »Wenn er *was*? Er braucht irgendetwas, um sicht-bar zu werden. Und nur, wenn man ihn sieht, kann er einen zum Wasser führen. Logisch.«

»Vielleicht sollten wir ihn erst mal zähmen«, sagte Feno.

»Gänse, die schlüpfen, werden auf den geprägt, den sie zu-erst sehen«, sagte Enia nachdenklich. »Also, das heißt, sie neh-men denjenigen als Mutter an. Wer hat das Nest heute zuerst angeguckt? Von Nahem?«

»Vermutlich das Huhn«, sagte Fito.

»Er ist dem Huhn nicht nachgelaufen«, meinte Feno. »Das

wäre er doch, wenn er glauben würde, das Huhn wäre seine Mutter?«

»Hm«, sagte Enia. »Wahrscheinlich ist er geschlüpft, als das Huhn gerade weg war. Was hat er danach als Erstes gesehen ...?«

»Oje«, sagte Don und schluckte. »Ich fürchte, mich. Ich habe mich über das Nest gebeugt.«

»Dann«, verkündete Feno feierlich, »bist du jetzt seine Mama.«

Don streckte die Hand aus und spürte, wie etwas Winziges auf seine Handfläche krabbelte.

»Salama«, sagte er leise. »Ich bin dein Papa. Was frisst du?«

»Wir haben Mais in Konservendosen«, sagte Enia und kramte in dem anderen Rucksack. »Und Kartoffelbrei zum Aufgießen ... Knäckebrot ... Pulvermilch ... Schokolade. Was davon sollen wir ihm geben?«

»Ich denke, die Pulvermilch«, sagte Zafi. »Meine kleinste Schwester zu Hause ist noch ein Baby, sie trinkt auch nur Milch.«

»Da Don ihn schlecht stillen kann, Pulvermilch«, entschied Enia. »Gut.«

Sie goss etwas Wasser aus dem gelben Kanister in einen flachen Aluteller, schüttete Pulver hinein und rührte mit einem Blechlöffel. Dann stellte sie die Schale auf den Boden vors Zelt. Don setzte das unsichtbare Wesen daneben.

»Vermutlich klettert er jetzt auf den Rand der Schale und trinkt«, flüsterte Zafi.

Tatsächlich: Die Milch bekam ganz kleine Wellen. Was natürlich auch am Wind liegen konnte. Sie wurde vielleicht ein bisschen weniger. Etwas raschelte, wahrscheinlich die winzigen Schmetterlingsflügel, die der kleine Wasserlemur entfaltete und wieder zusammenfaltete. Er kannte sich selbst ja noch nicht und musste erst alle seine Teile erforschen.

»Ich höre es nicht ganz genau, aber ich glaube, jetzt putzt er sich«, wisperte Feno. »Er putzt seine Pfoten, die voll Milch sind, mit seiner winzig kleinen rauen Zunge. Er ist sehr gründlich. Und jetzt ... habt ihr das gehört? Er hat gerülpst.«

»Nicht wirklich!«

»Doch!« Feno nickte eifrig.

»Können wir ... auch was von den tollen Sachen essen, Enia?«, fragte Fito.

»Oh, äh, klar«, sagte Enia.

Don spürte, wie sein Magen knurrte. Und dann spürte er, wie ein kleines Etwas auf ihn hopste, seinen Arm entlangging und sich auf seine Schulter setzte. Und ihm wurde ganz warm. Allerdings auch etwas ängstlich. Wie sollte er es schaffen, Mama oder Papa oder beides für dieses klitzekleine Wesen zu sein?

Aber jetzt öffnete Enia Dosen und brach Schokolade in Stücke und goss sauberes Kanisterwasser in Blechtassen, und da vergaß Don seine Sorgen für Momente. Sie saßen draußen auf der roten Erde und aßen und tranken, und es war ein wunderbares Frühstück. Der Konservenmais war ganz saftig, und die Schokolade zerschmolz auf der Zunge. Fito legte ein Maiskorn auf ein Stück Thunfisch auf ein Stück Schokolade und steckte alles auf einmal in den Mund.

Die Ziege fraß nur Mais.

»Wir müssen ja Kraft haben«, sagte Enia. »Um die verschwundenen Leute zu suchen. Und uns um den Wasserlemuren zu kümmern. Ich glaube, das Knäckebrot bewahren wir auf.«

Und schließlich waren sie alle satt und erstaunlicherweise auch nicht mehr durstig, und da fiel Don das Papier ein. Die zweite Hälfte.

»Es ist doch jetzt ganz einfach, es zu holen«, sagte er. »Die Hütte des Dorfchefs ist leer.«

»Wir sollten uns die Hütten sowieso genauer ansehen«, meinte Enia. »Vielleicht finden wir dann raus, was passiert ist.«

»Feno?«, fragte Don. »Sitzt der Wasserlemur immer noch auf meiner Schulter? Ich spüre ihn nicht mehr.«

Feno tastete behutsam. »Nein, er ist weg«, sagte sie, und Don erschrak. Aber jetzt grinste Feno, die weitertastete. »Ich hab ihn«, meinte sie. »Er sitzt auf der Ziege. Zwischen den Hörnern. Und er hat mich eben gebissen.«

»Was?«

»Wahrscheinlich dachte er, ich will ihn da wegnehmen. Ich glaube, er mag die Ziege«, sagte Feno.

»Hör mal«, sagte Don und beugte sich streng über die Ziege. »Ich bin dein Papa, und du kannst es dir gleich wieder abgewöhnen, Leute zu beißen. Das ist nicht erlaubt.«

Da ertönte etwas wie ein winzig winzig kleines Maunzen, fast katzig, und alle sahen sich an und lachten.

»Er widerspricht!«, sagte Feno. »Na, dann soll er mal auf der Ziege sitzen bleiben.«

Die Hütte des Dorfchefs war sorgfältig verschlossen. Nicht richtig natürlich, der Dorfchef besaß kein Schloss, nur mit einer geflochtenen Schnur, die von der Tür zu einem Nagel an der Außenwand führte. Sie lösten sie und betraten das Dämmerlicht. Alles war aufgeräumt. Es sah nicht aus, als hätte der Dorfchef plötzlich vor etwas fliehen müssen. Es sah aus, als wäre er ... »Verreist«, sagte Enia, und alle nickten.

Die Feuerstelle war kalt, die Asche zusammengefegt, die Säcke mit den Vorräten hingen ordentlich an der Wand, und da ...

»Da haben wir das Papier!«, sagte Enia triumphierend und hielt es hoch. »Die zweite Hälfte!«

Sie zog eine Rolle Tesa und die erste Hälfte des Papiers aus der Tasche und klebte beide Hälften zusammen. »Also ... *gibt seine Tarnung nur dann auf, wenn er ...?*«, sagte sie und reichte es Don. Aber die altmodisch verschnörkelten Buchstaben ergaben für ihn keinen Sinn.

»Tut mir leid«, sagte er. »Da, das Wort *aufgeben* kann ich lesen und *Tarnung*, und auf der zweiten Hälfte steht etwas wie ... *Blumen.* Aber den Rest kann ich nicht lesen.«

»Er braucht Blumen, um sichtbar zu werden«, murmelte Enia. Sie sah sich um. »Wo wachsen hier Blumen?«

»Nirgends«, sagte Zafi. »Blumen wachsen zur Regenzeit.«

»Es *ist* Regenzeit«, sagte Feno. »Bloß regnet es nicht.«

»Es muss also Wasser geben, damit es Blumen gibt, damit der Lemur sichtbar wird, um uns das Wasser zu zeigen«, sagte Enia. »Na toll, die Schlange beißt sich in den Schwanz.«

»Schlange? Wo?«, fragte Fito alarmiert und kletterte auf den Rücken der Ziege.

»Das sagt man nur so«, meinte Enia. Sie sah sich um. »Nichts in dieser Hütte erklärt, warum alle verschwunden sind.«

Sie gingen in die anderen Hütten, aber auch dort war alles ordentlich.

Ganz zum Schluss gingen sie zur Schule. Das alte, schwarz gestrichene Tafelbrett, von dem die Farbe abblätterte, stand ordentlich an der Wand, ein winziges Kreidestück und ein Lappen lagen daneben auf der Erde.

»Sie hätte wirklich eine Nachricht hinterlassen können«, sagte Don. »Maitresse Tui.«

»Vielleicht konnte sie eben *nicht*?«, meinte Enia. »Weil sie entführt wurde?«

»Ich weiß nicht ...«, meinte Don. »Warte. Eine Sache fehlt überall. Die Wasserflaschen! Die Kanister! Sie haben ihr restliches Wasser mitgenommen!«

Er dachte an Nenibe, seine und Fitos Großmutter. An die tausend Falten in ihrem Lachen, an ihre flinken Augen, an ihre sehnigen Hände, auf denen man alle Adern sah. Da waren immer nur Fito und er und Nenibe gewesen. Wenn es nachts kalt gewesen war, hatten sie sich in die Arme genommen und die Kälte gemeinsam verjagt. Wenn sie hungrig gewesen waren, waren sie zusammen hungrig gewesen, und zusammen war es nicht so schlimm.

Etwas in ihm tat weh.

»Wir ... müssen sie wiederfinden«, sagte er leise. »Alle. Sie können sich doch nicht in Luft aufgelöst haben.«

»Vielleicht sind sie unsichtbar geworden«, murmelte Zafi. »Wie der Lemur.«

»Du meinst, sie sind … eigentlich hier?«

Don sah sich in dem Schulraum um. »Feno? Kannst du fühlen, ob jemand da ist?«

»Nee«, sagte Feno. »Also – ja, ich kann. Aber es ist niemand da.«

»Dann muss es Spuren geben«, sagte Enia. »Außer, sie sind in ein Ufo gestiegen und weggeflogen.«

»Aber man sieht doch keine Spuren auf dem trockenen Boden!«

»Doch«, sagte Fito. »Durch den Edelstein aus Maitresse Tuis Kamm.«

»Du meinst das Glasstück?«

»Ich meine den Glasedelstein«, sagte Fito. »Hier, ich hab ihn eingesteckt, irgendeiner von euch hatte ihn verloren, und er lag auf dem Boden rum bei den Dahalos.«

Und er zog die kleine blaue Glasscheibe aus seiner Hosentasche und hielt sie vor sein eines Auge.

»Da sind Buchstaben! Auf dem Boden!«

»Gib mal her, ich lese das«, sagte Don, doch Fito schüttelte störrisch den Kopf.

»Das kann ich selber lesen. E … J … EJE … D … A.«

»Ejeda!«, rief Don. Und da ließ Fito ihn doch großzügigerweise durch die Glasscheibe sehen.

»Das ist Maitresse Tuis Schrift, eindeutig«, sagte er. »Sie konnte nichts an die Tafel schreiben, weil irgendwer es gesehen hätte. Also hat sie es auf den Boden geschrieben. Sodass man es nicht sieht. Weil sie wusste, nur *wir* können es lesen. Jemand hat sie nach Ejeda gebracht. In die Stadt.«

»Oder sie sind freiwillig gegangen.«

»Maitresse Tui nicht. Hier steht noch was, hier steht ... KA ...«

»Ha!«, rief Feno ganz plötzlich, und Don fuhr hoch. Feno stand mitten im Klassenraum wie eine Statue. »Da ... da sitzt was auf meinem Kopf«, flüsterte sie. »Es ist eben gelandet. Es hat vier kleine Pfoten mit Krallen ... oh, es kitzelt ... Seht ihr was?«

»Nein«, flüsterten alle.

»Das dachte ich mir«, sagte Feno. »Das ... das muss er sein. Der Wasserlemur. Nein. *Die* Wasserlemur. Es ist ja ein Weibchen. Sie ist gekommen, um ihr Junges abzuholen.«

Don streckte die Hand nach dem Kopf der Ziege aus, und etwas krabbelte auf seinen Zeigefinger.

Ganz vorsichtig stand er auf, hob die Hand ...

»Los!«, flüsterte er. »Da ist deine richtige Mama. Geh zu ihr!«

Aber das auf seinem Zeigefinger rührte sich nicht. Mehr noch: Es klammerte sich fest.

»Feno? Versuch du mal, den Kleinen zu nehmen«, sagte er. »Er will nicht.«

Feno tastete – und schnappte hörbar nach Luft.

»Au! Es hat schon wieder gebissen!«

»Ich glaube, es hat auch gefaucht«, sagte Zafi, die am nächsten stand.

»Es will nicht«, meinte Enia. »Es will bei seiner Mama bleiben. Und seine Mama bist du, Don.«

»Aber vorhin wollte es auf der Ziege sitzen!«

»Ja«, sagte Enia. »Und du warst der Einzige, der es runternehmen durfte von der schönen weichen Ziege.«

»Wenn wir nur wüssten, wie wir dich sichtbar machen können!«, sagte Don zu dem erwachsenen Lemuren auf Fenos Kopf. »Dann wäre alles viel einfacher! Musst du wirklich Blumen haben, damit du sichtbar wirst? Weißt du, ich will dein Kind nicht stehlen. Ich bin bestimmt keine gute Mama! Vielleicht klappt es, wenn das Kind die Mama riecht?«

Er legte den Zeigefinger direkt an Fenos Stirn.

Und da spürte er, wie etwas anderes seine Vorderpfoten auf die Spitze des Fingers setzte.

Der große Wasserlemur. Wenn das Kind nicht zu ihm kam, kam er zu dem Kind.

Feno stand noch immer still wie aus Holz geschnitzt.

Da knallte etwas draußen, das Huhn gackerte empört, und jemand rief: »Daneben, du Blödmann! Na prima, jetzt versteckt es sich unter der Hütte mit seinen Küken! Nix mit Hühnchen zu Mittag!«

Die Pfoten, die auf Dons Zeigefinger hatten klettern wollen, waren fort. Und jetzt huschte etwas von dem Finger über seine Hand seinen Arm hinauf und versteckte sich in seinem Hemdkragen. Das Kind.

»Mist! Sie ist weggeflogen«, wisperte Feno kaum hörbar und zeigte auf ihren Kopf. »Die Mutter.«

Noch ein Knall. Nein, ein Schuss. Näher.

Feno formte ein Wort mit den Lippen. »Da-ha-los.«

Sie waren also hier. Im Dorf.

»Verstecken!«, flüsterte Enia, und Sekunden später kletterten sie alle in die Schul-Mango hinauf, kletterten, so rasch und so hoch sie konnten. Enia half Zafi, die mit ihrem Bein ein bisschen langsamer war. Don sah die Dahalos durch die Blätter, es waren drei. Der Chef mit der Maske hielt einen Brief in der Hand. Er betrat die Hütte des Dorfchefs und kam ohne Brief wieder heraus.

»Niemand hier! Na, wenn sie wiederkommen, liegt die Lösegeldforderung für den Biologen da, der Dorfchef wird sie sehen. Der kann sie weitergeben, an irgendwelche Vazahas, die ihren Landsmann befreien wollen. Habt ihr jetzt das Hühnchen gefangen?«

»Es ist eben unter der Hütte vorgekommen«, sagte einer der anderen. »Und geflogen! Das war total unfair, Hühner fliegen nie!«

»Und? Habt ihr es geschnappt?«

»Nee«, sagte der eine Dahalo. »Ich wollte. Als es über mich flog. Tja, es hat mir nur auf den Kopf gekackt und war weg.«

Maske lachte dröhnend. »Du Glückspilz!«, rief er. »Aber ich, ich bin ein wirklicher Glückspilz! Schaut euch an, was ich in der Hütte unter den Sachen gefunden habe! Tja, wenn man weiß, wo man suchen muss …« Er hielt etwas Großes, Eckiges hoch, das in ein Tuch gewickelt war. Einen Karton? »Den hier können wir gut brauchen«, sagte Maske. »Nett, das unser Biologe im Schlaf so viel redet. Sonst wüssten wir nicht, dass der Wasserlemur hier in der Nähe ist! Und dass er die Blätter des Famatabaums frisst und frische Kaktusfrüchte! Hiermit kriegen wir ihn. Wasser für alle! Tja, wird teuer für die armen Dörfler, wenn wir ihnen ihr eigenes Wasser verkaufen!«

Damit verschwanden sie und nahmen den eckigen Gegenstand im Tuch mit.

»Na prima«, sagte Feno. »Jetzt ist der große Lemur für immer verschreckt.«

Und so wanderten sie los in Richtung Ejeda.

Enia hatte mit Papa auf dem Hinweg eine Nacht dort geschlafen, in einem kleinen Hotel. Es hatte ausgesehen wie in einem Western, lauter Zimmerchen um einen Innenhof drum rum. Nur dass keine Cowboys und Pferde im Innenhof gewesen waren, sondern ein alter Hund und ein Tisch, auf dem der Reis für sie beide serviert worden war, unter der Lampe des Mondes. Sie sah noch vor sich, wie Papa fast von dem sehr wackeligen Stuhl gefallen war.

Papa.

In ihrem Rucksack steckte das Papier mit der Lösegeldforderung, sie hatten es aus der Hütte des Dorfchefs geholt, es war in krakeliger Schrift auf Französisch geschrieben:

WENN SIE DEN BIOLOGEN WIEDER ZU HABEN WOLLEN, ÜBERGEBUNG VON 2000 EURO IST NÖTWENDIG AN FLUSS LINTA HINTER DER ORT EHINDE IN KLEIN SCHEINEN.

Papa hatte die Botschaft wohl auf Deutsch übersetzen sollen, denn darunter war seine Schrift.

Er hatte nicht übersetzt. Weil sie das sowieso nicht kontrollieren konnten. Er hatte etwas anderes hingeschrieben.

Liebe Enia, mach dir keine Sorgen. Ich vertraue darauf, dass der Dorfchef dir diesen Brief gibt, weil er nichts mit ihm anfangen kann.

Ich kenne die Nummer vom Fahrradschloss an meinem Fuß.

*Verrückterweise habe ich sie geträumt. In meinem Traum saß
Maitresse Tui in den Ästen über dem Lager hier, und sie warf mir
drei Billardkugeln mit Zahlen zu. Als ich aufwachte, habe ich die
Zahlen ausprobiert. Sie stimmen. Die Räuber haben sich gewun-
dert, woher die Billardkugeln kamen.*

*Ich könnte gehen, doch ich bleibe noch, weil ich die Gewohn-
heiten der Männer ausspionieren will. Außerdem muss ich einen
guten Zeitpunkt zur Flucht finden.*

Passt auf euch auf. Und auf den Lemuren.

Hatten die Dahalos nicht gemerkt, dass der deutsche Text
viel zu lang war für eine Übersetzung?

Enia seufzte und dachte an Papa, während sie durch die
Hitze wanderten.

In ihrem Rucksack steckten außer dem Brief zwei Flaschen
Wasser, das Knäckebrot, drei dünne Decken und das Handy
samt Solarladegerät. Sie hatte damit ein Foto von den Scherben des Lemureneis gemacht und eine kleine Erklärung dazu-
geschrieben, aber sie brauchte Internet, um das Bild und die
Erklärung an die Adresse von Papas Institut zu schicken.

Sie wünschte, sie hätte ihnen ein Foto von dem Lemurenkind selbst schicken können.

Es war inzwischen wieder auf den Kopf der Ziege umgestie-
gen, und Fito sagte, es würde leise schnurren, und vielleicht
schlief es. Er saß auf dem Rücken der Ziege und sah durch das
blaue Glas. »Fußspuren, lauter Fußspuren«, sagte er. »Kleine
und große. Das war wirklich das ganze Dorf.«

»Warum geht ein ganzes Dorf in eine Stadt?«, fragte Zafi.

»Da war noch ein Wort im Staub«, sagte Don. »Kanada.«

»*Kanada*?«, fragte Enia. »Du meinst, sie sind dabei, nach *Kanada* auszuwandern?«

Sie bogen auf die Piste ab, die kakteengesäumt nach Norden führte, mit tiefen Spurrillen übersät.

»Nee, ich glaub, Kanada bedeutet was anderes«, sagte Don. »Irgendwas war doch mit Kanada ... Feno?«

»Ja, irgendwas war«, sagte Feno.

Aber keiner von ihnen erinnerte sich.

Don schob Maitresse Tuis Fahrrad. Zafi, die mit ihrem lahmen Bein schlecht vorankam, durfte auf dem Sattel sitzen. Ab und zu fuhren sie auch ein Stück, aber nie mehr alle auf einmal. Wenn es nicht gerade um Leben und Tod ging, waren alle Mann auf einem Rad doch ein bisschen zu wackelig. Und dann sagte Fito auf einmal: »Da!«

Sie folgten seinem Blick. Die Gegend hier war kahl wie eine Wüste. Und in diesem kahlen Nichts stand ein einzelner Famatabaum, etwas abseits der Straße.

An dem Baum hing etwas. Etwas Kastenförmiges.

»Was ist das?«, fragte Enia verwundert. »Ein Vogelhaus?«

»Lass uns nicht hingehen«, bat Zafi ängstlich. »Vielleicht ist es etwas Gefährliches. Es sieht gruselig aus!«

Doch Don half ihr vom Sattel.

»Hab keine Angst, ich glaube, es ist harmlos«, sagte Enia und nahm Zafis Arm, und sie gingen alle zusammen auf den Baum zu.

Das Rad hatten sie auf der Piste abgestellt, Autos kamen hier sowieso fast nie vorbei. Enia fand das kastenförmige Ding an dem Baum selbst ein bisschen gruselig.

Wer hängte so weit draußen im Nichts eine Kiste in einen Baum?

Don spielte wieder Flöte, auch er schien ein wenig nervös zu sein.

»Das ist keine Kiste!«, sagte Fito plötzlich. »Das ist ... ein Käfig!«

»O nein!«, sagte Zafi. »Dann ist es schwarze Magie. Eine Falle. Jemand will uns darin einsperren!«

»Meinst du nicht, wir sind etwas zu groß, um in so einen Käfig zu passen?«, fragte Enia.

Zafi schüttelte wild den Kopf mit ihren bunt bebänderten Zöpfen. »Nicht, wenn es um schwarze Magie geht. Damit kann man auch einen Tiger in einen Kugelschreiber sperren, Schwarzmagier können *alles*.«

Und jetzt standen sie vor dem Käfig. Es war ein ganz normaler Vogelkäfig. Etwas alt und rostig.

Leer, bis auf eine Schale mit Wasser. Ohne Tiger oder Kugelschreiber. Die Tür war zu.

»Schwarz ist er auch nicht«, verkündete Fito. »Also keine Magie.«

Irgendwo hatte Enia etwas Ähnliches gesehen wie diesen Käfig ...

»Der Dahalo!«, rief sie. »Der Dahalo hatte so ein Ding in der Hand, unter einem Tuch, als er aus der Hütte des Dorfchefs kam!«

Feno berührte vorsichtig die Käfigstäbe.

»Hört ihr es?«, flüsterte sie. »Da winselt etwas!«

Doch Enia hörte nur den Wind im Famatabaum.

Jetzt steckte Feno einen Finger durch die Stäbe. »O nein!«, wisperte sie.

»Was denn?«, fragte Don.

»Der Wasserlemur. Der große. Sie haben ihn gefangen! Es war doch eine Falle, Zafi hatte recht. Er muss uns gefolgt sein. Und dann hat er den einzig grünen Baum gesehen und ist gekommen, um die Blätter zu fressen. Die Käfigtür muss hinter ihm zugeschnappt sein, eben erst!«

Enia trat näher, doch sie sah nach wie vor nichts.

»Sein Flügel«, sagte Feno. »Sein Flügel ist verletzt! Ich spüre es. Ich brauche ein paar dieser komischen Blattdinger vom Famatabaum. Mit dem Saft heilen wir auch Ziegen. Wir können den Riss im Flügel damit zusammenkleben.«

»Und dann sollten wir den Käfig mitnehmen, aber schnell«, sagte Don. »Ehe einer von den Dahalos es merkt. Kann sein, die lauern hier.«

Enia sah sich um. Die Dahalos konnten überall sein.

Sie hatte das unangenehme Gefühl, dass sie ganz nahe waren.

10. KAPITEL,

in welchem ein Käfig zu einem Krankenzimmer wird, UNICEF Reis verteilt, ein Omby-Express durch die Nacht zockelt, Geister einen Bus angreifen und es nicht regnet

Don kletterte auf den Baum und löste die Schnur, mit der der Käfig festgebunden war. Enia und Zafi stellten ihn in die Fahrradkiste.

»Besser, sie bleibt da erst mal drin«, sagte Feno und nickte. »Sie kann ja nicht fliegen. Es ist jetzt kein Käfig mehr, sondern ein Krankenhaus.«

Das Lemurenkind hatte sich auf Dons linkes Ohr gesetzt.

»Weißt du, das da in dem Käfig ist deine echte Mama, nicht ich«, sagte Don. Der kleine Lemur fauchte ganz leise, was Don nur hörte, weil er *auf* dem Ohr saß.

»O nein«, sagte Enia.

Don sah in die Richtung, in die sie sah. Dort standen eben zwei Gestalten aus einer Bodensenke auf, wuchsen wie aus dem Nichts empor: Dahalos.

»Hey! Unser Käfig!«, schrie einer von ihnen. »Die klauen den Käfig!«

»Rauf aufs Rad!«, rief Enia. »Alle!«

Sekunden später torkelte das Rad mit seinen Passagieren neben der Piste vorwärts – auf der Piste waren die Spurrillen zu tief. Es war ein Wunder, dass es überhaupt ging, jetzt, wo auch noch der Käfig dabei war. Das Fahrrad schien sich quasi mit jedem neuen Passagier auszuweiten.

»Ajanona! Stehen geblieben!«, brüllten die Dahalos.

Diesmal schoss keiner von ihnen. Vielleicht war ihnen aufgefallen, dass sie zu viel Munition verballerten.

»Oeeeee!«, rief Don, der auf den Pedalen stand und lenkte. »Yippiiiiie!«

Der Wind zerzauste sein Haar, und er fühlte sich unbesiegbar. Obwohl das Rad diesmal nicht abhob. Das machte nichts. Kanada!, dachte er. Maitresse Tui hatte *Kanada* auf den Boden geschrieben. Vielleicht konnte dieses Fahrrad bis nach Kanada fahren. Er hatte keine Ahnung, wie es da war, aber wahrscheinlich hatten die Leute jede Menge Essen und Regen. Vielleicht wartete das komplette Dorf in Kanada auf sie.

Sie erreichten es am späten Nachmittag.

Ejeda, nicht Kanada.

Leider hatte das Rad inzwischen einen Platten. Don schob es.

In Ejeda gab es echte Häuser, Häuser aus Beton mit kleinen Terrassen davor und schönen verschnörkelten Geländern, auch aus Beton. Manche waren sogar bunt angestrichen. Und über die Häuser ragte der eckige Turm einer Kirche.

»Stellt euch vor, man hätte eine Schule mit Betonmauern!«, sagte Don. »Wenn ein Zyklon kommt, halten die Wände trotzdem und werden nicht weggeweht wie unsere Wände aus Ästen.«

»Ich mag Beton nicht«, sagte Enia. »Er wirkt so kalt.«

»Ja, eben«, sagte Don.

Er dachte an die wunderbare Kühle in den Häusern. Hier in den Straßen war es zu heiß.

Ein paar Ziegen liefen über die Staubwege, Fitos Ziege begrüßte sie mit einem müden Meckern. Der Weg war weit gewesen. In einer Straße gab es eine Reihe von Ständen, die Suppe und gekochte Maiskolben verkauften oder Kaffee in Blechtassen, und am liebsten hätte Don sich auf eine der Bänke gesetzt, in den Schatten der bunten Tuchdächer, und ausgeruht. Aber erstens hatten sie kein Geld für Suppe und zweitens eine Mission.

»Da!«, sagte Fito, der immer noch durch das Glas sah. »Die Fußspuren führen nach da, zu dem großen Sandplatz!«

Und dann standen sie auf dem Platz. An einem Ende ragte die Kirche auf, in der standen ein Baum und zwei kaputte Betonbänke – schade, Beton konnte doch kaputtgehen – und außerdem ein Lastwagen. Vor dem Lastwagen saßen ein paar Alte mit breiten Hüten auf der Erde und diskutierten, ein kleiner Junge hüpfte mit einem Springseil herum, das ein Stück alte Schnur war, und zwei Mädchen zogen Autos hinter sich her über den Platz, die sie aus Blechdosen und Plastikdeckeln gemacht hatten. Don hatte mal so eines für Fito gemacht, es schlief zu Hause, in der leeren Hütte.

Ein paar Kinder warfen Gummibänder nach einem Nagel.

Und es roch nach Essen.

Dons Magen knurrte schon wieder.

Der Essensgeruch kam von dem Lastwagen. Er war hinten offen, und tatsächlich: Darin waren zwei Frauen dabei, bunte Plastikteller zu stapeln.

»UNI...CEF«, las Fito. »Was ist das noch gleich?«

»Weißt du doch, die bringen manchmal Essen«, sagte Zafi. »Nur nicht zu uns ins Dorf, zu weit weg von Ejeda. Ich glaube, hier gab es auch umsonst Essen. Aber wir sind zu spät.«

Sie standen jetzt alle direkt hinter dem Lastwagen.

»Was ist mit euch?«, fragte eine der Frauen und sah auf. »Seid ihr jetzt erst gekommen?«

Sie nickten alle.

»Eigentlich suchen wir jemanden«, sagte Enia.

»Wen denn?«

»Ein ganzes Dorf«, antwortete Feno. »Ehinde. Es ist weg.«

Die Frauen lachten beide. »Mit den Hütten?«

»Nein, die Hütten sind noch da«, sagte Zafi. »Aber die Leute sind weg. Und ihre Spuren führen hierher.«

»Tja, heute Mittag waren eine Menge Leute hier und haben Reis bekommen«, sagte die eine Frau. »Da war euer Dorf wohl dabei. Aber danach ... keine Ahnung.«

»Sind die Leute nach dem Essen wieder nach Hause gegangen?«, fragte Don. »Oder sind sie irgendwie ... alle verschwunden?« War es ein Essen, dachte er, dass unsichtbar machte? Nein, das war Quatsch, er dachte zu verworren. Es lag an der Müdigkeit und am Hunger.

»Setzt euch, Kinder«, sagte die erste Frau. »Wir haben noch ein bisschen Reis. Und dann erzählt mal der Reihe nach, wie ihr es geschafft habt, euer Dorf zu verlieren.«

Kurz darauf saßen sie mit Tellern voll Reis und einem kleinen bisschen Bohnensoße auf dem Boden, und es war absolut wundervoll, den Reis zu löffeln. Der kleine Wasserlemur lief über Dons Arm und über seine Hand und offenbar über den Reis. Er schien ihn zu probieren.

Dann nieste er, ganz leise, wie immer, und lief wieder zurück auf Dons Schulter.

Reis mochte er nicht, so viel war klar.

Enia hatte noch einen Rest Wasser in einer Flasche und das Milchpulver und die kleine Schüssel, und sie rührte Milch an und stellte sie auf den Boden.

Die Frauen sahen amüsiert zu und stießen sich gegenseitig an und kicherten.

»Füttert ihr die Ahnen?«, fragte eine.

»Nein«, sagte Zafi. »Wir füttern den Wasserlemuren. Aber man kann ihn nicht sehen.«

»Wenn zwei Männer hierherkommen und nach uns fragen und nach dem Wasserlemuren, sagen Sie nicht, dass Sie uns gesehen haben«, bat Enia.

»Sie suchen wahrscheinlich nach vier Kindern mit einem fliegenden Fahrrad in einer Staubwolke«, erklärte Don.

»Äh«, sagte die eine Frau.

»Häh?«, fragte die andere.

»Na ja, es ist eine lange Geschichte«, sagte Don. »Aber Sie hätten doch sicher auch gerne, dass der Regen kommt?«

»Der kommt nicht mehr«, sagte die eine Frau. »Das ist das dritte Jahr, dass er nicht kommt. Die Regenzeit ist fast vorbei. Wenn die Hilfs-Lastwagen nicht kommen, gibt es nichts zu essen, so ist das nun mal.«

»Nein!«, sagte Enia. »So ist das nicht! Weil wir Wasser finden werden. Deshalb haben wir ja einen Wasserlemuren. Nur brauchen wir Blumen, damit er sichtbar wird und es uns zeigen kann. Aber wir wissen nicht mal, welche. Aber Maitresse Tui, die den Text lesen könnte, ist weg, zusammen mit dem Rest des Dorfes. Alle sind weg. Sie sind verschwunden, während wir bei den Dahalos gefangen waren. Ehe wir uns befreit haben.«

»Ihr wart bei den … Dahalos? Am Fluss?«, fragten die Frauen, beide im Chor, und ihre Augen wurden groß und furchtsam. »Und ihr seid ihnen entkommen?« Sie flüsterten auf einmal. »Alle haben Angst vor den Dahalos! Besser, man spricht nicht zu laut von ihnen! Sie sind überall und nirgendwo. Vor einer Woche haben sie die Rinder unserer Nachbarin nachts fortgetrieben.«

»Oh, Maitresse Tui kann ein bisschen zaubern. Manchmal«, sagte Don. »Sie hat uns in Seifenblasen schweben lassen. Und uns befreit. Na ja, fast. Weggelaufen sind wir alleine.«

»Sie ist ungefähr so groß«, sagte Fito und hüpfte hoch, um etwas Großes zu zeigen. »Und sie hat ein weißes Kleid. Mit Rüsche. Aber die Rüsche geht schon ab. Sie ist wunderschön, wie eine Königin. Und sie kann lesen. Und schreiben. Und sie macht, dass die Zahlen tanzen. Sie hat ein Fahrrad ... ach nee.« Er schüttelte den Kopf, dass sein zerzaustes Haar nur so flog. »Nee, das haben wir ja jetzt.«

Dann steckte er einen Finger in den Mund und sah ratlos aus.

»Ach so, und ihre Augen sind wie der Himmel. Da dran erkennt man sie.«

»Blau?«, fragten die Frauen verwundert.

»Nein, mit Träumen drin«, sagte Fito.

»Maitresse Tui hat ihre Haare in zwei Knoten«, sagte Don. »Sie sitzen auf ihrem Kopf wie zwei Kätzchen. Weich und schnurrig.«

»Also ich weiß nicht, ob sie das war«, sagte eine der Frauen nachdenklich. »Aber hier war eine junge Frau in einem hellblauen Kleid mit Streifen, sie sah ganz rausgeputzt aus, als wäre sie unterwegs zu einem wichtigen Treffen. Die hat den Kindern eine Geschichte erzählt. Ich habe nicht gehört, was sie gesagt hat, wir haben mit dem Essen geholfen, aber sie saßen da hinten unter dem Baum und haben ihr zugehört, während sie gewartet haben. Darauf, dass sie dran waren. Und als sie mit der Geschichte fertig war, hat sie ihren Hut genommen, das war sehr seltsam, und hat an einem Ende gezogen. Und da hat sich der Hut aufgelöst. Er war aus Raphia-Fasern geknüpft, wie alle Hüte, aber er war plötzlich eine einzige lange Schnur. Die hat sie in Stücke zerteilt. Sie hatte kein Messer, sie hat das mit den Zähnen gemacht. Und dann hat sie jedem Kind ein Stück Seil geschenkt, und sie sind Springseil gesprungen. Alle, auch die junge Frau. Es müssen sicher ... ich weiß nicht ... zwanzig

Seile gewesen sein. Oder mehr. Alles aus einem Hut. Vielleicht hab ich mich da auch verguckt.«

»Aber die Kinder haben gelacht, und sie waren nicht mehr ungeduldig beim Warten«, sagte die andere Frau.

»Das war sie!« Enia sprang auf. »Das war Maitresse Tui! Sicher!«

Don nickte. »Das ist genau die Sorte Sache, die sie macht.«

»Wo ist sie jetzt?«, fragte Fito und leckte seinen Teller ab.

»Oh, die Gruppe, bei der sie war, ist in einen Bus gestiegen. Sie sind alle zusammen weggefahren«, sagte die andere Frau. »Die Kinder und die Männer und Frauen und die Alten. In einen Bus nach Toliara.«

»Sie sind doch entführt worden«, murmelte Feno. »Jemand hat sie in diesen Bus gelockt.«

Zafi nickte. »Sie sind hergekommen, weil es Essen gab, aber dann hat irgendwer sie mitgenommen. Nur warum?«

»Weil er Arbeiter brauchte?«, meinte Don. »Ein ganzes Dorf als Arbeiter ... das sind ziemlich viele.«

»Oder weil er vom Wasserlemuren gehört hatte«, sagte Zafi. »Und davon, dass die Leute von Ehinde einen haben. Oder wissen, wo einer ist. Um einen Lemuren zu besitzen, der einem Wasser zeigt ... würden eine Menge Leute töten.«

Auf einmal war es sehr still und sehr ernst, und die Luft war zitterig und blau geworden.

»Toliara!«, murmelte Enia. »Das ist ... das ist ewig weit weg! An der Küste! Da sind wir mit dem Flugzeug gelandet.«

Die Frau sah sie nachdenklich an. »Wie kommt es, dass du hier bist, Vazaha-Mädchen? Bei den Kindern dieses Landes? Hast du keine Vazaha-Mutter? Wohnst du nicht in einem Hotel?«

»Meine Mutter ist ... woanders«, sagte Enia. »Aber mein Vater ist hier. Er ist bei den Dahalos.«

Die Frauen schlugen beide erschrocken die Hände vor den Mund.

»Um sie auszuspionieren«, sagte Enia und grinste. »Wobei man nicht weiß, was ihm dabei wieder passiert. Meistens gerät ihm irgendwas in die Haare, was nicht hineingehört. Oder er fällt irgendwo runter. Oder verläuft sich. Aber er ist ein prima Biologe. Er weiß alles über Tiere und Pflanzen! Er hat angefangen, den Wasserlemuren zu suchen. Obwohl alle gesagt haben, der Wasserlemur wäre ausgestorben.«

»Genau, er hat ihn gesucht, und wir haben ihn gefunden«, erklärte Fito stolz. »So machen wir die Arbeitsteilung. Und jetzt müssen wir zu Maitresse Tui, damit sie das alte Dokument übersetzt und den einen Lemuren heilt, weil, wir haben zwei, und einer ist kaputt.«

Die Frauen sahen jetzt endgültig verwirrt aus.

»Kinder, Kinder«, sagte eine. »Ihr habt zu viel Fantasie.«

»Sagen Sie, hat irgendwer beim Essen hier was über Kanada gesagt?«, fragte Don plötzlich.

»Kanada ... Kanada ...«, murmelten die Frauen. »Doch!« Das Gesicht der einen erhellte sich. »Da war ein alter Mann. Ein Dorfchef. Mit einem Speer und einem Tuch mit großen Blumen. Er hat seine Leute um sich versammelt, und sie haben etwas über Kanada gesagt. Ich glaube, sie wollten da hin.«

»Das ist verrückt«, sagte Enia. »Das ist in Amerika! Die wandern doch nicht als ganzes Dorf nach Amerika aus! Da müssten sie schwimmen!«

»Wir müssen dem Bus nach«, sagte Don entschlossen. »Wir müssen sie aufhalten. Wisst ihr, was ich glaube? Jemand hat sie verzaubert. Jemand hat gemacht, dass sie glauben, sie müssten nach Kanada, und jetzt fahren sie nach Toliara an die Küste und gehen ins Meer. Aber sie *können* gar nicht schwimmen. Wir müssen sie ent-zaubern.«

»Wer sollte einen so völlig verrückten Wunsch in ihre Köpfe zaubern?«, fragte eine der Frauen.

»Jemand«, sagte Don düster, »der das Dorf haben will. Und das Wasser, das der Lemur da wohl irgendwo entdeckt hat. Jemand, der die Leute loswerden muss.«

»Aber unser Dorf kriegt keiner!«, rief Fito. »Und die Schule und den Mangobaum sowieso nicht! Auf in den Kampf!«

Und er setzte sich wieder auf die Ziege. »Hüh!«

Doch die Ziege machte keinen Schritt. Sie war müde.

»Ihr könnt den Omby-Express nehmen«, sagte die eine Frau.

Sie sahen sich um. Tatsächlich, da stand ein Karren mit zwei Ombys, zwei höckerigen Rindern, davor. Eines war weiß und eines schwarz, und sie wedelten freundlich mit den weichen Ohren und schnaubten. Ein junger Mann hatte sie eben angespannt.

»Dürfen wir mit, in Richtung Toliara?«, fragte Feno ihn.

»Kostet was«, sagte der Mann knapp. »Wohin wollt ihr? Bis Toliara oder nur einen Teil der Strecke?«

»Wir müssen den Bus einholen.«

»Vierhundert Ariary für jeden.«

»Das sind zehn Cent ...«, murmelte Enia. »Aber wir haben kein Geld. Überhaupt keins.« Sie griff in ihren Rucksack. »Wir haben eine Packung Knäckebrot!«

»Eny ary, von mir aus«, knurrte der Mann. »Hops rauf. Eine Ziege und einen Vogelkäfig habt ihr auch?«

»Und ein Fahrrad mit einem platten Reifen. Geht das? Der Karren ist ja leer.«

»Wir holen Bretter in Toliara, die Ombys und ich«, sagte der Mann. »Also, Platz ist. Aber das Rad kostet extra.«

Enia seufzte. »Wir haben nichts mehr.«

Da stellte Feno sich auf die Zehenspitzen und flüsterte dem Mann etwas ins Ohr. Er guckte misstrauisch. Doch sie fasste ihn an der Hand und führte ihn zu dem Käfig, der schon auf dem Karren stand. Dann nahm sie seinen Zeigefinger und steckte ihn behutsam in den Käfig.

Und auf einmal breitete sich ein strahlendes Lächeln über das knurrige Gesicht des Mannes.

»Ja«, flüsterte er ehrfürchtig. »Ich fühle ihn. Den Wasserlemur.«

»Es ist eine *Sie*«, sagte Feno.

»Wird sie noch mehr Eier legen?«

»Das wissen wir nicht«, sagte Feno. »Ich habe den Verdacht, dass sie vielleicht der Letzte ist. Und sie braucht irgenwelche Blumen, um sichtbar zu werden. Und ich weiß nicht, ob ich das gut gemacht hab, mit dem Famatasaft und dem Flügel. Wenn wir Maitresse Tui nicht finden ... die kann so was ... wenn sie stirbt ... also, der Lemur, meine ich ... und wenn das Baby vielleicht auf Dauer nicht ohne sie überleben kann, weil die Mama ihm zeigen muss, was man als Wasserlemur frisst und alles ...«

Don spürte, wie sich ein dicker Kloß in seinem Hals bildete. Feno hatte recht.

Der knurrige Mann strahlte jetzt nicht mehr, er sah besorgt aus.

»Das wäre ja schrecklich!«, sagte er und wischte sich unauffällig über die Augen. »Lass uns fahren. Wir müssen eure Maitresse finden, damit sie den Flügel des kleinen Lemuren heilt.«

Fünf Minuten später holperten sie hinten auf dem Omby-Karren aus Ejeda heraus.

Der Mann hatte das Fahrrad mit einem Seil festgezurrt, es stand aufrecht da, und Fito war auf den Sattel geklettert. Bei jedem Schlagloch oder Stein hopsten sie alle hoch. Dennoch war es wunderbar, einfach so durch die Landschaft gefahren zu werden.

Der Himmel war lila, und es wurde langsam angenehm kühl.

»Meinst du wirklich, die Lemurenmama stirbt?«, flüsterte Don.

Feno hielt den Käfig fest, die Klappe hatte sie geöffnet und eine Hand im Käfig.

»Nein«, sagte sie. »Sie schläft. Sie findet es nicht mehr schlimm, wenn ich sie ganz vorsichtig streichle.«

»Und der Flügel ...?«, fragte Enia.

»Der Famatasaft hilft«, sagte Feno und lächelte fein. »Der Riss heilt schon. Ich kann das fühlen. Ich ... ich habe das nur gesagt, damit er uns alle mitnimmt. Samt Fahrrad.« Sie warf ihre wilden Haare zurück, die sich in den letzten Tagen ganz aus den Schnecken gelöst hatten. »Hat doch gut geklappt, oder?«

Ja, und dann kam schon wieder die Nacht.

Der Mann hatte gesagt, er müsste nachts fahren, weil er am Morgen die Bretter abholen und einen Besuch in Toliara bei einem Amt machen musste. Aber auch der Mann hatte Angst vor der Nacht. Er hatte eine Laterne, das war alles.

»Ich hätte morgen fahren sollen und über Nacht bleiben«, sagte er immer wieder. »Ich hätte morgen fahren sollen.«

In der Nacht waren Schlieren von Schwarz, und die Wolken machten am Himmel schon wieder irgendwelche großartigen Sachen, aber Enia konnte sich schon denken, dass sie nicht regnen würden. Eine Weile fuhr Zafi noch auf dem Fahrradsattel hoch auf dem Wagen durch die Nacht, seltsam angeleuchtet von der schaukelnden Laterne, als würde sie fliegen.

Dann kletterte sie lieber hinunter und kuschelte sich zu den anderen. Es war nicht besonders bequem, aber wenn man einander als Kissen verwendete, ging es. Fito schlief mit dem Kopf auf der Ziege.

Enia fragte sich, ob Papa schlief. Oder ob er jetzt gerade unterwegs durch die Nacht war, endlich abgehauen aus dem Lager am trockenen Fluss. Sie spürte, dass er an sie dachte, und hoffentlich spürte er das umgekehrt auch. Als sie einschlief, umklammerte sie das Amulett an ihrem Hals: den kleinen Stoffbeutel. Alle Kinder auf dem Omby-Wagen hatten so ein Amulett an einer Schnur um den Hals. Don hatte gesagt, es wäre ein Schutzzauber darin, bei jedem etwas anderes

Ein paar Früchte oder Samen oder Kiesel, man dürfte es nicht wissen.

Aber sie hätte es sehr gerne gewusst.

Sie träumte, Papa säße vorne auf dem Omby-Wagen, zusammen mit dem Fahrer. Sie erzählten sich Witze und lachten zusammen, und niemand hatte mehr Angst vor der Nacht. Und dann drehte er sich um, nahm Enias Amulett und pustete es auf, und es wurde ein riesengroßer roter Lufballon mit weißen Punkten, der mit ihnen allen hinauf in die Wolken flog, wie ein Heißluftballon. Die Wolken erschreckten sich und spuckten endlich den Regen aus, und Enia dachte: Jetzt wächst alles, jetzt wird alles grün! Aber da wachte sie auf.

Der Wagen war mit einem Ruck zum Stehen gekommen. Die Ombys schnaubten nervös, warfen die Köpfe zurück und zuckten mit ihren Ohren. Das Laternenlicht flackerte.

Vor ihnen in der Nacht, vielleicht zwanzig Meter entfernt, wuchs ein riesiger klobiger Umriss aus der Piste. Zuerst dachte Enia, es wäre ein Felsen. Aber der Umriss bewegte sich. Er schaukelte. Hin und her. Dann stand er wieder still. Ein Tier? Ein gigantisches, seltsames Tier, das nur nachts herauskam?

Sie dachte an die ausgestorbenen Elefantenvögel von Madagaskar.

War dies ein ausgestorbener Elefanten...felsen?

Etwas quoll aus dem Ding oder Tier, eine dunkle Masse, und ergoss sich auf die Piste, murmelnd und raunend, flüsternd und tuschelnd, als wären es Menschen.

»Geister«, wisperte der Mann vom Wagen. »O Gott, hilf uns, eine ganze Versammlung an Geistern!«

Jetzt flammte ein Licht bei dem Umriss auf, dann noch eines, und Enja sah mehr: Was da in der Nacht stand, war kein Tier und auch kein Felsen. Es war ein Bus. Ein Reisebus. Und das, was aus ihm herausgequollen war und getuschelt hatte wie Menschen, *waren* Menschen.

Verschlafene, müde Menschen mit Koffern und Taschen.

Eines der Lichter wanderte mit seinem Besitzer zu den Vorderreifen des Busses, und da begriff Enia: Sie steckten fest. Im Sand. Die Räder drehten durch. Ein paar Männer versuchten, mit den Händen den Sand unter den Reifen wegzuschaufeln, Befehle wurden jetzt gerufen, Gepäck vom Dach des Busses abgeladen: mehr Koffer und Taschen, Netze und Kartons, Kanister und Hühner. Wie viele Menschen waren mit diesem Bus unterwegs gewesen? Hundert? Mehr?

»Das ist der Bus, den ihr erreichen wolltet«, sagte der Mann vom Wagen erleichtert. »Na, dann seid ihr jetzt ja da.« Er hob das Fahrrad vom Wagen und ging hinüber zu den Männern, die versuchten, den Bus auszugraben. Offenbar war er sehr erleichtert, so viele Menschen in dieser dunklen Nacht zu treffen.

»Da!«, sagte Feno und hielt den Kopf schief, lauschend. »Da sind sie!«

Und sie nahm ihren Stock in eine Hand und Enia an der anderen und zog sie in die Nacht, zu einer der Gruppen, die jetzt mit ihren Habseligkeiten am Straßenrand saßen. Die anderen folgten, Don schob das Fahrrad. Ja, da waren sie. Das ganze Dorf Ehinde. Alte und Junge, Kranke und Gesunde, und da saß auch der Dorfchef, den Speer quer über die Knie gelegt, und war dabei, eine kleine Rede zu halten.

Keiner von ihnen sah die Kinder, die sich im Dunkeln näherten.

»Er sagt was davon, dass das Angebot nur vier Tage gilt«, flüsterte Don. »Dass sie sich beeilen müssen. Wenn der Bus hier liegen bleibt, kommen sie zu spät.«

»Angebot?«, flüsterte Enia.

»Warte … er sagt … o nein. Kanada!« Don schlug sich gegen die Stirn.

»Was denn?«

»Es geht um die Firma aus Kanada! Die im Dorf nach … wie heißt das? Glimmer … graben will. Der Dorfchef hat ein Angebot für einen besonders guten Preis bekommen. In einem Brief. Und das gilt genau vier Tage.«

»Das Ultimatum für den Regen läuft auch in vier Tagen aus!«, wisperte Feno.

»Und warum sind *alle* aus dem Dorf mitgefahren?«, fragte Zafi. »Bei meinem Dorf musste nur einer unterschreiben. Der Dorfchef. Und dann kam die Firma, und sie haben angefangen zu graben.«

»Eben!«, rief Fito.

»Wen haben wir denn da?«, fragte ein älterer Junge, drehte sich um, packte Fito am Kragen und hob ihn hoch. Das Licht einer Lampe fiel auf ihn, die der Mann neben dem Dorfchef hielt.

»Jean-Marcel, lass mich runter, du Idiot!«, rief Fito und strampelte.

Jean-Marcel lachte. »Spioniert ihr uns nach?«

»Ein Glück, sie sind wieder da!«, rief eine sehr alte Frau und kam nach vorne, und Enia erkannte die Großmutter von Fito und Don. Sie umarmte beide, und da war auf einmal noch eine Mutter und lauter kleine Schwestern, und auch Feno wurde umarmt. Gleichzeitig redeten alle durcheinander, und manche schimpften, und manche jubelten, und es war ein großes Chaos.

Enia und Zafi standen am Rand, und Enia fühlte sich komisch.

»Wo sind deine Eltern?«, fragte sie.

Zafi zuckte die Schultern. »Weg. Schon lange. Ich hab bei meinem Onkel gewohnt.«

»Weg? Wie weg? Gestorben?«

»Nee. Weggegangen. In die Stadt. Wegen Arbeit. Aber sie sind nicht zurückgekommen. Ist schon ein paar Jahre her.« Sie lächelte tapfer. »Meine Geschwister sind auch bei dem Onkel.«

»Vermisst du sie? Und den Onkel?«

Zafi nickte.

Da stand auf einmal jemand hinter ihnen und legte um jede von ihnen einen Arm.

Es war Maitresse Tui. Und es war wunderbar, von ihr in den Arm genommen zu werden. Enia lehnte sich an sie und spürte den raschelnden Stoff des gestreiften Kleides und merkte, dass ihre Augen ein bisschen feucht waren, und wischte sie schnell trocken.

»Oh, wie schön, wie schön, dass ihr hier seid!«, sagte Maitresse Tui. »Und ihr habt das Fahrrad mitgebracht! Wie gut, dass ihr es gefunden habt!«

»Sie sind also ... nicht entführt worden?«, fragte Enia.

Maitresse Tui schüttelte den Kopf, und die weichen Kätzchen-Dutts auf ihrem Kopf wippten leicht hin und her. »Nein. Der Dorfchef hat einen Brief bekommen mit einem Angebot, und da hat er beschlossen, wir sollen in die Stadt gehen, nach Toliara, um die Firma persönlich zu sprechen. Und zwar alle. Immerhin ist es unser aller Dorf, das umgegraben wird.«

»Aber Sie sind doch gar nicht dafür, dass das Dorf zu einer Mine gemacht wird!«

»Natürlich nicht«, sagte Maitresse Tui fest. »Deshalb bin ich ja mitgegangen. Um es zu verhindern. Ich habe euch das Fahrrad auf die Erde gelegt, damit ihr es findet und die Dahalos es von Weitem nicht sehen. Wie ich sehe, habt ihr es gefunden.«

Sie ging hinüber und streichelte das Fahrrad und murmelte leise, freundliche Worte, als wäre es ein Pferd, das sie beruhigen musste.

»Ihr dürft nicht nach Toliara weiterfahren und den Vertrag mit der Firma unterschreiben!«, rief Feno und kletterte auf den Fahrradsattel. Maitresse Tui hielt das Rad. Von oben rief Feno noch einmal. »Ihr dürft das nicht tun! Den Vertrag machen! Wir haben den Wasserlemuren gefunden!«

Ein Raunen lief durch die Zuhörer, sie stießen sich gegenseitig an und wisperten, manche standen auf und verrenkten sich die Hälse, um zu sehen, was die Kinder trugen.

Don hielt den Käfig hoch.

»Hier! Er ist hier drin! Sein Flügel ist verletzt, aber Feno hat ihn schon behandelt. Und wenn er ... sie ... wieder fliegt, wird sie uns Wasser zeigen!«

»Wo denn?«, fragte Jean-Marcel.

»Wo denn?«, fragten die anderen alle. »Da ist doch gar nichts! Der Käfig ist leer!«

»Nein, doch, da ist was!«, rief Enia. »Es ist nur unsichtbar! Wir brauchen Blumen, damit das Tier sichtbar wird.«

»Quatsch, Blumen, woher das denn«, sagte Jean-Marcel, und die anderen murmelten etwas Ähnliches. »Was wir brauchen, ist ein Vertrag mit der Minenfirma«, sagte irgendwer, und eine Menge Leute nickten. »Dann werden wir bald Geld haben. Wir werden vielleicht Saphire finden, nicht nur Glimmer. Wir werden reich.«

»Das ... das stimmt nicht«, sagte Zafi leise. »Ich weiß das. Man findet nie so viel, dass man reich wird.« Aber sie war zu schüchtern, um es laut zu sagen.

»Maitresse Tui, Sie müssen die zweite Hälfte von dem Papier übersetzen«, sagte Enia und griff in ihren Rucksack.

»Moment, halt«, sagte Maitresse Tui. »Habt ihr die etwa aus der Hütte des Dorfchefs gemopst?«

»Ja, hm, eigentlich ...«

»Dann lass das Papier besser im Rucksack«, wisperte Maitresse Tui. »Ich übersetze das später.«

»Ihr müsst alle wieder mit zurückkommen!«, rief Feno energisch. »Dann finden wir die Blumen und machen den Lemuren sichtbar, und übrigens auch sein Junges, und dann finden wir auch Wasser.«

»Wo soll das denn sein?«, fragte der Dorfchef. »Plötzlich taucht es unter unseren Füßen auf, oder was? Wir haben jahrelang nach Wasser gesucht. Es ist unter den Felsen, tief unten, das sagen selbst die Vazahas, die den Boden untersucht haben.

Ich halte nichts von Vazahas, sie haben keine Ahnung, aber in dem Fall haben sie recht.«

»Ich gehe mit zurück«, sagte Dons und Fitos Großmutter. »Kann doch sein, die Kinder haben recht.«

»Wir gehen auch zurück. Dieser Bus steckt sowieso für immer fest«, sagte Fenos Mutter und drückte ihre vielen kleinen Mädchen an sich, die alle eifrig nickten.

»Nach Hause!«, krähte eines. »Zurück nach Hause! Jaa!«

»Ich auch!«, »Ich auch!«, kam es von vielen Seiten. »Wir gehen auch mit zurück!«

Der Dorfchef stand mühsam auf und stieß seinen Speer auf die trockene Erde. »Nein!«, rief er mit heiserer Stimme. »Wir bleiben zusammen! Wie könnt ihr es wagen! Kinder und alte Frauen haben sowieso nichts zu entscheiden!«

In diesem Moment schallte aus den Reihen der anderen, die im Bus gewesen waren, ein Schrei. »Matoto! Razana!« Dann wurde es ganz still.

Alle starrten in eine Richtung: die Richtung, in die die Frau zeigte, die geschrien hatte.

Dort stand neben der Piste, einen Steinwurf weit entfernt, ein flaches gemauertes Rechteck zwischen ein paar trockenen Büschen. Enia hatte es bisher nicht gemerkt. In der Mitte schien es mit Steinen gefüllt zu sein, losen faustgroßen Steinen. Und zwischen die Steine hatte jemand so etwas wie Speere gesteckt: lange Stiele, auf denen oben etwas darauf saß. Nein, keine Schneide.

Der Mond ließ sich blicken, und Enia sah, was es war: kleine Figuren.

An zwei Stäben waren Ombys, an einem ein ... war das ein Fußball? ... Es gab auch einen Stab mit einem Fahrrad daran.

»Was ist das?«, flüsterte Enia.

»Ein Grab«, flüsterte Don. »Da drin liegt jemand begraben. Und auf den Stäben ist, was ihm im Leben wichtig war. Oder was er besaß.«

»Die ... die Geister!«, klagte jemand. »Sie kommen von dem Grab her. Oh! Oh! Warum musste der Bus unbedingt in der Nähe eines Grabs feststecken!«

»Warum wohl«, sagte irgendwer. »Das haben die Geister selbst so eingefädelt. Damit sie uns quälen können.«

Die Leute wichen zurück, hielten ihre Bündel und Netze und Koffer und Hühner schützend vor sich. »Sie kommen, sie kommen!«, wisperte eine Frau neben Enia.

Und sie kamen: zwei dunkle Gestalten, die ebenfalls Stäbe aus dem Grab in den Händen hielten, einer mit einem Baum darauf, der andere mit einer Ziege. Die Umrisse der Gestalten wallten wie Wolken in der Nacht, oder wie Bettücher, und in ihren Gesichtern leuchteten gelbe Augen. In Enia zog sich alles zusammen. Nie hatte sie so richtig an Geister geglaubt, nicht mal hier, aber das ... Das waren eindeutig keine menschlichen Gestalten.

Sie hoben die Arme, oder das, was sie anstelle von Armen hatten, und die Leute wichen noch weiter zurück. Dann drehten sich die Ersten um und flohen in die Nacht. Das Gepäck und den Bus ließen sie zurück. Und dann flohen alle. Enia sah sich um. Sie, Don und Feno standen als Einzige noch auf der Piste. Ach ja, und Fitos Ziege.

»Warum … laufen wir nicht weg?«, flüsterte Don. Und Enia merkte, dass Feno ihn festhielt.

»Weil dein verflixter Minilemur gerade über mich gekrabbelt ist«, wisperte Feno. »Und auf den Boden gehopst. Er sitzt irgendwo vor meinem Fuß. Wenn wir jetzt rennen, finden wir ihn nicht wieder!«

»Was heißt hier *mein* verflixter Minilemur?«, wisperte Don ärgerlich. So ärgerlich, dass er seine Angst ein wenig zu vergessen schien.

»Na ja, du bist seine Mama!«, flüsterte Feno.

»Pssst!«, machte Enia.

Die Geister betraten jetzt die Piste ein Stückchen weiter pistenabwärts. Einer von ihnen bückte sich und hob ein Bündel auf. Der andere griff sich einen Koffer und lud ihn auf seinen Kopf. Und auf einmal regte sich in Enia ein Verdacht.

»Klauen Geister Gepäck?«, flüsterte sie. Don und Feno schüttelten die Köpfe.

»Dann sind es keine«, flüsterte Enia. »Wisst ihr, wer das ist? Das sind unsere Verfolger! Die Dahalos!«

»Wir müssen weg hier«, wisperte Don. Zum Glück hatte Zafi den Käfig mit dem kranken Lemuren und war damit weggelaufen. Don bückte sich und suchte vor Fenos Füßen herum.

»Aber hier ist kein Minilemur!«, flüsterte er verzweifelt.

»Doch! Er muss vor meinem rechten Fuß sitzen!«

In diesem Moment schrie einer der Geister auf.

»Da hat mich was gebissen! Unter dem Tuch! In die Nase!«

»Ich würde sagen, er sitzt *nicht* mehr vor deinem Fuß«, sagte Enia und grinste.

»Jetzt ist was an meinem Bein!«, schrie der andere Geist. »Es krabbelt! Ein giftiges Insekt! Aaaah!«

Er schüttelte sich und verlor dabei sein Tuch. Da sahen sie, dass er eine ziemlich alte, klapprige Taschenlampe gehalten hatte, um die Augen, Löcher im Tuch, von innen glühen zu lassen.

Und dann drehten sich beide um und flohen.

Don streckte die Hand aus, und kurz darauf grinste er.

»Der Kleine ist wieder da! Ich glaub, ich steck ihn besser in die Hosentasche.«

Die Dahalos waren offenbar in die falsche Richtung geflohen, denn jetzt erinnerten sie sich und änderten die Richtung: Sie gingen, langsam, wieder auf das Grab zu.

Wahrscheinlich hatten sie dort etwas vergessen. Aber irgendwie sahen sie ängstlich aus.

Und auf einmal kam Enia eine Idee. »Kommt!«, sagte sie. »Schnell!«

Sie nahm Feno an der Hand und zog sie mit sich, und zusammen mit Don liefen sie geduckt über die Ebene, dunkel genug war es. Die Dahalos hatten ihre Lampen, aber das brachte auch einen Nachteil: Ihre Augen waren nicht an die Dunkelheit gewöhnt. Sie sahen wahrscheinlich vor allem das, was direkt vor ihnen lag und erleuchtet war.

Was sie nicht sahen, hoffte Enia, waren die drei geduckten Gestalten, die jetzt vom Bus zum Grab huschten.

Minuten später kauerten sie hinter einer Ecke des Grabes.

»Was tun wir hier?«, flüsterte Don.

»Geister erschrecken«, wisperte Enia.

Die Lampenträger waren jetzt ganz nahe, und Enia hob einen kleinen Stein vom Boden auf und warf ihn. Ein Dahalo zuckte zusammen. Don hob ebenfalls einen Stein auf, warf auch – der andere Dahalo sprang vor Schreck in die Luft.

»I...iza? Wer ist da?«, fragte der Erste.

Feno tastete nach einem Stein, warf auch und verfehlte die Dahalos, aber der Stein machte ein schönes kleines gruseliges Geräusch.

Der zweite Dahalo flüsterte irgendwas.

Noch ein Stein ... noch einer ... eine der Lampen zerbrach klirrend. Dann die andere. Die Dahalos standen in der Nacht und sahen nichts mehr. Enia verbiss sich das Lachen.

Und dann verschwanden zwei Paar Schritte eilig und endgültig in die Nacht.

»Er hat gesagt: Das sind die Geister«, flüsterte Don. »Die echten. Die Geister sind sauer! Weil wir das Grab benutzt haben! Wir können die Beute von letzter Woche nicht holen! Das hat er gesagt.«

»Die Beute von letzter Woche?«, wiederholte Enia.

Sie sahen sich an. Dann kletterte Enia auf die niedrige Mauer. Tatsächlich. Zwischen den Steinen, die das Rechteck ausfüllten, lugte etwas hervor.

»Du darfst nicht über das Grab laufen!«, sagte Feno langsam. »Du darfst nicht! Die Geister ...«

»*Wir* sind doch gerade die Geister«, sagte Enia.

»Aber ...«

»Ich laufe nur ganz schnell und trete auf keinen Geist«, versprach Enia. Und sie huschte zu dem Ding, das zwischen den Steinen hervorlugte, und zog daran. Es war ein Sack.

Kurz darauf kauerten sie zu dritt auf dem Boden, an der Mauer des Grabs, und steckten alle drei ihre Hände in den Sack.

»Ein Schatz!«, flüsterte Don. »Garantiert! Goldklumpen! Edelsteine! Irgendwas Geklautes!«

»Nein«, sagte Feno, die ihren Arm schon am tiefsten in den Sack gesteckt hatte.

Und Enia spürte jetzt auch, was darin war.

Körner. Lauter Körner.

»Reis?«, fragte sie verwundert.

»Jaaa«, wisperte Don selig. »Reis! Sag ich doch. Ein geklauter Schatz!«

11. KAPITEL,

*in welchem ein Sofa und eine Stehlampe
auftauchen, das gelbe Zelt drei Männer (beinahe)
frisst und es nicht regnet*

Am Vormittag des nächsten Tages wanderte eine kleine Karawane nach Süden, in Richtung Ejeda: das halbe Dorf Ehinde, ein Fahrrad und ein Vogelkäfig. Wobei Letzterer natürlich getragen wurde.

Das Fahrrad hatte seltsamerweise keinen platten Reifen mehr. Maitresse Tui hatte es einmal freundlich gestreichelt und dann aufgepumpt. Der Reifen, sagte sie, müsse wohl geheilt sein. Manchmal reichte Zuneigung schon aus.

Sie sangen, alle gemeinsam, denn so verging die Zeit beim Wandern schneller.

Und Don spielte auf seiner Flöte, da verging sie noch schneller.

Viele Leute waren umgekehrt und wanderten mit nach Hause.

Aber genauso viele wollten weiter nach Toliara.

Maitresse Tui schob ihr Fahrrad neben den anderen her. Im Moment saß eine von Fenos kleinen Schwestern auf dem Sattel, sie wechselten sich ab.

Tianay war bei denen geblieben, die nach Toliara wollten.

»Ein vernünftiger Mensch muss doch auf die Verrückten aufpassen«, hatte er gesagt, »die das Dorf nach Kanada verkaufen wollen.«

Enia hatte ihm ihr Telefon gegeben. »Damit wir dich erreichen können«, hatte sie gesagt.

»Aber es gibt niemanden mit einem Telefon in Ehinde«, hatte Don gesagt.

»Doch«, hatte Maitresse Tui gesagt. »Wenn ich bei euch bleibe. Ich habe eines. Ohne Bildschirm. Etwas alt. Aber es wird gehen. Du rufst uns an, bevor sie etwas unterschreiben, ja? Und wir rufen euch an, wenn der Lemur sichtbar wird.«

»Natürlich«, hatte Tianay gesagt und einen Handstand gemacht, und zwar auf dem Dach des Busses, der immer noch feststeckte. Die Leute waren inzwischen zu ihrem Gepäck zurückgekehrt und hatten alle geklatscht, auch wenn der Dorfchef gemurmelt hatte: »Das ist nur der Verrückte bei uns aus Ehinde, der den Regen hört, wenn er gar nicht da ist.«

Tianay hatte auch versprochen, Enias Foto von dem Ei loszuschicken, wenn es Internet gab. An irgendein Institut, hatte Enia gesagt. Das sich für ausgestorbene Tiere interessierte, die noch lebten.

»So«, sagte Maitresse Tui. »Jetzt machen wir eine Pause.«

Die Sonne stand hoch, sie waren alle erschöpft. Und es gab kein Wasser mehr, alle Flaschen, alle Kanister waren leer.

»Wir haben noch einen weiten Weg«, sagte Nenibe und seufzte. »Wenn wir bloß den Reis kochen könnten! Wenn wir bloß etwas zu trinken hätten!«

Sie sahen sich um.

»Na ja, da hinten steht ein einzelner Baobab«, sagte Enia nachdenklich. »Könnten wir nicht …?«

»O ja! Was für eine wundervolle Idee!«, sagte Maitresse Tui und klatschte in die Hände. »Wer hat ein Messer? Und irgendwer muss Feuerholz sammeln. Bei den trockenen Büschen da drüben. Los, los, Kinder!«

Sie hob den Käfig aus der Fahrradkiste und fand darunter einen Topf, den Don noch nie in der Kiste bemerkt hatte.

»Aber der Topf … ist größer als die Kiste«, sagte Zafi verwundert.

»Ganz richtig«, sagte Maitresse Tui und stellte ihn ab. »Das ist Geometrie, mein Kind. Ein Kreis in einem Rechteck. Das Quadrat der n-ten Wurzel der Kreiszahl Pi ergibt immer das x-Fache der Kantenlänge des Rechtecks, multipliziert mit der Wunderzahl z.«

»Was … was ist die Wunderzahl z?«

»Das, meine Liebe«, sagte Maitresse Tui und tupfte mit dem Zeigefinger auf Zafis Nase, »ist ein Geheimnis.«

Zafi seufzte tief. »Ich wünschte, ich könnte auch Zahlen und Buchstaben lernen«, sagte sie.

»Lauf und hilf den anderen mit dem Wasser«, sagte Maitresse

Tui. »Und wenn du zurückkommst, fangen wir mit dem Alphabet an.«

»Wirklich?« Don sah Zafis Augen leuchten.

»Jetzt sollte einer die Tomaten klein schneiden.« Maitresse Tui griff in die Tasche ihres hübschen blau-weiß gestreiften Kleides und beförderte mindestens zwanzig kleine braunrote Tomaten hervor, die das Kleid hätten ausbeulen müssen, wenn sie darin gewesen wären. Vermutlich lag es alles an der Wunderzahl z.

Don sah zu, wie einer der Männer ein Messer in den Baobab rammte, und er zuckte zusammen und sah, dass es den anderen ähnlich ging. »Azafady, Baobab«, sagte der Mann. »Wir brauchen dein Wasser.«

Er zog das Messer heraus. Nichts geschah.

»Vielleicht ist der Baobab beleidigt«, meinte Fito. »Oder die Ahnengeister haben das Wasser ausgetrunken.«

Da geschah etwas Seltsames. Die Tür des Käfigs, den Feno hielt, klappte auf. Sie war ja nicht verschlossen gewesen. Und etwas flatterte mit einem winzigen Geräusch heraus und stieg in die Luft auf. Danach war alles wieder still. Dann begann Wasser aus dem Loch im Stamm zu fließen.

»Wasser! Wasser!«, rief Fito und hopste auf und ab vor Aufregung, und die Ziege, die neben ihm stand, bekam mal wieder Schluckauf.

»Schnell! Den Kanister!«, rief jemand, und jemand anders hielt einen großen gelben Kanister unter die Wunde des Baums. Feno hob eine Hand zu ihrem Kopf, tastete und lächelte.

»Sie fliegt wieder«, sagte sie selig.

Alle starrten sie an.

»Sie ... fliegt?«, fragte der Mann mit dem Messer.

»Das Wasserlemur-Weibchen. Ihr Flügel muss geheilt sein. Sie ist aus dem Käfig geflogen. Und ich höre, das Wasser fließt? Aus dem Baum?«

»Sie hat sich an die Öffnung gesetzt, bestimmt!«, sagte Enia. »Sie wollte auch trinken!«

»Sie ... sie muss mit dem Baum gesprochen haben«, sagte Zafi nachdenklich. »Sprechen Lemuren mit Bäumen?«

»Das sollte Papa dringend erforschen«, sagte Enia und grinste. »Und das wird er. Stellt euch vor, wie er unserem Lemuren durchs Gebüsch nachkriecht und versucht, aufzuzeichnen, wie der Lemur mit den Bäumen kommuniziert, und dabei fällt er in ein Loch oder wird von einer Schildkröte gebissen oder kriegt den halben Wald in die Haare ...«

»Du vermisst ihn, oder?« Don nahm ihre Hand und drückte sie. »Komm, jetzt kochen wir Reis.«

Es war ein Festessen. Mitten im Nichts, neben einer Sandpiste.

In den Kakteen hing eine Wimpelkette mit bunten Stoffwimpeln, blau-violett, gelb-orange, grün-rot gemustert. Maitresse Tui sagte, sie wisse nicht, woher die Kette kam, aber sie würde doch gut zu einem Festessen passen.

Sie rührten Milchpulver für den Minilemuren an, und die kleinen Kinder spritzten mit der Tomatensoße, bis sie alle rote Flecken im Gesicht hatten, und alle wurden satt.

»Ist das nicht Verschwendung?«, fragte jemand streng.

»Es scheint genug Tomatensoße da zu sein«, sagte Maitresse Tui. »Manchmal braucht man etwas Spaß.«

Und sie malte mit Tomatensoße ein Z auf Zafis Arm. Dann ein A, ein F und ein I.

»Das ist dein Name«, sagte sie zu Zafi. »Merk ihn dir. Z und A und F und I. Und dann leck die Soße von deinem Arm, sei so gut, wie sieht das denn aus? Ts, ts. Wenn du die Buchstaben runterschluckst, wirst du sie nie wieder vergessen. So, wir sollten weiter. Macht jemand die Wimpelkette von den Kakteen ab? Sie war sehr hübsch, aber jetzt brauchen wir sie nicht mehr. Sie kann in die Fahrradkiste. Man sollte keine Dinge irgendwo in der Natur hinterlassen.«

Feno stellte den Käfig an den Rand der Piste, zwischen die tiefen Spurrillen.

»Wir brauchen ihn nicht mehr«, sagte sie. »Unser Wasserlemur ist geheilt. Und sie ist jetzt zahm, glaube ich. Oder ... beinahe. Sie fliegt zwischendurch immer weg, aber sie kommt immer wieder zurück und landet irgendwo auf mir.«

Sie streckte den Arm aus und lächelte etwas an, was offenbar darauf saß, was aber keiner sah.

»Wenn du nur sichtbar werden könntest!«

Da holte Enia das Papier aus ihrem Rucksack. »Hier! Maitresse, sie müssen das lesen! Was für Blumen brauchen wir?«

Maitresse Tui nahm das Papier und kniff die Augen zusammen.

»Gar keine Blumen«, sagte sie schließlich. »Sondern ihre Samen. Die Samen der Madagaskar-Dorn-Glockenblume.« Sie sah zu Nenibe, die neben ihr stand, klein und faltig und aufmerksam. »Ich bin keine Botanikerin. Wächst die hier? So eine Blume.« Sie malte mit dem Finger in die Luft, und Don sah tatsächlich eine Blume da, als hätte sie auf eine Tafel gemalt, mit bunter Kreide. »So, und so … so sind die Blätter.«

Nenibe nickte. Und schüttelte gleich darauf den Kopf.

»Früher wuchs das Zeug überall. Vor den Hütten«, sagte sie. »Und am Rand vom Trockenwald. Aber das ist lange her. Ich glaube, ich habe vor Dons Geburt die Letzte davon gesehen.«

»Wir werden sie suchen«, sagte Zafi entschlossen. Sie klang, dachte Don, gar nicht mehr so ängstlich wie sonst immer. »Wenn sie mal bei eurem Dorf wuchs, gibt es vielleicht irgendwo eine Letzte. Wir suchen sie, damit das Wasser zu uns kommt. Damit eure Schule nicht umgegraben wird. Denn dann …«, sie strahlte, »dann bleibe ich einfach bei euch und lerne da mit euch. Immerhin kann ich jetzt schon meinen Namen schreiben.«

Und sie malte ihn mit dem großen Zeh in den roten Staub. Z. A. F. I.

Don spürte, wie etwas ihn ganz zart ins Ohr biss.

»Das ist der Minilemur«, sagte er. »Ich glaube, er sagt, wir sollten jetzt wirklich weitergehen.«

Als die Dunkelheit wieder auf das Land herabsank, bogen sie von der Piste ab und sahen in der Ferne das Dorf. Jeder Busch, jeder Kaktus war wieder vertraut, und da, da waren die Hütten! Es waren nur irgendwelche Hütten, Hütten wie alle anderen. Aber es waren die Hütten von Ehinde.

Und Dons Herz machte gemeinsam mit seiner Flötenmelodie einen kleinen Hopser.

Früher war er nie fort gewesen. Und nun kam er innerhalb kürzester Zeit bereits zum zweiten Mal nach Hause: einmal von den Dahalos, einmal jetzt.

Er fasste Nenibe an der Hand, und Fito preschte auf seiner Ziege voraus.

»Jetzt schlafen wir uns ordentlich aus«, sagte Feno, die neben ihm ging, die Hand auf Enias Schulter, um nicht zu stolpern. »Und dann finden wir morgen eine Madagaskar-Dingsda-Glockenblume. Ganz bestimmt. Jetzt wird alles gut. Schau mal, mein Lemur ist eingeschlafen.«

Sie zog ein zerknülltes Stofftaschentuch aus ihrer Tasche und hielt es Don hin. »Hörst du? Sie hat sich da eingekuschelt und schnarcht ganz leise. Wo ist deiner?«

»Es ist nicht meiner«, sagte Don, ganz leise, um den Lemuren nicht zu wecken. »Aber er ist auch in meiner Tasche. Zum Schlafen scheinen sie gerne in Taschen zu gehen. Sind wahrscheinlich wie Nester oder Höhlen.«

»Wo werden Sie schlafen?«, fragte Enia Maitresse Tui.

»Oh, in der Schule natürlich«, sagte sie.

»Aber ... da ist keine Matratze! Keine Decke, kein Kissen, gar nichts!«

»Deine Freunde haben auch keine Matratzen«, sagte Maitresse Tui und lächelte. »Sie schlafen auf Raphiamatten. Du weißt, diese kleinen struppigen Palmen, die manchmal am Straßenrand wachsen. Aus den Fasern kann man so ziemlich alles machen.«

»Sie ... haben also eine Raphiamatte in der Fahrradkiste? Die wir nur noch nicht gesehen haben?«

»So ähnlich«, sagte Maitresse Tui.

Die Erwachsenen bogen zu ihren Hütten ab, jeder zu seiner, doch die Kinder des Dorfes begleiteten alle Maitresse Tui zur Schule.

»Ihr müsst sehr müde sein«, sagte Maitresse Tui. »Hier, nehmt das mit, damit ihr besser schlafen könnt.« Und sie griff in die Kiste und zog eine Handvoll niedlicher kleiner Kerzen heraus. Ein Raunen lief durch die Gruppe der Kinder. Maitresse Tui kniete sich auf den Boden, was für die kleineren Kinder praktischer war, und zündete für jeden eine an. Es war eine wunderbare Idee, mit einem Licht neben der Matte schlief schließlich jeder besser, denn so konnten keine Geister herein. Don war sich nicht sicher, ob er es sich einbildete, aber die Flammen der Kerzen hatten alle ein klein wenig unterschiedliche Farben, manche brannten bläulich, manche schimmerten grünlich, goldgelb oder ganz leicht violett.

»Morgen treffen wir uns hier zum Unterricht«, sagte Maitresse Tui. »Wir werden allerdings nicht schreiben oder rechnen. Morgen haben wir Botanik. Wir suchen eine Blume. Alle zusammen.«

Damit stand sie auf und klopfte den Staub von ihrem blauweiß gestreiften Kleid, das etwas mitgenommen aussah von der Reise.

»Schlaft gut und passt auf die Wasserlemuren auf«, sagte sie.

Damit hob sie ihr eigenes Licht und betrat den dunklen, leeren Schulraum.

Feno, Enia, Don, Zafi und Fito standen noch immer in der Tür. Don wollte zu gern sehen, wie sie sich den Schulraum zum

Schlafen einrichtete und was sie dazu aus dem Nichts herbeiholte, und die anderen vermutlich auch.

Die übrigen Kinder waren schon auf dem Weg nach Hause, ihre bunten Lichter schwebten durch die Nacht wie Glühwürmchen.

Einen Moment stand Maitresse Tui da und sah sich um. Dann griff sie in die Tasche und holte etwas mühsam eine Stehlampe hervor. Tatsächlich. Sie stellte sie mitten in den Schulraum und knipste sie ein, und sie verbreitete ein warmes, gemütliches Licht. Außerdem passte sie gut zum altmodischen roten Samtsofa, das danebenstand. Don blinzelte. Samtsofa?

»Darf ich es ganz kurz ausprobieren?«, fragte Feno und ließ sich daraufallen. Sie hüpfte ein bisschen hoch, von der Federung. Dann legte sie das Taschentuch mit dem Lemuren auf die Sofalehne. »Vielleicht passen Sie besser auf die Lemurenmama auf?«

»O nein«, sagte da plötzlich jemand in der Dunkelheit hinter dem Sofa, auf der Erde. Und eine Hand kam von dort aus hoch und umschloss das Taschentuch. Eine sehr große Hand. Don glaubte, ein kleines verzweifeltes Flattern zu hören, das sofort wieder verstummte. Die Hand hielt den Lemuren samt dem Tuch fest umschlossen. Dann stand der Besitzer der Hand auf und steckte mit einer blitzschnellen Bewegung das Taschentuch mit dem Lemuren in den Käfig, den er in der anderen Hand hielt. Schlug die Tür zu, ließ ein Schloss einschnappen und zog den Schlüssel ab.

»So«, sagte er und grinste. »Danke schön.«

Sie starrten ihn alle an.

Es war der Dahalo mit der Maske. Der Anführer der Bande.

»Wie … wie können Sie es wagen!«, rief Maitresse Tui und griff nach der Stehlampe wie nach einer Waffe.

»Na, na, immer mit der Ruhe«, sagte der Dahalo. Plötzlich hielt er wieder seine Pistole in der Hand.

Und so kam er um das Sofa herum, in einer Hand die Pistole, in der anderen den Käfig.

»Schlafen Sie nur schön in Ihrer Schule und träumen von Buchstaben«, sagte er. »Wir gehen nach Hause, der Lemur und ich. Wir haben zu tun. Wir müssen eine Blume suchen, das haben Sie uns ja freundlicherweise eben schön laut erklärt. Damit er sichtbar wird und wir ihn zwingen können, uns das Wasser zu zeigen.«

Und dann war er zur Tür hinaus, verschwand in der Nacht.

Enia schnappte nach Luft.

Das durfte nicht sein. Das durfte einfach nicht sein!

»Feno«, sagte sie. »Ist unsere Lemurenmama wirklich wieder im Käfig? Sie fliegt nicht irgendwo hier herum?«

Feno lauschte. »Nein«, sagte sie traurig.

»Also jetzt reicht's«, sagte Maitresse Tui. Und sie hob ein Sofakissen hoch, ein hübsches Sofakissen mit Fransen, und fand darunter ein Telefon. Sie hatte ja gesagt, dass sie ein Telefon besaß.

Enia hatte gedacht, es wäre ein altes Tastenhandy.

Aber dieses Telefon war ganz anders. Es war schwarz und klobig und hatte eine Wählscheibe.

Maitresse Tui hob den Hörer ab und wählte eine Nummer,

und gleich darauf sagte sie ins Telefon: »Polizei. Ja. Bin ich richtig bei der Polizeidienststelle von Ejeda? Schön. Wir hatten hier gerade einen Überfall im Dorf. Wir möchten Sie bitten, die Dahalos abzuholen.«

»*Die Dahalos? Abholen?*«, flüsterte Zafi. »Es war nur einer, und er ist weg.«

»Ja, danke. Nein, jetzt. Jetzt sofort«, sagte Maitresse Tui in den Hörer.

Dann knallte sie ihn auf die Gabel.

»Ich bin ein wenig ungehalten«, erklärte sie. »Verzeihung.«

»Wie soll die Polizei denn die Dahalos abholen, wenn wir sie gar nicht gefangen haben?«, fragte Enia.

»Oh, wir werden es jetzt tun«, sagte Maitresse Tui. »Kommt mit.«

In dieser Nacht wurde vor der Schule eine Menge geflüstert.

Später dachte Enia, dass sie nie so viel so schnell geflüstert hatte. Maitresse Tui sagte ihr sehr viele Dinge ins Ohr, und sie sagte sehr viele Dinge zurück und nickte, und die anderen flüsterten ebenfalls, es war ein ganzes Flüsterpostspiel auf einmal, und sie mussten fast ein bisschen kichern.

Obwohl es furchtbar riskant und gefährlich war.

Schließlich gingen sie los, Don mit dem schlafenden Minilemuren sicher in der Tasche.

Sie fanden die Dahalos, wie Maitresse Tui es vermutet hatte, mitten im Dorf, zwischen den Hütten.

Da saßen sie zusammen und hatten ein Feuer gemacht und sangen irgendetwas Unmelodisches und aßen die Vorräte, die sie sich im Dorf zusammengeklaut hatten. Außer ihnen war niemand da, alle hatten sich ängstlich in ihre Hütten geflüchtet. Obwohl doch bestimmt niemand schlafen konnte bei dem Lärm.

»Jetzt«, sagte Maitresse Tui. Und dann nahm sie Enia energisch am Arm und zog sie zu den Dahalos, und Enia wand sich und sagte:

»Nein, ich will nicht, nein, bitte nicht, ich will ihnen das nicht sagen.«

»Sei doch vernünftig, Kind«, sagte Maitresse Tui. »Erzähl den Herren Dahalos, wo dein Vater die gepressten Blüten hat. Es ist doch gut, dass es dir noch eingefallen ist. Wenn du es ihnen erzählst, verschonen sie dieses Dorf und plündern es nicht noch weiter.«

»Aber ...«, begann Enia.

Maitresse Tui wiederholte die ganze Sache auf Malagasy, als würde sie sie den anderen Kindern erklären, sie wiederholte sie ziemlich laut. Und jetzt standen sie direkt vor dem Feuer der Dahalos. Enia spürte, wie Don neben ihr wieder einmal zitterte.

»Soso«, sagte der Dahalo mit der Maske und stand auf. Der Käfig mit der Lemurenmama stand neben ihm, und die beiden anderen saßen am Feuer und ließen eine Flasche herumgehen.

Maske legte eine schwere Pranke auf Enias Schulter.

»Dann mal los! Erzähl uns, Kleine, wo die Blüten sind! Die Maitresse hat was von Blütensuchen gefaselt, aber dein Vater, der ist doch so ein Spezi... Spezialist, der hat die doch längst, oder? Und hat's der Maitresse nicht erzählt, weil er sie für sich will. Die Blüten, die der Wasserlemur braucht, was? Wie gut, dass dein Vater sich mit so was auskennt. Forscher ist der, ja?« Er schwankte ein wenig, offenbar hatte er ziemlich viel Schnaps getrunken, seitdem sie ihren Plan bei der Schule entwickelt hatten. »Also? Wo?«

»Wir ... wir haben da so eine Botanisiertrommel ...«, stammelte Enia. »Sie ist irgendwo, ich weiß nicht, wo mein Vater sie hingeräumt hat ...«

»Eine was?«, fragte Maske, und Maitresse Tui bemühte sich, es zu übersetzen und zu erklären, sie zeigte eine runde Form in der Luft. Enia hatte überhaupt keine Ahnung, wo die Botanisiertrommel war, vielleicht noch bei Tianay, der das Nest darin transportiert hatte, in seiner Hütte oder sonst wo.

Sie lag jedenfalls nicht offen im Zelt herum, das wusste sie noch.

Die Dahalos würden also eine Weile suchen müssen.

»Irgendwo? Was heißt irgendwo?«, schnauzte Maske.

»Na ja, irgendwo ... in unserem Zelt!«, stammelte Enia. Sie bemühte sich, ängstlich zu klingen. Was nicht besonders schwer war. Maske und seine Hand auf ihrer Schulter waren Furcht einflößend genug.

»Dann los. Kommt, Männer!«, rief er, und das war ein Glück, denn sie hatten schon befürchtet, dass sie sich etwas ausdenken müssten, damit sie alle mitgingen. »Jetzt wird eine Trommel gesucht!«

Die beiden anderen kamen auf die Beine und folgten ihrem Chef.

»Gut, dass er nicht weiß, dass auch der Laptop von meinem Vater im Zelt ist«, sagte Enia leise, aber gerade so laut, dass die

Dahalos es bestimmt hörten. »Sonst suchen sie den auch noch, weil sie ihn haben wollen. Und die ganzen Kabel und Solarladegeräte.«

Sie folgten den Dahalos mit etwas Abstand. Dann lief Maitresse Tui schnell zur Schule zurück, um ihr Rad zu holen, und kurz darauf standen sie alle vor dem gelben Zelt. Die Dahalos waren eben darin verschwunden. Sie hörten sie kramen und rumoren, murmeln und fluchen.

»Hier muss doch irgendwo … wo ist denn … wo könnte denn … schieb das mal beiseite da …«

Sie sahen sich alle an, und Enia nickte.

Dann huschte jedes Kind zu einer Zeltschnur.

Und Enia hob die Hand und zählte mit den Fingern lautlos rückwärts: drei, zwei, eins …

Bei null zogen sie jeder einen der Metallheringe aus dem Boden.

Das Zelt fiel sofort in sich zusammen.

Es begrub die Dahalos in einer Wolke aus sonnengelbem Stoff.

»Hoppla«, sagte Maitresse Tui und gab ihrem Fahrrad einen kleinen Schubs, und da fiel es auf das Zelt.

Die Dahalos schrien. Sehr gedämpft.

»Nimm deinen Fuß aus meinem Mund!«, nuschelte einer, und ein anderer schrie: »Ich hab die Pistole verloren! Und wo ist der Ausgang?«

»Das Messer!«, schrie Maske. »Das ist ja lächerlich! Ich schneide uns hier raus … Mist, reißen geht nicht … sehr fester Stoff … wo *ist* das Messer? Hat einer von euch das?«

»Schieß!«, brüllte ein anderer. »Schieß uns den Weg frei! Ich komm nicht an meine Waffe!«

»Ich auch nicht! Ich bin zu verheddert!«

Enia verstand eigentlich nicht genau, was sie auf Malagasy sagten, aber ungefähr so hörte es sich an. Sie traten alle vom Zelt zurück, das sich in eine lebende gelbe Masse verwandelt hatte, die hier und dort Auswüchse bekam und hin und her wallte wie die Wolken am Himmel, die schon wieder keinen Regen brachten. Das sich bewegende Zelt sah wirklich lustig aus. Irgendwo in seinem Inneren steckte der Käfig mit dem Wasserlemur, zum Glück schützten die Gitterstäbe das Tier davor, im Durcheinander zerquetscht zu werden.

»Sie werden nicht ewig da verheddert bleiben!«, sagte Zafi. »Wenn sie rauskommen, werden sie furchtbar wütend sein ...«

»Et voilà!«, sagte Maitresse Tui und drehte sich um. »Da sind sie.«

Da hörte auch Enia das Motorengeräusch, und kurz darauf sah sie es: Ein Polizeiwagen näherte sich mit Blaulicht zwischen den Hütten. Die Sirene heulte einmal kurz auf und verstummte dann, offenbar war sie kaputt. Aber das war auch egal.

Sekunden später hielt der Polizeiwagen direkt neben dem Zelt, vier Polizisten in schwarzen Uniformen mit weißer POLICE-Aufschrift sprangen heraus, die Waffen im Anschlag, und Maitresse Tui sagte: »Bitte sehr. In dem Zelt. Dort sind drei der Dahalos, die Sie seit Monaten suchen.«

Die Polizisten schlichen gebückt näher, obwohl das nun wirklich nicht nötig war, sie sahen aus, als müssten sie ein Gebäude voller Terroristen umstellen.

Und dann rief einer, der nach Chef aussah:

»Sie sind umzingelt! Kommen Sie mit erhobenen Händen heraus!«

Er rief es sogar auf Malagasy und Französisch, wahrscheinlich, weil er diesen Satz schon immer mal hatte sagen wollen.

Es dauerte noch eine Weile, das Zelt bekam wieder verschiedene komische Auswüchse, wurde ein Berg ... das Fahrrad rutschte herunter ... und schließlich standen die drei Dahalos offenbar. Aber das Zelt befand sich immer noch sozusagen um sie. Der Chef der Polizei schüttelte den Kopf, fand den Ausgang und schälte es von ihnen ab. Und da standen sie und hoben langsam die Hände.

»Waffen fallen lassen«, sagte der Polizeichef.

Drei Pistolen fielen auf die Erde. Ein anderer Polizist hob sie auf.

»So, und nun kommen Sie schön mit«, sagte der Polizeichef.

»Alles, was Sie von jetzt an sagen, kann vor Gericht gegen Sie verwendet werden«, warf Enia ein. »Das müssen Sie noch erklären.«

»Gericht?«, fragte der Polizeichef und drehte sich zu ihr um. »Aaah, ein Vazaha-Mädchen. Typisch Vazaha, keine Ahnung von nichts, aber alles besser wissen. Hier in Madagaskar gibt es keine Gerichtsverhandlungen. Oder nur sehr, sehr selten. Wir schmeißen die Leute ins Gefängnis, und das war's. Den Anwalt könnte sich doch sowieso keiner leisten.«

»Aber ...«, begann Enia. Auf einmal taten ihr die Dahalos fast leid.

Vielleicht waren sie nicht alle böse. Nicht von Grund auf.

»Den Käfig müssen wir beschlagnahmen«, sagte einer der Polizisten und hob ihn hoch. »Das ist Beweismaterial. Sie haben ihn gestohlen, nicht wahr? Ihre Fingerabdrücke werden darauf sein.«

»Eigentlich ... ist es ihr Käfig«, sagte Enia. »Nur das, was darin ist, haben sie gestohlen. Es ist ein Tier, nur ... Man sieht es nicht. Es tarnt sich zu gut.«

»Es gehört uns!«, rief Fito.

»Es gehört sich selbst«, sagte Feno. »Beschlagnahmen Sie den Käfig, so viel Sie wollen, aber lassen Sie das Tier frei.«

»Ein unsichtbares Tier? Wer soll so was denn glauben?«, knurrte der Polizeichef. »Wir nehmen den Käfig so mit, wie er ist, und fertig. Geht jetzt nach Hause, Kinder. Es ist spät. Nach Einbruch der Dunkelheit solltet ihr gar nicht mehr draußen sein. Nicht, dass euch etwas zustößt!«

»Azafady, tompoko ... Verzeihung, Monsieur«, begann Maitresse Tui. »In dem Käfig ist tatsächlich ...«

»Papperlapapp«, sagte der Polizist und wedelte Maitresse Tui weg wie eine lästige Fliege. »Sie haben sich nicht in unsere Arbeit einzumischen. Wir müssen auch noch die Fingerabdrücke nehmen und jede Menge Papiere ausfüllen. Das ist nur etwas für kluge Leute, die schreiben und lesen können. Sie bringen lieber diese Kinder ins Bett.«

»Aber sie ist unsere Lehrerin! Sie *kann* schreiben und lesen!«, rief Fito. »Sie hat es sogar meiner Ziege beigebracht!«

»Ja, ja, alles klar«, sagte der andere Polizist.

»Wir können es beweisen«, sagte Fito. Und er schrieb mit dem Finger etwas in den Sand.

»Hier, Ziege! Lies das!«

H-I-K-S, entzifferte Enia mühsam.

»Hicks!«, sagte die Ziege. Sie hatte noch immer Schluckauf.

Der Polizist sah irritiert aus. »Lesende Ziegen sind Geisterwerk«, erklärte er. »Am besten, wir beschlagnahmen die Ziege auch. Das wird ein gutes Abendessen morgen.«

Er streckte eine Hand aus, um die Ziege an einem Horn zu packen, doch sie duckte sich weg, galoppierte um ihn herum und pikste ihn mit ihren Hörnern in den Po. Und der Polizist hüpfte in die Luft und schrie.

Dann rannte er den anderen Polizisten nach, die gerade die Dahalos ins Auto beförderten.

»Po-Pieken scheint ihre spezielle Methode zu sein«, sagte Enia. »Wisst ihr noch, der Dahalo?«

»Hicks«, bestätigte die Ziege.

Das Polizeiauto, noch immer blau blinkend, fuhr dröhnend und röhrend an. Sie folgten ihm durchs Dorf, denn es fuhr sehr langsam. Schließlich, außerhalb des Dorfes, ging das blaue Blinklicht aus.

Die Lichter des Autos gingen seltsamerweise auch aus. Alle. Es fuhr als dunkler Umriss durch die Dunkelheit.

»Ob es kaputt ist?«, flüsterte Don.

Doch da blieb es wieder stehen. Weit genug außerhalb des Dorfes, dass man von dort aus nicht sehen konnte, was hier geschah. Die Polizisten stiegen aus. Einer von ihnen öffnete die Hintertüren des Wagens, und jetzt stiegen auch die Dahalos aus. Etwas mühsam, da sie Handschellen trugen. Der Polizeichef half dem Chef-Dahalo.

Enia und die anderen duckten sich hinter ein paar Kakteen und beobachteten, was weiter geschah.

Eigentlich hatte Enia gedacht, sie folgten den Polizisten wegen des Käfigs, den sie beschlagnahmt hatten. Aber vielleicht hatte Maitresse Tui noch einen anderen Verdacht gehabt.

Jetzt standen die Dahalos und die Polizisten nebeneinander beim Auto.

»So«, sagte der Polizeichef. Und nahm doch tatsächlich Maske die Handschellen ab.

Die anderen Polizisten taten dasselbe bei seinen Männern.

»Ihr seid frei«, sagte der Polizeichef und nickte. »Wie lange wollt ihr die gute Pistole noch nutzen?«

»Tja, die brauchen wir noch«, sagte Maske.

»Miete?«, sagte der Polizeichef und streckte die Hand aus. »Ist längst überfällig.«

»Wir zahlen später«, sagte Maske. »Und wenn du Ärger machst, können wir auch anders.« Er trat ganz nah an den Polizeichef heran, sodass sich ihre Nasenspitzen fast berührten. »Ist das klar?«

»Ja, ja.« Der Polizeichef trat zwei Schritte zurück. »Is ja gut, reg dich nicht immer gleich so auf. Wenn ich die Miete für die Waffe nächste Woche hab, ist es auch okay.«

»Gut, gut!« Maske klopfte ihm auf die Schulter und lachte scheppernd.

»Wir nehmen dafür das hier«, sagte der Polizeichef und hielt den Käfig hoch. »In der Polizeistation ist es am sichersten.«

»Angeblich brauchen wir eine bestimmte Blume, um ihn sichtbar zu machen ...«

»Das haben sich die Kinder sicher nur ausgedacht, um euch an der Nase rumzuführen«, sagte der Polizeichef. »Wenn das Tier lange genug in Einzelhaft in seiner Zelle hier sitzt und nichts zu fressen bekommt, wird es ganz von selbst aufhören, so störrisch zu sein und sich nicht zu zeigen. Ich bin mir sicher.« Er tätschelte die Käfigstäbe. »Wir sehen uns.«

»Wir sehen uns«, sagte der Dahalo-Chef und klopfte dem Polizeichef auf die Schulter.

Dann stiegen die Polizisten samt Käfig wieder in ihren Wagen, und die Dahalos wanderten davon, in Richtung Fluss. Zu ihrem Lager, dachte Enia, wo immer noch Papa festsaß. Vielleicht kannte er die richtige Zahlenkombi für das Schloss doch nicht und hatte das nur gesagt, um sie zu beruhigen?

»Maitresse Tui?«, fragte sie. »Machen die Polizisten gemeinsame Sache mit den Dahalos? Das ... das kann doch nicht sein!«

»Doch, leider ja«, sagte Maitresse Tui. »Genau so sieht es aus.«

»Es gibt ganz tolle Polizisten in unserem Land!«, sagte Don schnell. »Ich will vielleicht auch Polizist werden. Aber sie kriegen nicht so viel Geld bezahlt, und ... manche vermieten deshalb ihre Waffen. Ich hab das schon mal gehört. Aber ich ... ich wusste nicht, dass sie sie an Dahalos vermieten.«

»Du wirst mal ein besserer Polizist«, sagte Maitresse Tui und seufzte.

Dann bückte sie sich und sprach mit Dons Hosentasche.

»Hör mal!«, sagte sie hinein. »Wir müssen deine Mama finden. Sie ist schon wieder gefangen worden. Vielleicht kannst du uns helfen?«

Ein kleines Fauchen kam aus der Tasche.

Enia lachte. Obwohl es doch alles gar nicht zum Lachen war.

»Er sagt, Don ist seine Mama«, meinte sie.

»Morgen«, sagte Feno und gähnte. »Morgen befreien wir die Lemurmama. Schon wieder! Langsam gewöhne ich mich daran, sie zu befreien.« Sie schüttelte sich. »Aber jetzt müssen wir endlich mal eine Nacht lang schlafen.«

12. KAPITEL,

in welchem der Silbervazaha sich in ein Huhn
verwandelt, eine Glockenblume hartnäckig abwesend
ist und es nicht regnet

Am nächsten Morgen begannen sie später mit der Schule.

Die Kinder taumelten als verschlafenes Häufchen in den Schulraum, und Maitresse Tui sah auch ein wenig übernächtigt aus. Die weichen, wolligen schwarzen Kätzchen-Dutts auf ihrem Kopf schienen sich zu strecken und zu rekeln und nicht aufstehen zu wollen.

Don stützte den Kopf in die Hände und lehnte sich an Feno. Fito lehnte sich an die Ziege, und die Ziege schlief einfach. Der war es egal, ob sie getadelt wurde.

Zafi und Enia saßen auch bei ihnen, Zafi hatte mit Enia im wieder aufgebauten gelben Zelt geschlafen. »Die Matratze war

soooo weich!«, flüsterte sie. »Ich hätte tausend Jahre weiter-
schlafen können ...«

»Mangina! Ruhe!«, rief Maitresse Tui und glättete ihr Kleid.
Es war etwas zerknittert, aber frisch: ein zartrosa Kleid heute
mit kleinen weißen Blümchen, sie musste es in der Fahrradkiste gehabt haben.

»So, und heute werden wir also die Dorn-Glockenblumen
suchen. Gestern ist viel geschehen. Leider ist nur noch ein Wasserlemur bei uns. Der kleine. Don?«

»Hier«, sagte Don und zeigte auf seine Tasche. »Er hat morgens die Pulvermilch getrunken und ist wieder eingeschlafen.«

»Gut. In zwei Tagen läuft das Ultimatum ab«, fuhr Maitresse
Tui fort. »Wenn es bis dahin nicht regnet, unterzeichnet der
Dorfchef in Toliara den Vertrag. Dann wird hier gegraben.
Dann wird die Schule abgerissen.«

»Nein!«, riefen alle. »Auf keinen Fall! Das geht nicht!«

»Na, zum Glück hat die Polizei ja die Dahalos wenigstens
mitgenommen!«, piepste ein ganz kleines Mädchen. »Ich werd
auch Polizist, wenn ich groß bin! Verbrecher fangen ist toll!
Für das Gute kämpfen!« Sie sprang auf und boxte in die Luft,
und Maitresse Tui lächelte.

»Ich auch! Ich auch!«, riefen eine Menge Kinder durcheinander.

»Hm, ja«, sagte Maitresse Tui und sah Don, Zafi und Feno
streng an. Don begriff, es war besser, den Kleinen nicht zu sagen, dass nicht alle Polizisten für das Gute kämpften. »Still
jetzt. Seht ihr die Blume, die ich an die Tafel gemalt habe?«

Sie sahen sie alle. Sie war bunt und wunderschön, ihre Blüten sahen aus wie große nachtblaue Glocken, die zu mehreren von einem Stiel herabhingen und im Inneren eine weiße Rüsche verbargen wie einen altmodischen Unterrock. Ihre Blätter waren leuchtend grün und zart und herzförmig. Aber dazwischen trug sie Krallen, um sich zu wehren, kleine harte Dornen.

»Wir haben doch eigentlich gar keine bunte Kreide«, sagte ein Kind.

»Nun, ich habe ja auch mit Weiß gemalt«, sagte Maitresse Tui. »Den Rest hast du dir wohl vorgestellt.«

Don blinzelte. Tatsächlich, die Blume an der Tafel war mit weißer Kreide gezeichnet. War sie nicht eben noch bunt gewesen?

»Die Samen dieser Blume wachsen in Kapseln«, sagte Maitresse Tui und zeichnete blitzschnell eine Kapsel an die Tafel, die ein bisschen aussah wie eine Handtasche. »Die Blüte verwandelt sich in die Kapsel. Und wenn wir solche Kapseln finden, haben wir gewonnen.«

»Ich will auch gewinnen!«, rief ein kleiner Junge.

»Ein Spiel! Ein Spiel!«, riefen alle durcheinander. »Wer zuerst eine Kapsel hat, ist Sieger!«

»Ja, es ist ein Spiel«, sagte Maitresse Tui ruhig. »Aber wir spielen nicht gegeneinander. Wir spielen gegen die Zeit. Wir können nur alle zusammen gewinnen, denn wenn der Lemur die Samen frisst, zeigt er uns das Wasser.«

»Vielleicht«, murmelte Don. Denn so ganz sicher war sich doch eigentlich keiner.

Feno rammte ihm ihren spitzen Ellbogen in die Seite. »Bestimmt«, sagte sie streng.

»Au«, sagte Don.

Und dann schwärmten die Kinder aus wie Bienen. Sie schwärmten in kleinen Grüppchen, manche suchten beim Dorf, manche um das Dorf herum.

Enia, Don, Feno, Fito und Zafi blieben vor der Schule stehen.

»Wir ... werden nicht mitsuchen«, sagte Feno. »Maitresse? Wir gehen zurück nach Ejeda. Zur Polizeistation. Jemand muss die Lemurenmama aus dem Käfig befreien.«

Maitresse Tui hob mahnend den Zeigefinger, und Don dachte, sie würde sagen: »Wenn alle suchen, müssen auch alle suchen! Und es ist Unrecht, die Polizei zu bestehlen.«

Doch sie sagte: »Denkt daran, euch nicht erwischen zu lassen, wenn ihr die Polizei bestehlt.«

»Wartet«, sagte Don. »Ich bleibe mit dem kleinen Lemuren hier. Sonst geht der auch noch verloren!«

»Und ich würde gerne endlich meinen Vater befreien«, sagte Enia leise. »Kommt jemand mit zum Fluss? Zum Lager der Dahalos? Wenn der Lemur uns das Wasser zeigt, sollte Papa dabei sein.«

»Dein Vater kennt die Kombination des Schlosses«, sagte Maitresse Tui.

Enia sah sie an. »Haben Sie wirklich nachts Billardkugeln von einem Baum fallen lassen? Es war nicht nur ein Traum, und die Kombination stimmt gar nicht?«

»Oh, sicher war es ein Traum«, sagte Maitresse Tui. »Ich würde nie etwas so Törichtes tun, wie Billardkugeln von einem Baum fallen zu lassen, und schon gar nicht nachts.« Sie pustete etwas Staub von ihrem blassrosa Ärmel. »Aber manchmal träumt man Teilwahrheiten.« Sie strich Enia übers Haar. »Ich glaube, die Zahlen stimmen.«

»Warum ist er dann nicht hier? Was haben sie mit ihm gemacht? Gestern kann doch nur ein Dahalo ihn bewacht haben«, sagte Enia. »Drei waren hier!«

»Er wird doch nicht auf dem Weg schon wieder in den Brunnenschacht gefallen sein?«, murmelte Feno.

Maitresse Tui schloss die Augen und legte die Zeigefinger an die Schläfen, konzentriert.

»Ich habe das Gefühl«, murmelte sie, »wir sollten diese Blume im Trockenwald suchen«, murmelte sie. »Dort sucht noch niemand von den anderen. Und es gibt vielleicht noch einen Grund, einen kleinen Ausflug dorthin zu machen.«

»Ja?«

»Dein Lemurenkind, Don«, sagte Maitresse Tui bedächtig, »muss fliegen lernen. Wenn wir …« Sie schluckte. »Wenn wir seine Mutter nicht zurückstehlen können, wird es uns ganz allein das Wasser zeigen müssen. Enten lernen fliegen, indem sie ihren Müttern in die Luft folgen.«

»Moment«, sagte Don. »Moment, Moment. Ich bin *nicht* seine Mutter.«

»Doch«, sagten alle im Chor.

»Aber ich bin *keine* Ente!«

»In einem Wald, wo man auf Bäume klettern kann, ist es leichter, zu tun, als würde man fliegen«, sagte Maitresse Tui. »Und es ist besser, wenn uns nicht das halbe Dorf beobachtet. Kommt mit.«

Sie nahmen das Fahrrad. Natürlich. So ging es schneller.

»Wir passen nicht alle da drauf«, sagte Don. »Schon ohne Sie war es schwer, Maitresse, Entschuldigung, aber mit Ihnen geht es ganz bestimmt nicht.«

»Oh, du wirst sehen«, sagte Maitresse Tui. Und sie betätigte einen kleinen Hebel unter dem Sattel, den Don noch nie gesehen hatte. Daraufhin klappten sich zu beiden Seiten des Fahrrades Tragflächen aus wie bei einem Flugzeug. Er kannte Flugzeuge von Bildern, von Nahem hatte er noch nie eines gesehen.

»Bitte sehr, auf jede Tragfläche zwei Kinder«, sagte Maitresse Tui. »Hopp, hopp! Nicht zu lange zögern!«

»Aber …«, begann Zafi. »Sind die Tragflächen denn nun wirklich da? Oder gibt es sie nur in unseren Köpfen, wie die Farben an der Tafel? Und dann gibt es sie ja eigentlich nicht?«

»Zahlen und Buchstaben und Gedanken existieren auch nur in unseren Köpfen«, erwiderte Maitresse Tui. »Deshalb gibt es sie trotzdem wirklich, nicht wahr?«

»Ja, aber …«

»Ich schlage vor, wir glauben an die Tragflächen«, sagte Maitresse Tui ein bisschen streng.

Da kletterten Zafi und Feno auf eine Seite und Don und Enia auf die andere, Maitresse Tui setzte sich auf den Sattel und Fito vorn auf die Stange. Die Ziege machte einen Satz und landete in der Kiste auf dem Gepäckträger.

»Also los«, sagte Maitresse Tui.

Und sie fuhr los – in weiten, eleganten Kurven um die trockenen Büsche, unter dem blauen Himmel, über das rote Land. Ihr blassrosa Kleid leuchtete um die Wette mit den Purpurrosen am Fahrradlenker, Fenos gelber Rock flatterte im Fahrtwind, und Don spürte, wie der Minilemur in seiner Tasche erwachte und rausguckte.

Eigentlich war das Leben ziemlich schön.

Sie stellten das Fahrrad an einen grauen, trockenen Baum ohne Blätter, und der Baum guckte es sich an und schien direkt fröhlicher zu werden wegen der purpurnen Rosen.

Don hätte schwören können, dass er irgendwo oben ganz heimlich ein hoffnungsfrohes kleines grünes Blatt bekam. Wenn der Regen käme! Wenn der Regen käme, würde dieser Baum über und über von Blättern bedeckt sein! Aber am Himmel war nur Hellblau, die Wolken trauten sich nur nachts über das Land.

»Hier irgendwo wuchsen früher die Dorn-Glockenblumen«, murmelte Maitresse Tui und zeigte auf die dornigen, staubigen Sträucher und die kahlen Stämme. »Wir müssen nur genau hinsehen ...«

»Hallo? Haaaa...llooooo!«, tönte es da durch den Wald. »Ist daaa weeeeer?«

Sie sahen alle auf. »Das kommt aus der Mitte des Waldes«, sagte Don.

»Von oben«, sagte Feno.

»Und es klingt wie ...«, begann Enia. Dann rannte sie los. Trotz der stacheligen, dornigen Äste, unter denen sie sich wegducken musste.

Don lief ihr nach, aber Enia hatte Schuhe. Als er bei ihr ankam, stand Enia am Fuße des Baobabs. Genau da, wo sie vor ein paar Tagen alle gemeinsam gestanden hatten. So viel war geschehen seitdem! Sie hatte den Kopf in den Nacken gelegt und sah nach oben, und dort, zwischen den komisch dicken, kurzen Ästen des Baobabs, saß der Silbervazaha.

»Oh, guten Morgen«, sagte er, so als träfen sie sich zufällig beim Brennholzsammeln. »Es ist ... äh ... ein ausgesprochen schöner Morgen, nicht wahr?«

»Papa!«, rief Enia, und Don hörte die Erleichterung in ihrer Stimme. »Was *machst* du da?«

»Ich ... äh ... sitze«, sagte der Silvervazaha. »Man hat eine ganz gute Aussicht, du warst ja auch schon hier oben ... und ... Also, ehrlich gesagt komme ich nicht mehr runter.«

Enia und Don seufzten im Chor.

»Wie lange sitzen Sie da schon?«, fragte Don.

»Oh, äh, nicht lange.« Der Silbervazaha schien nachzudenken. »Seit ... gestern Morgen, um genau zu sein.«

»Und warum ...?«

»Ich habe mich in der Nacht von den Dahalos verabschiedet«, erklärte der Silbervazaha. »Also, ohne dass sie es gemerkt haben. Es waren sowieso nicht alle da. Und ich wollte zum Dorf, aber irgendwie bin ich in der Ebene falsch abgebogen. Da bin ich beim Trockenwald rausgekommen. Und ich hatte das Seil noch, in meiner Hosentasche, aufgerollt. Also habe ich gedacht, klettere ich auf den Baobab, um zu sehen, in welcher Richtung das Dorf liegt. Aber dann, als ich das Seil oben etwas besser sichern wollte, um heil wieder runterzukommen ... Da ist mir der Haken abgerutscht, und es ist dummerweise der Schwerkraft gefolgt.«

Er deutete nach unten, und erst jetzt sah Don, dass neben dem Stamm des Baobabs ein Seil lag, eingerollt wie eine unordentliche Schlange.

»Oh, Papa«, sagte Enia.

Dann hob sie das Seil auf, ließ es ein paarmal kreisen wie ein Lasso und warf. Leider zu kurz.

»Lass mich!«, bat Maitresse Tui, die inzwischen bei ihnen angekommen war. »Ich habe etwas längere Arme.« Sie nahm das Seil und schickte es hinauf in die Luft, und Don hätte schwören können, dass es schwebte.

Es landete ganz sanft in den Händen des Silbervazahas, der es wieder festzurrte. »Danke!«, rief er zu ihnen hinunter. »Ich komme jetzt!«

Dann kam er, etwas ungeschickt mit seinen langen Beinen, wie eine zu groß geratene Spinne, die an ihrem Faden hinuntergeht. Schließlich stand er vor ihnen, und er und Enia umarmten sich lange.

Es musste schön sein, dachte Don, einen Vater zu haben. Nenibe war auch gut, sie war wunderbar, aber so ein Vater, der größer war als man selbst und stark und ... na ja, in diesem Fall etwas chaotisch.

An seinen eigenen Vater erinnerte er sich nicht. Nenibe hatte gesagt, er hätte auch Musik gemacht. Gesungen und getrommelt. Und dann wäre er eines Tages weg gewesen.

Wie viele andere, die Arbeit in der Stadt suchten, weil auf den Feldern nichts wuchs.

»Ich habe Schmetterlingsschuppen gefunden, da oben auf den Ästen«, sagte der Silbervazaha und zog ein Glaskästchen aus der Hosentasche. Der Deckel war wunderbarerweise eine Lupe, man sah die bunten Schuppen ganz deutlich: blaue und gelbe und rote.

»Die stammen vom Wasserlemur, eindeutig«, erklärte der Silbervazaha. »Ich habe ein Bild ans Institut geschickt ...«

»Du hast dich also nicht gelangweilt auf deinem Baum«, sagte Enia und grinste.

»O nein. Der Empfang war eins a«, sagte der Silbervazaha. In seinem Silberhaar hingen an diesem Tag übrigens lauter Rindenstückchen vom Baobab.

»Gut«, sagte Enia. »Dann kann ich jetzt mit den anderen zur Polizei gehen und den Wasserlemuren befreien.«

»O mein Gott«, sagte der Silbervazaha. »Hat er denn etwas angestellt? Ist er eingesperrt worden?«

Maitresse Tui streckte die Hand aus und ruckte an dem Seil, das brav vom Baum herunterkam, obwohl sie doch oben den Haken gar nicht gelöst hatte.

»Es ist eine lange Geschichte«, sagte sie. »Wenn Sie möchten, erzähle ich sie Ihnen, während wir die Dorn-Glockenblume suchen.«

»Dorn-Glockenblume?«, fragte der Silbervazaha. »Gibt es die? Davon habe ich noch nie gehört.«

»Es gibt sie in unseren Köpfen, weil wir das Bild gesehen haben!«, sagte Zafi eifrig. »Aber Zahlen und Buchstaben und Gedanken gibt es auch nur in unseren Köpfen, und trotzdem sind sie wirklich!«

Der Silbervazaha kratzte sich am Kopf. »Ich ... komme nicht ganz mit.«

»Tschüss, Papa«, sagte Enia, stellte sich auf die Zehenspitzen und hauchte ihrem Vater einen Kuss auf die Stirn. »Jetzt weiß ich ja, dass es dir gut geht, jetzt kann ich mit Feno losgehen, die Polizei beklauen. Maitresse Tui ... dürfen wir das Fahrrad nehmen?«

»Ich auch! Ich will auch die Polizei beklauen!«, rief Fito.

Maitresse Tui nickte. »Denkt an die Kiste«, sagte sie.

Aber keiner wusste so wirklich, wie sie das meinte.

Zwei Stunden später beugte sich Don über seine Hand und sah eindringlich etwas an, das er nicht sehen konnte.

»Hör mal«, sagte er streng. »Du lernst jetzt fliegen. Keine Widerrede. Die anderen suchen weiter nach der Blume. Und wenn sie sie finden, musst du die Samen fressen und sichtbar werden und uns das Wasser zeigen.«

Da war ein Geräusch wie von jemandem, der sich schüttelt. Oder der einen sehr winzigen Kopf schüttelt.

»Doch, du musst«, sagte Don streng. »Schau! Ich habe jetzt auch Flügel.«

Er saß auf einem niedrigen Baum neben einer Art Lichtung, und auf seinem Rücken befanden sich zwei Flügel. Schmetterlingsflügel aus gebogenen Ästen, bespannt mit Stoff. Einer war blassrosa mit kleinen weißen Blümchen, der andere rot-orange mit einem aufgedruckten grinsenden Omby. Maitresse Tui, die unten im Wald mit den anderen die Blume suchte, trug jetzt ein kurzes Kleid. Das Stück Stoff, das ihre Beine weiter unten bedeckt hatte, fehlte, aber auch kurz war es sehr schick.

Der Silbervazaha hatte sein T-Shirt geopfert.

»So. Schau zu. Deine Mama fliegt.« Don setzte den winzigen unsichtbaren Lemuren auf einen kleinen Ast, spürte kurz seine Krallen, als er die letzten Pfötchen nachzog, und steckte seine Arme in die Schlaufen der Flügel. Dann stieß er sich vom Baum ab, hob die Flügel, versuchte, zu flattern – und war schon auf der Erde.

Fluchte und rappelte sich wieder auf. Es war ihm fast so, als erklänge ein winzig kleines Lachen von oben vom Baum.

»Noch mal. Ich brauche mehr Schwung.«

Er kletterte wieder hinauf, diesmal etwas höher, stieß sich wieder ab – und landete zum zweiten Mal nach einer Sekunde.

Nach dem vierten Mal gab er es auf. Sein eines Knie war blutig, das andere wahrscheinlich morgen blau, und geflogen war er kein Stück.

»Deine echte Mutter soll sich gefälligst befreien lassen und dir das Fliegen selber beibringen«, knurrte er und wollte die Flügel abnehmen, da teilten sich die Dornenzweige vor ihm, und eine etwas verstrubbelte Maitresse Tui tauchte auf. Zur Abwechslung war sie es, die den halben Wald im Haar hatte. Hinter ihr stand der Silbervazaha.

»Habt ihr die verflixte blöde Blume gefunden?«, fauchte Don.

Sie schüttelten beide die Köpfe.

»Leider nicht«, sagte Maitresse Tui. »Oh, Don. Ich hätte hier sein sollen. Tut mir leid. Du hast vorhin gesagt, du willst keine Zuschauer beim Fliegen, aber ich hätte nicht auf dich hören sollen.«

Sie lächelte, nahm einen Ast aus ihrem Haar und begutachtete ihn von Kopf bis Fuß. »Dreh dich um.«

»Ja. Machen Sie die Flügel ab.« Er trat nach einem kleinen Stein. »Ich will sie nie wieder sehen.«

»Lass es mich versuchen!«, bot der Silbervazaha an. »Vielleicht braucht man längere Arme.«

»Wenn Sie meinen. Aber Sie sind nicht die Mama des Kleinen.«

»Nur versuchen«, sagte der Silbervazaha. »Bitte! Ich wollte immer schon mal fliegen!«

Maitresse Tui seufzte und streifte ihm die Flügel über, und dann standen sie alle da und sahen zu, wie der Silbervazaha mit seinen langen Beinen einen niedrigen Baum erklomm. Zafi war ebenfalls aus den Büschen getaucht.

Der Silbervazaha machte es ganz falsch, Don sah es gleich. Er streckte die Arme nicht weit genug aus. Und was tat er jetzt? Er hüpfte auf seinem Ast auf und ab wie ein Huhn! Schlug mit den Flügeln, auf, ab, auf, ab – und jetzt ... »Versuchen Sie, zu gackern?«, rief Maitresse Tui.

»Ja!«, rief er. »Ich muss mich ein bisschen aufwärmen. Die richtige Einstellung kriegen. Zum Fliegen. Es muss ganz natürlich geschehen.«

»Aber Hühner fliegen eher selten«, murmelte Zafi.

»Gooock – gock – gock!«, rief der Silbervazaha und hüpfte.

Und dann warf er sich in die Luft, wirbelte seine Flügel wild hin und her, beschrieb eine Art Purzelbaum im Nichts und plumpste vor ihren Füßen zu Boden.

»O Gott«, sagte Maitresse Tui und kniete sich zu ihm. »Haben Sie sich wehgetan?«

»Nein, nein, geht schon«, stöhnte der Silbervazaha. »Ich bin nur ... irgendwie ... in den Schlaufen verheddert.«

Sie brauchten alle drei eine ganze Weile, um ihn zu befreien, und als sie fertig damit waren, schüttelte er sich erschöpft.

»Ich glaube, ich werde doch kein Huhn«, erklärte er.

In seinem Haar waren ein paar Fetzen von rosa Stoff.

»Ich fürchte, die Flügel sind zerrissen«, sagte Maitresse Tui. »Die müssen wir erst flicken. Falls das geht. Ich …«

»Nein«, sagte Don. »Geben Sie sie mir.« Und er streifte die Flügel, die jetzt Risse hatten, ein zweites Mal über. Auf einmal fühlte er sich gut und mutig und heldenhaft. So wie der Silbervazaha würde er sich sicher nicht anstellen. Er hatte jetzt gesehen, wie man es *nicht* machte. Er stieg auf einen ganz anderen Baum, breitete die Flügel aus und sah Maitresse Tui in die Augen. Sie spiegelten den Himmel, wie immer, groß und weit und voller Möglichkeiten. Maitresse Tui lächelte.

»Nur zu!«

»Zahlen und Buchstaben und Gedanken existieren auch nur in unseren Köpfen«, sagte Don.

Sie nickte.

»Genau wie Menschen, die fliegen können. Oder Fahrräder.« Wieder nickte sie.

»Trotzdem sind wir mit dem Fahrrad geflogen. Weil niemand daran gezweifelt hat.«

Ein drittes Nicken.

»Okay, ich glaube daran«, sagte Don. »Ich kann es, weil ich daran glaube. Das Fliegen ist *in* meinem Kopf. Wie die Zahlen und die Buchstaben. Das reicht.«

Er machte einen Schritt vorwärts, in die Luft – und breitete die Flügel aus. Weit, weit, wie ein Adler, der auf dem Wind gleitet. Und er glitt. Er glitt ein Stückchen abwärts, haarscharf an Maitresse Tui vorbei. Der Lufthauch der Flügel ließ die Haarsträhnen wehen, die sich aus der Kätzchen-Frisur gelöst hatten. Und jetzt stieg er wieder auf, nutzte eine warme Luftströmung, segelte zwischen den Bäumen hinauf. Hinauf, hinauf ... Er schlug nur zwei Mal überhaupt mit den Flügeln, das reichte vollkommen aus. Der Trockenwald lag unter ihm, er ließ ihn weiter und weiter zurück, beschrieb Bögen und Schleifen, schraubte sich hoch ins Blau, ließ sich wieder fallen, drehte sich.

Er jubelte. Niemand hörte ihn hier oben, er jubelte nur für sich, er musste einfach. Fliegen war so ein herrliches Gefühl.

Und jetzt war da etwas hinter ihm. Er hörte es, als er mit dem Jubeln fertig war. Ein winzig kleines Geräusch, mitten in der Luft. Etwas wie ein Maunzen. Obwohl garantiert keine fliegenden Katzen über dem Trockenwald unterwegs waren. Er segelte weiter, möglichst leise, in einem sanften Bogen – da hörte er es wieder. Und etwas streifte seinen bloßen Fuß. Ganz leicht. Etwas wie ein Schmetterling.

»Lemur!«, rief Don. »Da bist du! Du ... du fliegst?«

»Mau«, sagte der Lemur, wirklich sehr, sehr leise.

»Schau, wie schön es ist! Die Hütten da hinten und das Band des Flusses da ganz weit weg ... und die Schule, ich sehe die Schule! Und den Mangobaum!«

»Mau – maaaau«, sagte der Minilemur. Es klang beinahe wie Mango.

Don fragte sich, ob er sprechen lernen konnte. Wenn Fliegen ging.

»Wir müssen jetzt landen!«, rief Don. »Laaandeeeen!«

»Maaaa – meeen«, piepste der Lemur.

»Ja, so ähnlich«, sagte Don. Und er flog eine weitere Kurve, wandte sich abwärts, flatterte einmal kurz und versuchte, auf die Lichtung zuzuhalten. Maitresse Tui winkte mit beiden Armen. Der Silbervazaha winkte ebenfalls. Zafi hatte die Augen mit der Hand abgeschirmt.

Don schoss auf sie alle zu, er musste seine Geschwindigkeit drosseln, dringend ... er schoss zwischen ihnen durch, sah sie aufschreien und zur Seite springen, beschrieb eine weitere enge Kurve, schoss noch einmal auf sie zu, schon ziemlich tief jetzt – und da hob Maitresse Tui die Hand zu einem Stopp-Zeichen.

Und Don spürte, wie er mitten in der Luft einfach stehen blieb. Dann schwebte er ganz sacht zu Boden. Er schüttelte den Kopf, rappelte sich auf, stand. Und etwas winzig Kleines landete auf seiner Schulter und biss zärtlich in sein Ohrläppchen.

»Wahnsinn«, sagte Don. »Wir sind ... wir sind geflogen! Er kann es! Er hat es gelernt!«

»Du bist eine gute Mama«, sagte Zafi und lachte. »Jetzt müssen wir nur noch die Samen der Glockenblume finden. Hier ist sie jedenfalls nicht. Wenn sie da war, ist sie vor Jahren zu Staub zerfallen.«

Die Polizeistation war ein flacher weißer Betonbau, von dem das Weiß abblätterte.

Die schwarzen Buchstaben GENDARMERIE waren gerade noch zu lesen.

Die Fenster waren vergittert. Ein Baum mit ausladenden

Zweigen und kleinen, müden Fiederblättchen beschattete das Gebäude, und Feno sagte, diese Sorte Baum würde im Januar violett blühen.

»Muss hübsch sein«, sagte Enia. »Man müsste mal im Januar da sein. Aber jetzt ist März ... Nächsten Januar bin ich wieder in Deutschland. Da ist im Januar nur Dauerregen.«

»Schööön«, seufzte Feno.

»Da!«, sagte Fito und zog an ihrem Arm. »Da drüben! Die Tür ist nicht ganz zu.«

Die Ziege hatte die angelehnte Tür auch entdeckt und stieß sie mit der Nase ganz auf, und kurz darauf standen sie alle samt Ziege in einem kleinen schattigen Raum mit einem Gitter an einer Seite, hinter dem etwas erhöht jemand saß.

Eine junge Frau.

Sie sah von einem großen linierten Heft auf, in das sie etwas geschrieben hatte, und rückte ihre riesige Brille zurecht. »Sie wünschen?«

»Es ist sehr nett, dass Sie die Ziege siezen«, sagte Fito. »Die meisten machen das nicht.«

»Bitte?«

»Na ja, die Ziege war zuerst da, deshalb«, meinte Fito. »Wir suchen aber einen Lemur.«

»Aha«, sagte die junge Frau und rückte jetzt ihre schwarze Kappe zurecht, auf der POLICE stand.

»Er ist gestern eingesperrt worden«, sagte Fito. »Aber er ist unschuldig.«

»Fito, lass mich mal«, sagte Enia und trat vor. »Wir wollten fragen ...«

»Ein Vazaha-Kind!«, sagte die Polizistin und lächelte. »Und ganz allein?«

»Ich bin nicht allein, ich bin mit meinen Freunden hier«, sagte Enia irritiert. »Wir wollten fragen ...«

»Aber wo sind deine Eltern?«

»Mein Vater ist in Ehinde. Er hat uns ja geschickt! Wir ...«

»Liebes Kind, du kannst hier nicht ganz alleine rumlaufen, ohne Begleitschutz. Dies ist ein gefährlicher Ort«, sagte die Polizistin. »Wir sollten ...«

»Aber die madagassische Polizei macht ihn ja sicherer!«, sagte Enia und strahlte die junge Frau an. »Nicht wahr? Mein Vater ist Journalist, er macht eine Reportage. Es heißt, dort sei eine ganz neue Spezies entdeckt worden. Ein neues Tier. Und dass die madagassische Polizei es gestern aus den Fängen der Dahalos gerettet hätte. Eigentlich sollte seine Reportage überhaupt um den heldenhaften Kampf der Polizei gegen die Dahalos gehen. Und da wollten wir gerne fragen ...«, sie holte tief Luft, »... ob die tapferen Männer, die gestern das Tier gerettet haben, hier sind. Damit ich sie für die Reportage fotografieren kann. Mein Vater hat mir extra sein Handy gegeben. Weil er doch gleichzeitig der neuen Spezies nachspürt und ...«

»Moment«, sagte die junge Frau. »Die Männer, die gestern Nacht unterwegs waren?«

»Ja, wir hoffen, sie sind zu sprechen?«, fragte Enia und hoffte überhaupt nicht, dass sie zu sprechen waren.

»Nun, nein, leider nicht. Sie werden später kommen. Oder morgen. Oder nächste Woche. Es gibt viel zu tun für die Polizei hier, versteht ihr, Kinder.«

»Wo ist denn der Lemur? Könnten wir ihn dann so fotografieren?«, fragte Enia und wedelte mit dem Handy. »Der Artikel muss heute abgegeben werden. Er ist für eine wirklich große Zeitung. Na ja, und online kommt das natürlich auch. Würden Sie ... oje, ist das unhöflich, wenn ich frage ... Würden Sie sich eventuell knipsen lassen? Damit wir eine Polizistin drauf haben?«

»Hm, na ja ... ja. Warum nicht«, sagte die junge Frau. »Ich bin aus Überzeugung zur Polizei gegangen, das ist schon wahr. Es ist eine gute Sache, gegen das Böse zu kämpfen.«

Und sie öffnete eine kleine Tür und kam von ihrem Podest hinter dem Gitter, wo es ausgesehen hatte, als hätte sie sich selbst eingesperrt.

»Der Käfig mit dem Lemuren ist hier«, sagte sie. »Aber ... seid nicht enttäuscht, Kinder. Es ist ein sehr besonderes Tier. Man ... sieht es nicht. Zu gut getarnt.«

Und sie griff unter den Tisch in der Ecke und holte etwas Großes hervor, das mit einem schwarzen Tuch abgedeckt war. Als sie das Tuch wegzog, war es tatsächlich der Käfig. Sie stellte ihn auf den Tisch.

Enias Herz machte einen Satz. Es musste schrecklich für das Wasserlemur-Weibchen sein, schon wieder in diesem Käfig zu sitzen.

»Tatsächlich«, sagte sie und schluckte. »Zu gut getarnt.«

Die Ziege schnupperte an dem Käfig und nieste, und Fito sagte: »Vielleicht redet sie mit dem Lemuren. Sie riecht ihn.«

Feno sagte die ganze Zeit über gar nichts. Sie streckte auch die Hand nicht durchs Gitter, um nachzusehen, ob der Wasserlemur da war. Sie tat einfach nichts und hielt den Stock fest, den sie an diesem Tag wieder bei sich hatte.

»Was ist mit ihr?«, fragte die Polizistin mitfühlend.

»Sie ist blind«, sagte Enia. »Ihre Mutter hat gesagt, der Lemur ist vielleicht magisch, und wenn er sie ansieht, kann sie wieder sehen, aber es war ja klar, dass das nicht klappt. Feno!«, rief sie sehr laut.

»Häh?«, machte Feno und drehte den Kopf.

»Hören tut sie auch nicht so gut, was?«, sagte die Polizistin. »Armes Kind.«

»Ja, sie hat es nicht leicht«, sagte Fito. »Bisschen doof ist sie auch.«

Feno trat ihm auf den Fuß, und damit die Polizistin nicht hörte, wie er empört »Aua!« fauchte, sagte Enia schnell: »Könnten Sie sich hier zu dem Käfig auf den Tisch setzen, so ganz locker? Das wäre ein tolles Bild. Ich mache mehrere, dann können Sie eins aussuchen ...«

Die Polizistin zog einen kleinen Kamm aus ihrer schwaren Uniformbluse mit dem weißen POLICE-Aufdruck, passend zur Kappe, und fuhr sich damit kurz durchs Haar.

»Jetzt!«, sagte sie und drapierte sich mit übereinandergeschlagenen Beinen auf dem Tisch vor dem Käfig. Dabei sah Enia, dass in ihrem Holster gar keine Pistole steckte. Sondern ... ein Föhn. Die Polizistin lächelte in die Kamera, und Enia knipste. Mindestens zehn Mal.

»Tsara. Schön. Wunderbar«, sagte sie. »Jetzt bräuchten wir nur noch ein Bild draußen, vor der Polizei. Damit man das Gebäude auch sieht, und die Schrift. Ginge das?«

Die Polizistin nickte. »Einen kleinen Moment kann ich erübrigen, glaube ich. Wisst ihr, ich wollte immer gegen die Dahalos kämpfen. Schon als ich so alt war wie ihr. Im Augenblick bin ich noch mehr im Büro und mache Papierkram, aber eines Tages werde ich auch da draußen sein und ...« Sie griff mit einer Hand an ihr Holster.

»... Dahalos föhnen«, beendete Fito ihren Satz.

»Oh, die Pistole ... die Männer meinten, ich brauche keine. Es ist wichtiger, wenn ich im Büro die Polizei repräsentiere und schick aussehe.« Sie seufzte.

»Was?«, fragte Enia ungläubig. »Die haben ja keine Ahnung! Frauen können doch genauso gut Verbrecher jagen!«

»Hm, meinst du?« Die Polizistin seufzte wieder. »Eigentlich ist mir auch egal, ob ich schick aussehe. Ich würde lieber Sachen erleben. Und Fälle aufklären. Nicht eines Tages, sondern ... jetzt.«

»In meinem Land«, sagte Enia, »sind junge Frauen auch Polizeichefs. Oh, aber für das Foto sollten Sie das da aus der Tasche nehmen, was ist das?« Sie wies auf eine sehr schlüsselförmige Ausbeulung in einer weiteren Tasche der Polizistin. »Das sieht ein bisschen komisch aus.«

»Das? Ach, die Schlüssel.« Die Polizistin zog sie heraus und legte sie auf den Tisch. Neben den Käfig. »Dann können wir.«

Fito und Enia folgten ihr hinaus, aber Feno blieb mitten im Raum stehen. Dann tastete sie nach einem Stuhl und ließ sich umständlich darauf nieder.

»Lassen wir sie hier?«, fragte die Polizistin besorgt und drehte sich auf der Schwelle noch einmal um.

»Ja, is besser«, sagte Fito. »Hier is Schatten. Es is immer alles ganz schön anstrengend für sie. Kann auch nicht so gut laufen und so. Alles angeboren.«

»Ach, das arme Kind.« Die Polizistin strich Feno über das wilde Haar.

Feno fuhr mit einer Hand durch die Luft und fragte: »Hallo? Hallo?«

Und die Polizin sagte sehr laut: »Wir! Sind! Gleich! Wieder da! Bleib schön hier sitzen! Ja?«

»Sitzen?«, fragte Feno dümmlich.

Übertreib es nicht!, dachte Enia.

Doch die Polizistin merkte nichts, sie ging hinaus und postierte sich vor der Schrift GENDAMERIE auf der Wand.

»So? Ist es so gut?«

»Perfekt«, sagte Enia. Sie kniete sich hin, knipste, stand wieder auf, knipste, trat zurück, knipste ... Fito stand mit seiner Ziege etwas abseits und behielt die halb offene Tür im Auge. Enia wartete auf sein Zeichen.

»Fertig?«, fragte die Polizistin.

Warum machte Fito das Zeichen nicht?

»Moment noch. Könnten Sie ... die Waffe ziehen? Ach nein, das ist ja der Föhn ... Und wenn wir einfach so tun, als wäre es eine Waffe? Mein Vater kann das sicher mit Photoshop so aussehen lassen. Zielen Sie mal mit beiden Händen. Nein, nein, nicht auf mich, zur Seite ... ja, so ...«

Enia knipste. Fito machte kein Zeichen.

»Und wenn Sie sich jetzt kurz hinknien würden? Oder auf ein Knie. Genau, so. Wie auf einem Filmplakat. Und dann ziehen Sie die Waffe noch mal und drehen sich blitzschnell um und tun so, als ob Sie schießen.«

In diesem Moment trippelte die Ziege näher, und die Polizistin drehte sich um und fand sich Nase an Nase mit der Ziege. Die Ziege hingegen sah in die bedrohliche schwarze Mündung eines entsicherten Föhns und meckerte erschrocken. Enia knipste. Das war ein wirklich schönes Bild.

Fito machte immer noch kein Zeichen.

»Ich muss jetzt wirklich«, sagte die Polizistin und stand auf.

»Meinen Sie nicht, wir könnten die Polizei noch so richtig in Aktion zeigen?«, fragte Enia verzweifelt. »Wie Sie ... zum Beispiel auf den Jacarandabaum klettern?«

»Nein, wirklich«, sagte die Polizistin. »Das ist mir jetzt zu viel. Außerdem ist dafür die Uniformhose zu eng.«

Da endlich, endlich machte Fito das Zeichen: Er hob eine Hand und kratzte sich ausgiebig am Kopf.

»O weh, hat der Kleine Läuse?«, fragte die Polizistin und hielt einen möglichst großen Abstand, als sie an ihm vorbei wieder ins Gebäude schlüpfte.

Drinnen saß Feno genauso da wie zuvor. Der Käfig stand genauso da wie zuvor, und auch die Schlüssel lagen exakt genauso da.

Verdammt!, dachte Enia. Warum hatte Feno nicht getan, was sie abgesprochen hatten?

Enia zeigte der Polizistin die Fotos, und sie entschied sich für zwei und tippte ihre Adresse in Papas Handy, damit er ihr die Bilder schicken konnte.

»Für mein Facebook«, sagte sie. »Ich soll doch die Polizei repräsentieren.« Sie sah auf die Uhr, die an der Wand hing. »Oh, aber ihr solltet jetzt gehen.« Und damit steckte sie auch den Schlüsselbund wieder ein. Deckte den Käfig mit dem schwarzen Tuch ab. Stellte ihn zurück unter den Tisch.

Enias Herz war schwer, als sie das Polizeigebäude verließen.

Sie gingen ein ganzes Stück schweigend, Feno auffällig langsam, sie hatte den Stock mitgebracht und tastete, aber nicht so flink und geübt wie sonst. Enia schob das Fahrrad.

Und schließlich bogen sie um eine Hausecke.

»Uff«, sagte Feno da und lehnte sich an die nächste Wand.

»Was war denn das?«, fragte Enia aufgebracht. »Hab ich mich jetzt umsonst zum Affen gemacht?? Warum hast du nicht …?«

»Warum habe ich nicht *was*?«, fragte Feno und grinste. Dann zog sie die Hand aus der Tasche und hielt sie ihnen hin, Handfläche nach oben. Die Handfläche war leer.

Enia beugt sich dicht darüber.

Da hörte sie etwas Kleines atmen und rascheln.

»Du … du hast aufgeschlossen und sie aus dem Käfig geholt? Also doch? Aber du … du sahst aus, als hättest du dich gar nicht vom Fleck bewegt! Und der Schlüssel lag exakt so da wie vorher!«

»Na, ich dachte, das sollte so sein«, meinte Feno. »Es ging ganz schnell.«

Enia schnaubte. Halb erleichtert, halb ärgerlich. »Und warum hast du das Zeichen so lange nicht gemacht, Fito?«

»Ooooch, es war so lustig«, meinte Fito, »wie du dir immer neue Sachen ausgedacht hast, die die Polizeifrau machen musste.«

Enia hätte ihn gerne gewürgt. Aber dann umarmte sie ihn nur. Und Feno auch, vorsichtig, wegen des Lemurs auf ihrer Hand.

»Wir sind ein krasses Team«, sagte sie.

Wenig später fuhr ein rosenbekränztes Fahrrad die Erdstraße zwischen den Betonhäusern entlang, über den großen Platz mit den kaputten Bänken und dem einsamen Baum, an ein paar Ständen mit Tomaten vorbei.

Ein paar müde Hunde hoben die Köpfe und wunderten sich. Aber auch sie sahen nicht, dass dem Fahrrad ein kleiner Lemur mit Schmetterlingsflügeln voranflatterte.

13. KAPITEL,

in welchem in einer Kneipe böse Pläne geschmiedet
werden, die Geschichte eines Amuletts erzählt wird
und es nicht regnet

Und vielleicht wäre alles gut gegangen. Wer weiß.

Wenn sie einfach geradeaus weitergefahren wären. Ejeda verlassen hätten. Wie geplant.

Wenn nicht dieses Polizeiauto an ihnen vorbeigefahren wäre.

Das Polizeiauto, das sie kannten. Oder wenn sie es hätten fahren lassen und ihm nicht gefolgt wären. Oder wenn – aber was nützen all diese Wenns! Aus Wenns kann man sich kein Eis stricken.

»Da, guckt mal!«, rief Fito. »Das sind doch die Dahalo-Polizisten! Genau die drei! Die saßen da eben im Auto!«

»Und«, sagte Enia, »sie hatten den Käfig, habt ihr gesehen? Sie denken, der Lemur ist noch drin. Wo wollen sie hin damit?«

Natürlich folgten sie dem Wagen.

Er bog in eine kleine Seitenstraße ein, in die er eigentlich gar nicht hineinpasste, zwischen Häuser, die nicht aus Beton gebaut waren, sondern aus Lehm, bröckeligere und weniger reiche Häuser ganz am Rande der Stadt. Und dann hielt er, neben einem dieser Häuser. Der riesige Wagen in der schmalen Straße sah grotesk aus. Angeberisch. Die Polizisten stiegen aus und betraten das Haus. Es hatte eine blau gestrichene Brettertür, und Stimmen und Musik drangen heraus.

Neben der Tür hing ein Reklameschild für Bier, und vor dem Haus standen ein paar halb kaputte rote Plastikstühle und ein roter Plastiktisch mit drei Beinen, an dem zwei Leute saßen und aus kleinen Gläsern tranken.

Feno schnupperte. »Eine Kneipe!«, flüsterte sie.

Zur Abwechslung sah sie mit der Nase.

»Wir sagen, wir sollen Bier holen für unseren Vater«, sagte Feno.

Sie schlüpften durch die blaue Brettertür, und dahinter war es dämmerig und verqualmt, und Enia sah für einen Moment definitiv weniger als Feno. Dann gewöhnten sich ihre Augen an das Qualmdunkel. An ein paar kleinen Tischen saßen Männer und tranken und rauchten und redeten, während die Lichter einer bunten Lichterkette an der Wand im Takt der Musik blinkten. Die meisten Lichter waren allerdings hinüber. Die meisten Männer auch. Sie hingen nur so an ihren Tischen, und sie guckten nirgendwo hin.

»Das«, sagte Fito mit erhobenem Zeigefinger, »sind die traurigen Opfer verlorener Perspektiven.«

»Was?«

»Das hat Maitresse Tui mal gesagt, als so einer im Dorf rumgewankt ist«, sagte Fito. »Keine Ahnung, was es heißt, aber ich hab's mir gemerkt. Irgendwie hat es auch was damit zu tun, dass wir keinen Regen haben. Aber wie – frag mich nicht. Vielleicht müssen sie Schnaps trinken, weil es kein Wasser gibt?«

Enia schluckte. Klar, dachte sie, die Männer hatten keine Arbeit, weil auf ihren Feldern nichts wuchs. Deshalb waren sie hier. Um das zu vergessen und das bisschen Geld, was sie noch hatten, zu versaufen.

»Wenn der Wasserlemur das Wasser findet«, flüsterte Feno, »wird das alles anders!«

Sie fanden die drei Polizisten ganz hinten an einem kleinen Ecktisch neben einem Kühlschrank voller Flaschen, und das war praktisch, denn so konnten sie sich auf der anderen Seite neben dem Kühlschrank verstecken. Da standen auch zwei Säcke, und dahinter war ein wirklich gutes Versteck. Es beachtete sie aber sowieso keiner, die Männer hatten genug mit sich selbst zu tun, und der Qualm war so dick, dass die Kinder darin verschwanden.

Die Polizisten hatten den Käfig auf den kleinen Tisch gestellt, und jetzt kam ein Junge und brachte ihnen drei Bierflaschen, an denen außen das Kondenswasser heruntertropfte. Sie sahen wunderbar kühl aus. Der Junge war vielleicht so alt wie Feno und Enia. Er trug ein schmuddeliges Handtuch als Schürze, an dem er seine Finger abwischte, und war wieder fort.

»Sollte der nicht zur Schule gehen?«, wisperte Enia.

»Wieso?«, wisperte Fito. »Er hat doch Arbeit! Glückspilz.«

Dann kamen durch den Qualm noch zwei Männer gewatet und setzten sich zu den Polizisten, es war jetzt ziemlich eng an dem Tisch. Es waren zwei der Dahalos: Maske und einer mit einem löchrigen Raphia-Hut.

Enia sah Fito an, und er nickte. »War klar.«

Der Junge brachte mehr Bier.

Und dann hoben die Männer die Flasche und prosteten sich zu.

»Cin cin!«

Dann räusperte Maske sich. »Also«, sagte er, »wir haben den Wasserlemuren.«

Alle murmelten zustimmend.

»Und wir werden Wasser finden und in Flaschen abfüllen und den Leuten verkaufen. Teuer genug, damit sie es wertschätzen. Wasser ist wertvoll.«

Enia verstand nur Wasser, rano, aber Feno übersetzte ganz, ganz leise für sie.

Wieder zustimmendes Gemurmel.

»Wir brauchen nur einen guten Plastikflaschen-Lieferanten«, sagte der Polizeichef.

»Man kann die Flaschen gebraucht auf dem Markt kaufen, in Toliara«, sagte einer.

»Ach was, da kriegen wir nie genug zusammen«, sagte ein anderer. »Nein, wir finden irgendein Großunternehmen in Tana, in der Hauptstadt. Wir machen es so wie die großen Firmen aus dem Ausland.« Er lachte scheppernd. »Verkaufen den

Leuten ihr eigenes Wasser! Wir müssen nur einen schicken Namen draufschreiben.«

»Aber das alles geht nicht, wenn der Lemur nicht sichtbar ist«, sagte der mit dem löcherigen Strohhut. »Wir brauchen die verflixten Samen der Dorn-Glockenblume.«

»Ja, verdammt!« Maske schlug auf den Tisch, dass die Bierflaschen nur so hochhopsten.

»Diese Samen! Meine Großmutter hat mir genau solche Samen als Schutzzauber mitgegeben, als ich ein Kind war, sie waren in meinem Amulett.« Er griff an seinen Hals. Wo nichts hing.

»Wo ... sind sie?«, fragte einer der Polizisten vorsichtig.

»Weg«, knurrte Maske. »Weg. Weg!«, brüllte er dann und hieb wieder mit der Faust auf den Tisch. »Weil sie mir gestohlen wurden! Da waren wir noch etwas weiter im Norden unterwegs, haben auf der Strecke nach Toliara gelagert, in einem anderen trockenen Flussbett. Gute Verstecke, die Flussbetten, wirklich. Und ich bin eingeschlafen, im Schatten der Brücke da. Ein wenig zu viel Schnaps vielleicht. Und als ich aufwache, da klaut mir doch ein Kind mein Amulett! Hab es gerade noch gesehen, ein Mädchen, Kinder sind Teufel. Ich war zu müde ... der Schnaps ... hab sie nicht mehr gekriegt, sie ist damit abgehauen.« Er schüttelte den Kopf. »Wahrscheinlich hat sie gedacht, es ist ein wertvolles Amulett. So eines, das unverwundbar gegen Kugeln macht. Weil wir Dahalos sind. Dafür zahlt man immerhin viel Geld auf dem Markt. Hat's vielleicht versucht zu verkaufen. Ich! Ich muss nicht unverwundbar sein gegen Kugeln, auf mich schießt ja keiner.« Er legte einen Arm um den Polizeichef, während Feno wispernd weiter für Enia übersetzte. »Wir sind doch alle Freunde, nicht wahr.«

»Ja, das ist besser, dabei gewinnen alle«, sagte der Polizeichef. »Cin cin! Prost!«

Und sie tranken wieder alle. »Na ja, damals dachte ich nicht, dass es so schlimm wäre, waren ja nur wertlose alte Samen drin«, sagte Maske schließlich. »Aber jetzt ... wenn wir es hätten ...«

Er schüttelte den Kopf.

»Aaah!«, rief er dann so plötzlich, dass alle zusammenzuckten. »Es kann sein, dass in der Hütte meiner Eltern noch ein Vorrat von diesen Samen ist! Für mehr Schutzamulette. Alte Leute glauben ja komische Sachen. Und mein Vater bewahrt alles auf, alles. Immerhin haben wir den alten Vogelkäfig da gefunden. Da hatten wir so einen kleinen gelben Vogel drin, als ich ein Kind war ...« Seine Stimme klang plötzlich ganz verträumt. »Der konnte so schön singen ... Irgendwann tat er mir leid. Und ich habe ihn freigelassen.« Er fuhr sich mit der Hand über die Augen. »Ja, ja. So ein Kind war ich. Mein Vater hat mich immer ausgelacht.« Dann schüttelte er sich und straffte seine Schultern. »Aber heute bin ich hart und gnadenlos! Heute lass ich mich von keinem mehr auslachen, heute würde ich den Vogel braten, haha. Nur wer hart ist, kann überleben! So ist es doch, Männer, was?«

»So ist es! Cin cin!«

Wieder klirrten die Flaschen gegeneinander.

»Ich bin auch ein Mann. Total gnadenlos«, wisperte Fito und ballte die Fäuste. »Die können was erleben!«

Enia lächelte. »Weißt du, dein großer Bruder kommt auch ganz gut klar, oder?«, wisperte sie zurück. »Und er würde sicher Vögel freilassen.«

Fito verdrehte die Augen. »Der *ist* ein Vogel«, sagte er. »Er flötet ja selber.«

»Wir werden auf den Markt in Toliara gehen und dort solche Samen finden«, sagte einer der Dahalos jetzt.

»Gute Idee, gute Idee!«, murmelten alle. »Gleich morgen!«

Feno übersetzte wieder. Sie schien Spaß daran zu haben, jetzt machte sie beim Wispern sogar die verschiedenen Stimmen der Männer nach, sodass Enia sich das Lachen verkneifen musste.

»Die ganze Sache hat nur einen Haken«, sagte Maske. »Und deshalb habe ich euch hier zusammengerufen. Was, wenn es noch einen Wasserlemuren gibt? Oder mehrere? Wenn einer sein Nest im Trockenwald gebaut hat, kann auch ein anderer da sein. Niemand weiß genau, dass dies der letzte ist. Und wenn uns jemand Konkurrenz macht ... wenn jemand einen zweiten findet ... und den Leuten das Wasser zeigt und sie es sich umsonst holen, ohne zu bezahlen ...« Er schüttelte den Kopf. »Dann ist alles umsonst gewesen. Die Leute werden suchen, jetzt. Weil sie wissen, dass da einer war. Es ist wie mit Saphiren. Wenn einer einen findet, kommen sie alle angekrabbelt und wühlen den Boden um wie eierlegende Schildkröten.« Er sah in die Runde.

»Also? Was werden wir tun?«, fragte sein Nachbar.

»Wo kein Trockenwald ist, sind keine Wasserlemuren«, sagte Maske bedächtig.

»Du meinst ...?«

»Ganz genau. Wir werden ihn beseitigen.«

»Es wird dauern, alle Bäume zu fällen, aber natürlich gibt es gutes Geld fürs Holz …«

»O nein«, sagte Maske. »Geld werden wir sowieso genug haben. Nein, fällen dauert viel zu lange. Wir müssen jetzt handeln. Wir werden …« Er sah sie alle an, machte eine Spannungspause, und sie hingen an seinen Lippen, die unter der schwarzen Maske sprachen. »Wir werden den Trockenwald abbrennen. Noch heute.«

Einen Moment lang war es ganz still am Tisch. Nur die Musik und die Gespräche der anderen Männer summten im Hintergrund.

»Aber … die Ahnen!«, flüsterte dann der Dahalo mit dem löcherigen Hut. »Die Geister! Erinnert euch, wir haben sie gesehen … oder jedenfalls gespürt … beim Grab … und auch im Wald, da war etwas seltsam, ich habe es genau gefühlt … Die Ahnengeister leben in den Wäldern, sie kommen manchmal nachts heraus und setzen sich bei irgendeinem Dorf hin und machen Feuer und beobachten die Lebenden … Sie werden uns fürchterlich strafen, wenn wir den Wald abbrennen! Sie werden uns heimsuchen und uns das Leben zur Hölle machen!«

»Wir müssen den Wald ja nicht selber abfackeln«, sagte der Polizeichef. »Wir brauchen einfach nur ein paar Leute, die das für uns tun.«

»Und wo finden wir die?«

»Direkt dort. In dem Dorf beim Trockenwald, wo wir euch verhaftet haben«, meinte der Polizeichef. »Diesem Dorf mit der aufmüpfigen Lehrerin. Dem Dorf mit dem verrückten Jungen, der auf den Händen geht statt auf den Füßen. Davon habt ihr doch alle schon gehört? Man sagt, er sei falsch rum geboren worden ...«

Sie nickten alle.

»Ehinde«, murmelte Maske.

»Ja, ganz genau, das ist das Dorf. Es gibt eine Menge Kinder dort. Kinder, denen jemand Schreiben und Rechnen und Denken beibringt!« Er schüttelte den Kopf. »Ts, ts. Ganz schlecht. Kluge Kinder gehorchen schlechter. Nun, die Kinder sollten ein Mal im Leben zu etwas gut sein.«

»Sie werden niemals den Trockenwald für uns anzünden!«

»Freiwillig nicht«, sagte der Polizeichef. »Aber wir werden sie nicht nach ihrer Meinung fragen. Wer fragt schon Kinder nach ihrer Meinung.«

Stühle wurden gerückt, die Flaschen klirrten wieder, Maske legte ein paar Geldscheine auf den Tisch, und dann bahnten sich die Männer einen Weg durchs qualmige Dämmerlicht, zurück zum Ausgang.

»Los!«, zischte Fito, und sie folgten ihnen geduckt.

Kurz darauf wurde draußen röhrend der Motor des Polizeiautos gestartet. Dahinter stand jetzt noch ein anderes Auto. Ein Pick-up. Weiß mit einer ausgewechselten rostroten Tür. Ziemlich klapperig.

Maske legte liebevoll die Hand darauf. »So, liebe alte Schrottmühle, los geht's«, sagte er.

Enia, Feno, Fito und die Ziege standen im Schatten der blauen Brettertür.

»Wir müssen da rein!«, wisperte Feno. »Ins Auto. Zu den

Männern. Wenn wir ihnen mit dem Fahrrad folgen, bemerken sie uns. Und wir wären zu langsam!«

Da war Enia sich nicht so sicher, denn immerhin konnte das Fahrrad manchmal fliegen, aber mit dem Bemerken hatte Feno recht.

Sie warteten, bis alle Männer eingestiegen waren. Dann nickte Enia Fito zu und zog Feno am Arm mit sich. Und Sekunden später saßen sie hinten auf dem Pick-up. Samt Ziege.

Der Pick-up holperte los, und sie fielen alle durcheinander, aber ohnehin war es besser, flach auf der Ladefläche zu liegen, denn so konnte niemand sie sehen.

»Feno?«, fragte Enia. »Geht es dem Wasserlemuren gut?«

Feno nickte. »Ich weiß nicht, warum er unbedingt auf meiner Stirn sitzen muss, seine Krallen piksen, aber es geht ihm prima.« Fito lachte. »Und die denken, sie hätten ihn in ihrem Käfig! Eigentlich haben wir gewonnen, oder?«

»Nicht ganz. Sie werden den Wald abbrennen, und das ist schrecklich«, sagte Enia. »Und wir haben keine Samen, um die Lemuren sichtbar zu machen. Und das Ultimatum für den Regen läuft morgen ab. Und dann unterschreibt euer Dorfchef einen Vertrag in Toliara, und das Dorf wir zu einem Bergwerk.«

Die Ziege stützte ihre Beine auf den Rand des Pick-ups und meckerte.

»Sie sagt, wir werden es schaffen«, meinte Fito, der auch mal etwas übersetzen wollte.

»Na, hoffentlich hat sie recht«, sagte Enia.

Sie lugte noch einmal über den Pick-up-Rand und sah in der Ferne das rote Fahrrad mit den Stoffrosen immer kleiner werden. Wie einsam es dort stand, an die Lehmwand der Kneipe gelehnt!

»Bis bald, Fahrrad, lass dich nicht klauen«, flüsterte sie, und ihr Herz war schwer. Als ließen sie einen Freund zurück.

»Ach, das Fahrrad kann ganz gut auf sich selber aufpassen«, meinte Fito. »Immerhin ist es Maitresse Tuis Fahrrad. Und Maitresse Tui kann zaubern.«

»Manchmal«, sagte Enia.

»Wenn man daran glaubt«, sagte Feno.

»Na, dann glauben wir doch einfach daran«, sagte Fito.

Don und die anderen suchten den ganzen Trockenwald zweimal nach den Samenkapseln der Glockenblume ab. Sie fanden zwei Chamäleons, ein grünes und ein rotes, und beide schienen nicht zu wissen, wo sie hinwollten, aber Samenkapseln gab es nicht. Und Blumen schon gar keine.

Schließlich setzten sie sich in den Schatten der Sträucher am Waldrand, und Maitresse Tui reichte ihre Flasche herum.

»Orangensaft!«, sagte Don verwundert.

»Nein«, sagte Zafi, als sie aus derselben Flasche trank. »Himbeerbrause! Ich hab schon mal Himbeerbrause getrunken, sehr lange her, seitdem ist es mein Lieblingsgetränk.«

»Ich hätte jetzt gerne einen Milchkaffee«, sagte der Silvervazaha sehnsüchtig.

Maitresse Tui gab ihm die Flasche und lächelte. »Vorsicht. Er ist noch ziemlich heiß.«

»Heiß?«, fragte der Silvervazaha verwundert, trank einen Schluck und prustete Tropfen überall hin. »Huh! Hah! Heiß!«

»Sag ich doch«, sagte Maitresse Tui und lachte.

Der Silbervazaha knurrte ein bisschen und trank vorsichtig noch zwei Schlucke.

»Sehr guter Kaffee.«

Dann reichte er Maitresse Tui die Flasche. Sie sah hinein und sagte: »Einfaches Wasser, bitte, ganz gewöhnlich lauwarm«, und trank selbst einen großen Schluck. Dann seufzte sie.

»Ich wünschte, wir könnten die Büsche damit gießen. Sie sehen so erwartungsvoll aus, finden Sie nicht? So ... hoffnungsfroh. Sie wollen endlich wieder grün werden und blühen, nach all der Zeit.«

»Ist es keine ... Zauberflasche?«, fragte Don. »Kann sie nicht einfach endlos viel Wasser geben?«

Maitresse Tui drehte die Flasche um, und ein einziger Tropfen fiel heraus.

»Nein«, sagte sie. »Wohl nicht. Wir hatten alle, was wir haben wollten, und jetzt ist sie leer. Mit Wasser funktioniert meine Magie nicht. Du weißt doch, Zafi. Sie funktioniert nur, wenn man daran glaubt.«

»Da kommt ein Auto«, sagte Zafi und zeigte auf eine Staubwolke, die zu groß war für das Fahrrad.

»Sie werden doch nicht ein Taxi genommen haben, um zurückzukommen?«, fragte der Silbervazaha. »Weil das Rad wieder platt ist?«

»In diesem Land nimmt man nicht so einfach ein Taxi«, sagte Maitresse Tui. »Hier gibt es gar keine.«

Seltsam, dachte Don, das Auto fuhr direkt auf sie zu.

»Es ... es ist ein Polizeiwagen!«, sagte er.

Sie standen alle auf, und der Silbervazaha rief: »Hey! Was haben die vor? Uns umzufahren oder was?«

Der Minilemur versteckte sich hinter Dons linkem Ohr, krallte sich oben daran fest und lugte hinüber, was kitzelte.

Dann machte der Wagen eine Vollbremsung und kam direkt vor ihnen zum Stehen. Sie mussten alle husten wegen des Staubs. Als die Wolke sich legte, waren drei Polizisten ausgestiegen.

Und alle drei hatten ihre Waffen gezogen.

»Was …?«, begann Maitresse Tui.

»Das muss ein Missverständnis sein«, sagte der Silbervazaha. »Wir haben nichts getan.«

Aber Don begriff. Es waren dieselben Polizisten, die die Dahalos freigelassen hatten. Die, die mit ihnen gemeinsame Sache machten.

»Legt ihnen Handschellen an«, sagte der mit den schönsten Schulterklappen, der Chef also.

»Sie sind hiermit festgenommen. Wegen Gefährdung der öffentlichen Sicherheit. Dies ist ein geschützter Wald. Ohne Eintritt an die Behörden zu bezahlen, dürfen Sie ihn nicht betreten.«

»Aber … alle sammeln doch Holz hier …«, begann Zafi und verstummte ängstlich.

»Und Sie!« Der Polizeichef wandte sich an den Silbervazaha. »Sie schnüffeln seit Tagen hier herum.«

»Ich habe eine Sondererlaubnis zu Forschungszwecken!«, sagte der Silbervazaha, kramte ein zerknittertes Stück Papier aus der Tasche und hielt es dem Polizeichef entgegen.

»Nein … Moment … das ist ein Parkticket aus Deutschland … das hier?«

»Rechnung Sonnenapotheke, Traubenzucker, eine Packung«, buchstabierte der Polizeichef. »Was soll das sein?«

»Oh, schon wieder das falsche Papier, warten Sie … hier!« Diesmal sah das Papier madagassisch und offiziell aus, das sah Don gleich, es trug einen wunderschönen roten Stempel.

Der Polizeichef überflog es. »Da fehlt die Unterschrift des stellvertretenden dritten Umweltschutzkommissars«, sagte er. »Die hätten Sie sich in Tana holen müssen.«

»Aber niemand hat mir gesagt …«

»Festnehmen!«, befahl der Polizeichef.

Sekunden später trugen sie alle Handschellen, die ihre Hände hinter dem Rücken fesselten.

Don wand sich, doch das nützte nichts.

Er spürte, wie der Minilemur sein Ohr verließ, und hörte etwas ganz leise flattern, und einer der jüngeren Polizisten sagte: »Au!«, und griff sich an die Nase, und ein anderer sagte: »Was ist das?« Und griff sich an den Po, wo der Lemur ihn wohl hineingebissen hatte.

»Mücken«, sagte der Polizeichef kalt. »Es sind Mücken, die sind immer hier.«

Und er schlug auf seine Schulter, wo er wohl etwas gespürt hatte.

»Ich glaub, ich hab eine erwischt.«

»Nein!«, rief Don.

»Was?«, fragte der Polizeichef und sah ihn an. »Hast du ein Problem damit, wenn ich Mücken erschlage, mein Junge?«

Don spürte, wie etwas wieder auf seine Schulter krabbelte und sich unter seinem T-Shirt versteckte, ängstlich und zitternd. Er atmete auf. Der Minilemur lebte. Aber der Polizeichef hatte ihn getroffen, vielleicht war er verletzt. Er spürte, wie Tränen in seine Augen traten.

»Was haben Sie jetzt mit uns vor?«, fauchte er, und eigentlich fauchte er sonst nie.

»Packt sie ins Auto«, sagte der Polizeichef. »Wir nehmen sie mit zum Dorf. Liebe Maitresse.« Und er deutete eine kleine Verbeugung an. »Wir haben gehört, die Kinder sehen die Dinge, die Sie erfinden. Weil sie sooo schön erzählen können. Eine äußerst praktische Gabe.« Er schenkte ihr ein hinreißendes Lächeln. Sie sah nicht hingerissen aus.

»Aha, haben Sie das gehört?«, fragte sie schnippisch.

»Nun, wir brauchen Sie, liebe Maitresse«, fuhr der Polizeichef fort. »Sie dürfen vorn sitzen. Wir werden jetzt zum Dorf fahren und die Kinder dort abholen. Alle Kinder.« Er nahm Maitresse Tui an der Schulter und führte sie zum Wagen. »Bitte sehr, steigen Sie ein. Sie mögen doch Kinder, also freuen Sie sich sicher, wenn wir sie holen.«

»Wozu brauchen Sie die Kinder?«, zischte Maitresse Tui. »Und was wollen Sie von mir?«

»Nur, dass Sie ein bisschen zaubern«, sagte der Polizeichef, und seine Stimme war weich wie gut durchgekochter Reis.

»Was – zaubern?«, fragte sie.

»Lollis«, sagte der Polizeichef. »Schöne, große, bunte Lollis. Rot, gelb, regenbogenfarben – wie auch immer. Toben Sie sich aus. Sie haben doch Fantasie, was man so hört.«

»So, hört man das«, sagte Maitresse Tui und schlug die Beine elegant übereinander in ihrem blau-weiß gestreiften Kleid. Es war voller Kletten und grauer Zweige aus dem Trockenwald, die sich mit ihren Dornen daran festkrallten, aber bei ihr sahen sie aus wie wertvolle geschwungene Verzierungen aus Silber. Sie war, dachte Don, eine Königin. Wie aufrecht sie dasaß, die schlanken Hände auf den Knien, den Kopf auf dem schlanken Hals hoch erhoben. Nie hatten die Kätzchen-Dutts auf ihrem Kopf würdevoller gewirkt. Es waren gar keine Kätzchen. Es waren kleine schwarze Panter, die den Polizeichef beißen würden, dachte er, wenn er es nur wagte, ihr zu nahe zu kommen.

Ja, sie war eine Königin – wenngleich eine gefangene.

Wie gerne hätte er sie befreit, wie gerne wäre er ihr Held gewesen!

Jetzt stopften die Polizisten ihn und Zafi und den Silbervazaha hinten ins Auto und quetschten sich dazu, mit geladenen Waffen.

Und der Chef gab Gas.

»Wir wollen die Kinder im Dorf doch nicht warten lassen«, sagte er. »Alle Kinder lieben Lollis. Wir werden sie damit zum Wald locken. Es wird leicht.«

14. KAPITEL,

*in welchem alles schiefgeht, verschiedene Leute
gefesselt werden, Lollis eine sehr gefährliche Rolle
spielen, etwas angezündet wird und ... es regnet*

»Die fahren nicht zum Trockenwald!«, sagte Fito. »Die fahren
zum Dorf!«

Enia lugte über den Rand. Er hatte recht. Der Pick-up war
von der Piste mit den Kaktushecken abgebogen und holperte
über den unsichtbaren Pfad, der irgendwann zu den Hütten
führte.

Ein paar Ziegen, die jemand vergessen hatte, zu stehlen, ga-
loppierten meckernd beiseite.

Und dann sah sie die ersten niedrigen Dächer, die ersten
leicht schiefen Wände, und in ihr leuchtete etwas. Wie gern sie
diese Hütten hatte! Diese niedrigen vereinzelten Sträucher! Sie

kannte jeden von ihnen inzwischen, sie gaben ein Muster, das nur genau in Ehinde so war. Und ganz hinten ragte der große grüne Mangobaum über die Schule …

Wo waren die Kinder? Sie mussten die Kinder warnen. Nur … wovor?

Der Wagen hielt, und Sekunden später rauschte von rechts eine Staubwolke heran und hielt direkt neben ihnen: der Polizeiwagen. Er war schneller gewesen, sie hatten ihn vor einer Weile aus den Augen verloren, aber da war er wieder, und es waren zu viele Menschen darin.

Maitresse Tui! Wieso saß Maitresse Tui im Polizeiwagen?

»Runter!«, zischte Fito, und Enia duckte sich, damit niemand sie auf dem Pick-up sah. Sie hörte Türen schlagen, hörte, wie die Männer aus den beiden Autos sprangen.

»Jetzt! Wir müssen hier runter!«, wisperte Feno. »Ohne dass sie es merken! Einer muss sie ablenken!«

Die rote Staubwolke der beiden Autos legte sich eben, und dann geschah das Schreckliche. Irgendwie geriet der Staub in Enias Nase. Sie spürte, wie die Nase kitzelte, hielt sie zu, biss die Zähne zusammen … Es nützte alles nichts. Sie musste niesen.

Sie versuchte, es möglichst leise zu tun, hielt beide Hände vors Gesicht.

Einen Moment herrschte absolute Stille.

Dann sagte Maske: »Da hat doch jemand geniest.«

Und dann waren die Dahalos über ihnen und griffen sie und zerrten sie vom Pick-up, alle drei Kinder. Die Ziege blieb als Einzige oben stehen und sah verwundert aus.

»Da ist ja wieder unsere Lieblingsziege«, knurrte Maske. »Hey, du, blöde Ziege, dir verdanke ich zwei blaue Flecken am Hintern! Heute Abend, ich sag es dir. Wenn alles vorbei ist und wir feiern! Heute Abend gibt es Ziegenbraten!«

»Wenn Sie meine Ziege braten, brate ich Sie!«, schrie Fito.

»Nur zu!«, sagte Maske und hob Fito hoch, der hilflos von seinem Arm baumelte. Die Männer lachten schallend.

»Diese Kinder sind mit dunklen Magiern im Bunde«, sagte ein anderer Dahalo. »Sie haben die Schlösser der Ketten geöffnet und sind geflohen, beim letzten Mal! Die sollten wir nicht benutzen, damit sie uns helfen beim Wald.«

»Nein.« Maske schüttelte den Kopf. »Wirklich nicht. Fesselt sie. Und dann steckt sie hinten in euren schönen Polizeiwagen, hört ihr, ganz hinten, wo die Verbrecher reingehören! Hinter das Gitter! Und schließt die Türen gut ab! Sie dürfen uns nicht in die Quere kommen!«

Enia wehrte sich, trat um sich und versuchte, zu beißen, aber es half nicht. Natürlich waren die Männer stärker, und sie wurde zusammen mit den anderen hinten in den Polizeiwagen gestoßen. Tatsächlich, ein Gitter trennte sie von der mittleren Sitzreihe. Es war wie ein winziges Gefängnis, heiß und stickig und eng, und sie fühlte sich so verzweifelt und wütend, dass sie hätte schreien können.

Aber keiner von ihnen schrie, sie waren ganz still, denn sie lauschten jetzt nach draußen.

Die Stimmen der Dahalos waren hinter dem Fensterglas nur gedämpft zu hören.

Papa stand draußen, und er versuchte, Enia anzulächeln,

aber sie sah, dass die Hände hinter seinem Rücken mit Handschellen gefesselt waren, und das Lächeln sah nicht besonders überzeugend aus.

Alles wird gut, wollte das Lächeln sagen.

Sie war sich nicht sicher. Überhaupt nicht.

»Lollis«, hörte sie Maske sagen. »Denken Sie daran. Schöne, bunte Lollis.«

Dann nahm er Maitresse Tui die Handschellen ab.

»Wenn Sie Unsinn machen«, sagte er, »wird Ihr Kollege hier sich leider zu den Ahnengeistern gesellen.« Und er nickte zu Papa hin. Enia schnappte nach Luft. Der Dahalo mit dem löcherigen Hut drückte seine Waffe in Papas Rücken.

Maitresse Tui drehte sich um und sah, was Enia sah, und sie nickte.

»Ich werde tun, was Sie wünschen. Aber versprechen Sie mir, nicht zu schießen.«

»Natürlich, wir sind Ehrenmänner«, sagte Maske und lächelte breit.

Er trat zurück, und der Polizeichef nahm Maitresse Tui galant am Arm, wie um sie zum Tanz zu führen. So ging er mit ihr ein Stückchen auf das Dorf zu. Sie klatschte in die Hände.

»Kinder!«, hörte Enia sie rufen. »Kinder, Kinder! Ich bin zurück!«

Maitresse Tui drehte sich um, sah, dass der mit dem Hut Papa immer noch von hinten die Pistole in die Rippen drückte, und schien zu seufzen. Tut doch etwas, sagte ihr Blick. Ihr anderen. Enia. Don. Feno. Tut etwas, damit ich dies hier nicht tun muss.

Nur, was sollten sie tun? Sie saßen jetzt zu fünft aneinander-
gedrängt hinter dem Gitter, und sie konnten sich nicht rühren.
Moment. Doch. Feno bewegte sich, nur ein wenig, Enia sah es
jetzt. Ihre Hände waren hinter dem Rücken gefesselt, doch ihre
Finger waren frei. Und sie rutschte so weit zu Enia, dass diese
Finger die Fesseln an Enias Händen fassen konnten. Dann begann sie, nach den Knoten zu tasten. Niemand konnte besser
tasten als Feno, Feno las die Knoten mit ihren Fingern.

Und Enia schöpfte wieder Hoffnung.

Aber es war zu spät.

Die ersten Kinder kamen aus den Hütten, strömten aus dem
Dorf, liefen alle auf Maitresse Tui zu.

Blieben stehen, zögernd, wegen der vielen fremden Menschen: der Dahalos und der Polizisten. Verdammt, dachte Enia,
sie sahen den Dahalo hinter Papa nicht, der ihm die Pistole
in die Rippen drückte. Denn der Dahalo war kleiner als Papa.
Sie sahen auch die Handschellen auf seinem Rücken nicht. Sie
dachten vermutlich, er stünde da einfach nur so.

»Keine Angst, wir haben die Dahalos gefangen!«, sagte der
Polizeichef, und Enia konnte sich vorstellen, wie er die Kinder
freundlich anlächelte. »Sie werden euch nichts mehr tun. Aber
wir brauchen eure Hilfe.«

»Wobei?«, rief ein kleines Mädchen und verschränkte die
Hände vor ihrem löcherigen geblümten Kleid.

»Maitresse, sollen wir denen helfen?«, rief Miarisoa, die
schon älter war, misstrauisch.

Maitresse Tui nickte.

»Und ihr ... ihr werdet eine Belohnung bekommen«, sagte

sie. Ihre Stimme zitterte, und der Polizeichef stieß sie an, wahrscheinlich, damit sie lauter sprach.

»Ihr werdet eine Belohnung bekommen«, wiederholte sie. »Schließt die Augen. Vertraut mir. Nicht.«

Der Polizeichef stieß sie wieder an, diesmal gröber, sodass sie fast stolperte.

»Nicht ... wahr, wollte ich sagen, es ist schön, eine Belohnung zu bekommen«, sagte Maitresse Tui rasch. »Lollis. Stellt euch Lollis vor. Eine ganze Menge Lollis an hübschen Holzstielen. Sie sind groß, die Lollis, größer als gewöhnliche, so groß wie große Murmeln. Ich habe gelbe, mit weißen Spiralen verziert, und grüne mit roten Spiralen und himmelblaue mit tieforangen Tupfen. Aaah, und dann gibt es noch die regenbogenfarbenen, großen Kringelschnecken aus bunter Zuckermasse. Sie sind ganz süß, so süß wie eine Lüge ...«

Enia hatte ebenfalls die Augen geschlossen und öffnete sie wieder, und da sah sie, dass Maitresse Tui jetzt in jeder Hand einen ganzen Strauß großer, bunter Lollis hielt. Sie hielt sie hoch, damit die Kinder sie gut sehen konnten, und Enias Magen knurrte.

Die Kinder starrten die Lollis an wie hypnotisiert, sie kamen jetzt alle auf Maitresse Tui zu, und der Polizeichef führte Maitresse Tui zum Pick-up der Dahalos und half ihr hoch auf die Ladefläche. Die Kinder folgten, sie folgten wie an unsichtbaren Schnüren gezogen; sie kletterten eins nach dem anderen auf die Ladefläche, der Polizeichef hob die Jüngsten hoch und lachte und scherzte mit ihnen, und schließlich saßen sie alle dort oben, und jedes bekam einen Lolli.

Wie glücklich sie strahlten! Wie wenig sie wussten.

Die Männer stiegen wieder in die Autos und nahmen Papa mit, und der Pick-up wendete.

Vor den Hütten jedoch standen jetzt die Leute aus dem Dorf, Enia sah Dons und Fitos Großmutter, Nenibe. Und Fenos Mutter. Sie alle starrten den Pick-up an, der ihre Kinder mitnahm. Auch Fenos kleine Schwestern waren darauf.

»Nein!«, rief Fenos Mutter, streckte die Arme aus und rannte auf den Pick-up zu, doch der Pick-up beschleunigte, und sie erreichte ihn nicht.

»Bis bald! Wir sind bald zurück!«, riefen die Kinder und winkten. Und da blieb den Erwachsenen nichts übrig, als auch zu winken. Einige, Enia sah es, setzten sich in Bewegung und folgten den Autos. Sie waren zu langsam, natürlich. Der Polizeiwagen holperte dem Pick-up nach, ließ ihm den Vortritt. Niemand hatte es mehr eilig. Der Plan der Dahalos hatte perfekt funktioniert.

»Enia!«, wisperte Feno. »Deine Hände!«

Enia bewegte ihre Hände. Sie waren frei. Fast hätte sie geweint.

»Hilf mir!«, sagte Feno. Der Knoten um Fenos Handgelenke war sehr fest, und es war so verflixt eng! Enia musste ihre Zähne benutzen, aber schließlich schaffte sie es. Fenos Hände, die am besten knotenlösenden Hände der Welt, waren ebenfalls frei. Sie löste die Fesseln der anderen ... da blieben die Wagen stehen.

Sie waren beim Wald.

Der Polizeichef öffnete die hintere Klappe des Pick-ups und half den Kindern heraus. Am Ende bot er auch Maitresse Tui seine Hand an, wieder sehr galant, doch sie nahm die Hand nicht, sondern sprang selbst zu Boden, mit hoch erhobenem Kopf. Sie sah ihn nicht einmal an.

»Jetzt verteilt euch schön in einer Reihe vor dem Wald!«, rief der Polizeichef. Seine Kollegen führten die Kinder, stellten sie in einigem Abstand auf wie Wachposten.

Die trockenen grauen Büsche wedelten leicht mit ihren Ästen in einer Brise, als wollten sie sie begrüßen. Die Kinder leckten an ihren bunten Lollis und sahen fragend zu den Polizisten.

»Und jetzt?«, fragte eines.

»Jetzt leckt nicht mehr an den Lollis«, sagte der Polizeichef. »Wusstet ihr, dass es magische Lollis sind? Wir können sie im Wald anpflanzen. Für euch. Es werden Lollibäume wachsen, nicht wahr, Maitresse Tui ...«

Aber seine Stimme war nicht die von Maitresse Tui, und die Kinder sahen auf einmal aus, als zweifelten sie. »Sagen Sie es ihnen!«, schnauzte der Polizeichef, und im Auto stieß der Dahalo Papa die Pistole wieder in die Rippen.

»Bäume mit ... wunderschönen Lollifrüchten in allen Farben«, sagte Maitresse Tui. Diesmal war das Zittern in ihrer Stimme stärker. »Lollibäume, ihr wisst ja, die gibt es ständig. Denkt an die Zahlen und die Buchstaben in der Schule, die tanzen können, die gibt es ja auch. Und dann denkt daran, wie ich euch gesagt habe, dass Buchstaben Macht haben. Buchstaben und Worte. Aber Worte können auch gefährlich sein. Schön, aber gefährlich. Bunte Worte, Zuckerworte, sie können ...«

»Schweig!«, fauchte der Polizeichef.

Maitresse Tui verstummte.

Und Enia sah, wie in den Augen und Herzen der Kinder Zweifel aufkeimten.

»Ihr seht doch die Lollis?«, fragte der Polizeichef. »Ihr seht sie doch noch? Rosa, hier, guck!« Er zeigte auf einen gelben Lolli. »Und lila!« Er zeigte auf einen regenbogenfarbenen. Dann auf einen roten mit weißen Punkten. »Und ... blau!«

Die Kinder sahen ihn verwirrt an. Seine Stimme besaß keine Magie. Und es war jetzt klar, dass er die Lollis nicht sah.

Da sah auch Enia die Wahrheit. Ganz plötzlich. Es waren keine Lollis, die Maitresse Tui verteilt hatte. Es waren nur kahle Stöcke. Und einer der Polizisten ging jetzt herum und zündete sie alle am Ende an, die gelben, flackernden Flämmchen ersetzten das Zuckerwerk.

Der trockene Wald wartete, ohne zu wissen, dass sein Tod vor ihm stand.

»Jetzt haben wir bald kein Problem mehr mit einem Wald, in dem vielleicht noch mehr Wasserlemuren wohnen«, sagte einer der Dahalos direkt vor der Fensterscheibe, hinter der Enia saß. »Ich wünschte, wir hätten die Samen von der Glockenblume direkt hier«, sagte Maske neben ihm. »Und wir müssten nicht erst ewig in Toliara auf dem Markt suchen. Ich kann es nicht erwarten, das Wasser zu haben. Was es wohl ist? Eine Quelle, die niemand bisher kennt, in einer verborgenen Höhle unter der Erde ...?« Er klang direkt verträumt. Wie das Kind, dachte Enia, das er einmal gewesen war. Das den Vogel freigelassen hatte.

»Hätte mir bloß dieses Kind an der Brücke das Amulett nicht

gestohlen! Dann könnten wir gleich hier und jetzt den Lemuren sichtbar machen! Dieses verflixte Hexenkind! Es hatte weiße Flecken im Gesicht, hab ich das erwähnt? Als wäre es eine Vazaha, aber nur an manchen Stellen. Ein Zeichen der dunklen Magie!«

Der Polizist draußen ließ die letzten Stöcke gelb erblühen mit der Flamme seines Feuerzeugs.

»Hebt die Lollis!«, rief der Polizeichef.

Die Kinder hoben die brennenden Fackeln, alle gleichzeitig. Es sah schön aus. Wie in einem Theaterstück. All die gelb-orangen Flämmchen vor dem grauen, wartenden Wald.

In seiner Mitte erhob sich majestätisch der Baobab. Vielleicht kannte er sein Schicksal.

Baobabs sind alte Bäume, sie kennen die Vergangenheit – und vielleicht auch die Zukunft, dachte Enia.

Aber dann dachte sie etwas anderes. Weiße Flecken im Gesicht. Darüber hatte sie mit Papa gesprochen.

»Es ist eine Pigmentstörung«, hörte sie ihn wieder sagen.

Und dann wusste sie, wo sie ihn das hatte sagen hören. Auf der Fahrt hierher. Vor gefühlt tausend Jahren. Als die Kinder an der Brücke um Wasser gebettelt hatten. Als das kleine Mädchen ihr das Amulett geschenkt hatte.

»Die Samen! Das Amulett! Es ist … ich weiß, wo … Das war sie! Genau das Mädchen!«, flüsterte sie und stolperte in der Eile über ihre eigenen Worte, vor allem auf Französisch. »Schnell! Ein Messer, wir brauchen ein Messer! Wir müssen das Amulett auftrennen! Ich! Ich habe die Samen! Ich habe das alte Amulett des Dahalos!«

Sie riss die Schnur mit dem Amulett von ihrem Hals, das ging auch so.

»Waaas?«, flüsterte Don. »Das ist ... wunderbar! Aber wir haben kein Messer!«

»Ich habe Zähne«, sagte Fito. »Total sehr scharfe Zähne.« Und er schnappte sich das Amulett und biss das Stoffbeutelchen, das ohnehin alt und brüchig war, am Rand einfach auf. Ein paar kleine runde, gestreifte Samen kullerten in seine Hand, wie winzige braune Bonbons.

»Der Wasserlemur!«, flüsterte Zafi. »Nein, *die* Wasserlemuren!«

Don spürte den kleinen Minilemuren. Er spürte, wie er unter dem T-Shirt-Stoff an seiner Schulter hervorkrabbelte, und er hörte ihn ganz leise schnüffeln. Er roch die Samen, er hatte eine feinere Nase als Menschen. Ganz bestimmt. Ein seltsames Glücksgefühl machte sich in Don breit.

Jetzt.

Jetzt war es so weit. Der Minilemur lief seinen Arm hinunter bis zu seiner Hand, und vermutlich hopste er dann hinüber auf Fitos kleinere Hand, denn er spürte ihn nicht mehr.

Feno setzte etwas Unsichtbares ebenfalls auf diese Hand. Das Lemurenweibchen.

»Huu, das kitzelt!«, sagte Fito.

Draußen vor den Fenstern hielten die Kinder die Fackeln noch immer erhoben.

Sie schienen zu zögern. Der Polizeichef schnauzte etwas, aber Don hörte nicht zu.

Er sah, wie die Samen verschwanden. Innerhalb von Sekunden. Sie wurden einfach aufgefressen.

»Aber sie müssen hier raus!«, sagte Feno. »Wir sind immer noch eingesperrt! Wie sollen sie fliegen, wenn sie nicht rauskönnen! Oh, diese Dahalos! Sie machen mich so, so wütend!«

Und ein Mal war es gut, dass Feno ein wütendes, wildes Kind war. Sie hieb mit einem wilden, wütenden Ellenbogen gegen die Autoscheibe, und die Scheibe zerbrach. Der zweite Hieb, der von Enia kam, ließ ein großes Stück herausbrechen. Der Dahalo draußen machte einen Satz zurück, vollkommen überrascht.

Und dann geschah es.

Don sah sie. Er sah die Wasserlemuren.

Auf Fitos Hand.

Sie saßen da, für den Bruchteil einer Sekunde, winzige, flauschige Lemuren, gestreift übrigens, braun-weiß, und zitterten ein wenig mit den Schmetterlingsflügeln auf ihren Rücken. Der Minilemur sah Don an. Und Don streckte die Hand aus und fuhr ihm ganz sanft mit dem Zeigefinger über das winzig winzig kleine Köpfchen.

»Es ist gut«, sagte er. »Ich bin deine Mama, und ich sage dir: Flieg. Flieg da hinaus. Such für uns das Wasser. Jetzt.«

Feno streichelte das Lemurenweibchen. Es schüttelte sich kurz, putzte der Ordentlichkeit halber eine Pfote – und sie flatterten beide auf, ein kurzes Aufglühen von Flügelfarben: Rot und Gelb und Orange mit kreisrunden tiefblauen Flecken – dann waren sie durch die geborstene Scheibe geflogen, flatterten auf den grauen Wald zu. Enia griff durch das Loch, öffnete die Tür von außen, und die Kinder fielen alle hinaus, übereinander, den Dahalos vor die Füße.

Doch die Dahalos taten gar nichts. Sie starrten nur.

Starrten die kleinen flatternden Wesen an.

»Jetzt!«, rief der Polizeichef, der noch nichts gesehen hatte. »Macht endlich! Werf eure bunten Lollis in den Wald! Dort, wo sie hinfallen, werden lauter Lollibäume wachsen!«

Don wusste: Wenn die Kinder die Fackeln schleuderten, würde der Wald brennen. Er würde an so vielen Stellen gleichzeitig brennen, dass niemand dieses Feuer mehr löschen konnte, es würde sich bis zu seiner Mitte fressen und dabei immer größer und größer werden, ein Buschbrand, wie es sie immer wieder gab in Madagaskar. Das Feuer fraß das Land. Seit Jahrzehnten, Maitresse Tui hatte es ihnen erklärt.

Die Leute brannten die Wälder ab, um Reis zu pflanzen. Sie wussten nicht, dass das Land die Bäume brauchte und der Reis nicht lange wachsen würde. Sie mussten lernen, sagte Maitresse Tui immer, viel lernen.

Und jetzt würde ein weiterer Wald brennen.

»Tsiiiiiaaa! Neeeeein!«, schrie Don, und er merkte, wie Zafi, Feno, Fito und Enia mit ihm schrien. Und auch der Silbervazaha, der Silbervazaha brüllte am lautesten. »Es ist Feuer! Es sind keine Lollis! Tut das nicht!«

»Natürlich tut ihr das!«, brüllte der Polizeichef, außer sich vor Wut.

»Der Wasserlemur!«, brüllte Maske und zeigte in den Himmel. »Nein, die Wasserlemuren! Es sind zwei!«

Und da sahen sie alle hinauf. Die beiden flatternden Farbflecken stoben auf in den Himmel über dem Wald, fröhlich und frei.

Die Kinder starrten die Fackeln in ihren Händen an, und offenbar sahen sie nun, dass es Fackeln waren. Sie ließen sie fallen und trampelten die Flammen aus, selbst die Kleinsten. Obgleich keines von ihnen Schuhe trug.

Eine große und seltsame Stille trat ein.

»Sie sollten uns das Wasser zeigen«, sagte Maske schließlich. »Sie sollten zu einer Quelle fliegen. Oder einer Stelle, wo man einen Brunnen graben kann. Einem unterirdischen Fluss. Irgendetwas. Wohin, verdammt noch mal, sind sie geflogen?«

»Weg«, sagte der Dahalo mit dem löcherigen Hut. »Einfach weg. In den Himmel.«

»Da ist kein Wasser«, sagte einer der Polizisten. »Wo sie hingeflogen sind.«

»Dummkopf, sei still, das sehen wir auch!«, schnauzte der Polizeichef.

Wieder war es einen Moment sehr still.

Sie hörten nur den Wind, der in den trockenen Zweigen sang. Sie hörten das Rascheln kleiner Tiere im Geäst des Trockenwaldes, der trotz allem lebte, im Geheimen, unter seinem Mantel aus grauem Staub: Käfer und Eidechsen und Chamäleons und kleine Vögel, sie waren alle da. Das Leben, dachte Don, fand immer einen Weg.

Doch es würde kein Wasser geben. Er holte die Flöte aus der Tasche und begann zu spielen, und seine Melodie war schwer wie sein Herz, obwohl er sich sagte, dass er froh sein sollte, weil der Wald, der im Geheimen lebte, nicht brannte.

Aber die Hoffnung, die Hoffnung auf Wasser, die so lange in ihm gekeimt hatte, war zerstört, und es tat unendlich weh.

In Toliara, ein paar Stunden nordöstlich an der Küste, saß der Dorfchef und unterzeichnete vielleicht in genau diesem Moment einen Vertrag. Das Ultimatum war abgelaufen.

Er würde das Dorf der kanadischen Firma verkaufen. Sie würden die Schule abreißen und die Mango fällen, und sie alle, alle im Dorf, würden Schächte in den Boden graben, um Geld zu verdienen.

Der Wind riss die Töne von Dons Flöte weg, wollte ihn nicht mehr spielen lassen, pfiff und heulte jetzt durch die Äste. Dem Dahalo mit dem Hut flog sein Hut weg. Don ließ die Flöte sinken.

Und dann sagte Maitresse Tui: »Aber natürlich sind sie dorthin geflogen, wo das Wasser ist.«

Don sah hinauf in den Himmel.

Der blaue Himmel, in den die beiden Lemuren aufgestiegen waren.

Der Himmel war nicht länger blau. Er hatte sich innerhalb von Sekunden mit Wolken bezogen, den Wolken von nachts, die so lange unschlüssig hin und her gezogen waren.

Jetzt waren sie direkt über ihnen, ballten sich dort, türmten sich übereinander, schlossen das Sonnenlicht aus – und dann begann es zu regnen. Wie aus Gießkannen. Wie aus Eimern. Ganz plötzlich. Die Tropfen pladderten auf das Blech der Autos hinab, trommelten ein Konzert, der Regen peitschte den Wald, der Wind bog die Äste, die Bäume duckten sich unter ihm, erschrocken, aber dankbar, und die Menschen hoben ihre Gesichter und ließen das Wasser darüberlaufen: ließen es den Staub abwaschen, den Staub von Jahren.

Und Don öffnete den Mund und schmeckte den Regen, schmeckte seine Süße, seine wunderbare Frische, und dann lief er zu Maitresse Tui und umarmte sie, und kein Dahalo hinderte ihn daran.

Fito und Feno kamen auch und umarmten sie, und Zafi ebenfalls, sie umarmten sich alle zusammen, am Ende trat der Silbervazaha zu ihnen; sie verschmolzen zu einer großen, einzigen Umarmung im Regen.

Aber Enia, mitten in der Umarmung, sah etwas. Sie sah, dass der Polizeichef noch immer seine Waffe hielt, und gleichzeitig wurde ihr klar, dass Papa gar niemanden richtig umarmte, weil er immer noch Handschellen trug. Genauso war es mit Don und Zafi. Der Polizeichef sah gleichermaßen grimmig und verwirrt aus, er hielt die Waffe auf sie alle, und vielleicht würde er aus lauter Verwirrung und Ärger abdrücken. Es war möglich. Und seine beiden Kollegen hielten auch noch immer ihre Waffen auf die Kinder gerichtet, die jetzt ohne Fackeln im Regen standen.

Alle Kinder trugen Amulette um den Hals, kleine Beutelchen aus Stoff. Manche trugen vielleicht solche, die teuer gewesen waren auf dem Markt in der Stadt und die Magie enthielten und angeblich vor Kugeln schützten. Aber ob sie wirklich schützten, wusste man nicht.

Es gab wohl keine Amulette, dachte Enia, die gegen Kugeln schützten.

Kugeln.

Sie löste sich aus der Umarmung, an der Seite des Knäuels, die der Polizeichef nicht sah, und griff in ihre Tasche. Und da lag sie, die blaue Kugel mit den grünen Flecken. Die große Murmel, die Don ihr geschenkt hatte. Sie zog sie heraus und wog sie in der Hand.

Und dann sah sie um das Umarmungsknäuel herum und zielte ... zielte genau.

Die Murmel flog durch die Luft und traf.

Sie traf die Finger des Polizeichefs, und er schrie auf und ließ die Waffe fallen, vielleicht glaubte er, jemand hätte auf ihn geschossen, und irgendwie war Papa geistesgegenwärtig genug, um die Umarmung zu verlassen und dem Polizeichef einen Schubs zu geben. Ohne Arme, die waren ja gefesselt. Mit der Schulter. Er rempelte ihn einfach so sehr an, dass er umfiel, was gut ging, da Papa viel, viel größer war als der Polizeichef, und da schrie Maitresse Tui: »Auf ihn! Kinder!«

Und die Kinder vergaßen die anderen Polizisten und rannten los.

Es war, als platzte eine große Spannungsblase.

Die Kinder nahmen Maitresse Tuis Befehl wörtlich: Sie setzten sich alle auf den Polizeichef, der am Boden lag. Er protestierte, während die rote Erde um ihn sich langsam in roten Schlamm verwandelte, doch sein Protestgeschrei ging im Jubel der Kinder unter, und er sah sehr ärgerlich aus und sehr platt gesessen und sehr nass.

Die beiden anderen Polizisten sahen vor allem unsicher aus. Und auch nass. Sie sahen ihren Chef an, der auf dem Boden in der Kindermasse kaum auszumachen war, und warteten auf Befehle. Die aber nicht kamen.

»So«, sagte Maitresse Tui. »Die Herren?«

Und sie griff in die Tasche an ihrem inzwischen sehr mitgenommenen Kleid und zog … eine Blumenvase heraus. Eine blaue Blumenvase aus emailliertem Metall, mit kleinen weißen Tupfen.

»Die Herren?«, wiederholte sie und trat zu dem ersten Polizisten.

»Wie?«, fragte er.

»Wasser ist schon in der Vase, vom Regen«, erklärte Maitresse Tui. »Möchten Sie jetzt die Blume hineinstellen? Sie sollten. In einer Vase ist sie besser aufgehoben.«

»Blume?«, fragte der Polizist verwirrt.

»Nun, ich weiß nicht, wie es geschehen ist«, sagte Maitresse Tui sanft, »aber es sieht ganz so aus, als hätte die Waffe in Ihrer Hand sich verwandelt. In eine Madagaskar-Dorn-Glockenblume. Sie ist sehr hübsch, finden Sie nicht? Diese zarten violett-blauen Blätter!«

»Ich … äh … ooh … ja«, stammelte der Polizist und starrte die Pistole in seinen Händen an.

Doch da war gar keine Pistole mehr. Tatsächlich, er hielt eine Glockenblume. Oder war das Einbildung? Er nickte, irgendwie erleichtert, dass jemand ihm Befehle gab, und steckte die Blume in die Vase.

»Sie auch!« Maitresse Tui trat zu dem zweiten Polizisten, der ebenfalls eine Glockenblume hielt und sie verwundert betrachtete.

»Ja. Ja, natürlich«, murmelte er rasch und steckte auch seine Blume in die Vase.

»Und jetzt die Schlüssel zu den Handschellen«, sagte Maitresse Tui und streckte die Hand aus.

»Oh. O ja, selbstverständlich«, murmelte der Polizist wieder, denn er war es, an dessen Gürtel die Schlüssel hingen. Er reichte sie Maitresse Tui mit einer kleinen, zögernden Verbeugung, und sie schenkte ihm ein Lächeln, stellte die Vase ab und schloss die Handschellen von Papa, Don und Zafi auf.

»Da wir nun alle wissen, dass Sie mit den Dahalos gemeinsame Sache machen«, sagte Maitresse Tui freundlich, »wissen wir ja, was ich tun muss. Ich muss Sie leider verhaften.«

Die beiden Polizisten nickten, sie wirkten noch immer erleichtert. Vielleicht hatten sie den Wald nicht wirklich anzünden wollen. Sie ließen sich die Handschellen anlegen, ohne zu widersprechen, und Maitresse Tui öffnete die hintere Tür des Polizeiwagens, in den sie gehorsam einstiegen. Vermutlich waren sie froh, im Trockenen zu sitzen.

»Sie auch!«, sagte Enia zu dem Polizeichef. »Ab ins Auto!«

Es fühlte sich wunderbar an, das zu einem Polizeichef zu sagen.

»Niemals! Lassen Sie mich! Sie ... Sie ...«, knurrte der Polizeichef. Aber Papa zog ihn aus dem Matsch hoch, als die Kinder ihn freigaben, und da Papa sehr viel größer war als er, konnte er ohne Waffe nichts gegen ihn ausrichten. Maitresse Tui versorgte ihn fürsorglich mit Handschellen, und er wurde einfach ebenfalls ins Auto gestopft. Dann schlug Papa die Tür zu. Eines der kleineren Kinder hatte den Schlüssel aus der Tasche des

Polizeichefs gezogen und hielt ihn triumphierend hoch. Und dann schlossen sie das Auto von außen ab.

»Nein!«, schrie der Polizeichef. »Das dürft ihr nicht! Das geht nicht! Ihr werdet alle bestraft werden!« Und er hämmerte gegen die Scheiben, aber es nützte ihm gar nichts.

Die kaputte Scheibe war zum Glück weiter hinten im Auto, hinter dem Gitter, da kam er nicht ran. Und komisch, er schien nicht genug Wut zu haben, um die Scheibe mit dem Ellenbogen kaputt zu machen. Dafür hatte nur Fenos Wut ausgereicht. Vielleicht lag es auch an den Handschellen.

»Jemand muss sie offiziell verhaften!«, rief Papa.

Man musste jetzt rufen, der Sturm heulte so stark, dass fast alle anderen Geräusche untergingen.

Die Bäume verloren Äste und bogen sich, Zweige wurden mit dem Regen über die rote Ebene gefegt, und Enia duckte sich und machte sich klein, genau wie die anderen.

»Na, so ein Guss aber auch! Die reinste Sintflut!«, sagte Maitresse Tui, ein wenig tadelnd, als wollte sie mit dem Regen schimpfen. Sie griff in ihre Tasche und zog einen Regenschirm heraus, einen hübschen grünen Regenschirm mit kleinen Troddeln, den sie über sich und Papa hielt, weil Papa gerade zufällig neben ihr stand. »Verhaften, sagten Sie?«

»Ja!«, schrie Zafi. »Aber es sind gar keine Polizisten mehr da!«

Maitresse Tui sah sich suchend um.

»O doch!«, sagte sie und strahlte. »Sehen Sie! Da kommen welche.«

Sie drehten alle die Köpfe, und da sahen sie es auch: Über die Ebene, durch den Regen, fegte das rote Fahrrad mit dem rosenumkränzten Lenker heran. Auf dem Sattel saß die Polizistin, und vorne, auf dem Lenker, ein sehr junger Polizist.

Sie fuhren Schlangenlinien, wurden vom Zyklon hierhin und dorthin geweht, doch dann hielten sie vor der Gruppe aus Menschen am Wald an.

»Das ... das Fahrrad hat mich ... entführt!«, keuchte die Polizistin. »Es stand plötzlich draußen und hat geklingelt, vor der Tür, und ich bin daraufgestiegen, nur, um es auszuprobieren. Da ist es einfach losgefahren! Mein Kollege ... kam mir zu Hilfe und hat sich auf dieses verrückte Rad gestürzt, aber es hat ihn einfach mitgenommen, es ist ... ganz ohne mein Zutun ... es ist einfach hierhergefahren! Und meine Frisur ist ganz ruiniert!«

»Eigentlich haben Sie doch bis eben tapfer in die Pedale getreten!«, rief Maitresse Tui und lächelte. »Das sah doch gut aus!«

»Aber ich hätte nie ... ich dürfte doch gar nicht ... Ohne Befehl meines Vorgesetzten ...!«, rief die Polizistin. »Eigenmächtig loszufahren ...!«

»Es ist gut, dass Sie da sind!«, schrie Feno gegen den Sturm an. »Ganz prima! Weil, Sie müssen die da im Auto offiziell festnehmen! Sie haben mit den Dahalos zusammengearbeitet! Sie wollten den Wald anzünden! Sie haben Kinder entführt, mit Lollis! Sagen Sie ihnen, dass Sie festgenommen sind!«

»Ich? Ich soll ... haben sie das wirklich getan?«

Sie sah in die Runde, und alle nickten.

»Wir haben eine Meeeenge Zeugen«, sagte Don.

Tatsächlich, in diesem Moment waren die Erwachsenen aus dem Dorf bei ihnen angekommen, und die nickten auch alle.

Sie sahen zerzaust aus vom Zyklon und nass, aber sie nickten sehr nachdrücklich.

»Sie haben unsere Kinder entführt!«, riefen sie. »Nehmen Sie sie fest! Ganz offiziell!«

»Ich? Ich kann doch nicht ... Das sind alles Männer!«, rief die Polizistin. »Und älter!«

Ihr junger Kollege machte sich ein bisschen kleiner, damit niemand darauf kam, er solle etwas tun.

»Heute sind schon so viele Wunder geschehen«, sagte Maitresse Tui, und obwohl sie jetzt ganz leise sprach, hörte man sie komischerweise. »Ich hatte auch Angst vor den Männern in der Dorfversammlung. Aber ich glaube, es war falsch. Frauen können genauso viel wie Männer. Und junge Leute genauso viel wie Alte. Sogar Kinder. Vor allem Kinder. Gucken Sie sich dieses wilde Mädchen an, das eine Scheibe eingeschlagen hat.« Sie nickte zu Feno hin. »Wenn sie das nicht getan hätte, würde jetzt der Wald brennen. Heute sind schon so viele Wunder geschehen ... Vielleicht geschieht ja noch eines.«

Enia sah, wie die junge Polizistin schluckte. Dann straffte sie ihre Schultern und trat zum Auto.

»Hiermit ... verhafte ich Sie im Namen der Gerechtigkeit!«, rief sie dann. »Und jetzt rufe ich in Toliara an, bei der Polizei dort. Wir lassen sie am besten da drin, da sind sie sicher aufgehoben. Fürs Erste.«

»Wunderbar, meine Liebe«, sagte Maitresse Tui und klopfte der Polizistin ganz leicht auf die Schulter. »Ganz wunderbar. Und sicher hättet ihr jetzt alle gerne Schirme? Wie gut, dass das Fahrrad da ist.« Sie ging zu der Kiste hinüber, und Papa musste mitgehen, um unter dem Schirm zu bleiben. Dann zog sie einen gelben Regenschirm aus der Kiste und reichte ihn Don, der ihn über sich und Enia aufspannte. Danach einen lila Regenschirm für Feno und Zafi. Einen blauen für Fito und seine Ziege ... einen türkisfarbenen für die nächsten Kinder ... Sie stellten sich alle in einer Reihe an, und immer zu zweit bekamen sie einen Schirm. Natürlich hatte vorher wieder mal keiner gemerkt, dass all diese Schirme in der Fahrradkiste lagen.

»Wo sind eigentlich die Dahalos?«, fragte Enia. »Der Pick-up ist weg ...«

In diesem Moment klingelte ein Telefon. Papas Telefon. Er zog es aus der Tasche, dort unter dem grünen Regenschirm, und sah verwundert auf das Display.

»Enia ruft mich an!«, rief er gegen den Zyklon an. »Aber Enia ist *hier*!«

Enia nickte.

Und dann fiel es ihr ein. »Tianay!«, schrie sie. »Das ist Tianay! Aus Toliara! Wo der Dorfchef den Vertrag heute unterzeichnen will!« Sie schnappte sich das Telefon. »Tianay? Hörst du mich? Regnet es bei euch auch?«

»Nein, kein bisschen«, sagte Tianay. »Ich wollte sagen, er unterschreibt jetzt.«

15. KAPITEL,

in welchem verschiedene Kringel die Kanadier
verärgern, einige Schwimmer fast verloren gehen,
alle beim Tauziehen helfen und es immer noch regnet

»Neeeein!«, brüllten sie alle zusammen ins Telefon. »Er darf nicht unterschreiben! Der Regen ist doch daaaa!«

Maitresse Tui sah in den Himmel. »In einer halben Stunde müssten die Wolken auch über Toliara sein«, sagte sie.

»Aber in einer halben Stunde ist es zu spät!«, rief Don. Er nahm dem Silbervazaha das Telefon weg, was er nie getan hätte, wenn es nicht wichtig gewesen wäre. »Tianay? Tianay, hörst du mich? Hörst du ... den Regen?«

»Ich höre den Regen schon immer«, sagte Tianay durch das Knistern der Leitung, und in seiner Stimme schwang ein Lächeln mit. »Ich wusste, dass es regnen wird. Genau heute.«

»Sag dem Dorfchef, er darf nicht ...«

Da knisterte es stärker, Don verstand nichts mehr, und die Verbindung brach ab.

»Wir müssen ihn noch mal anrufen!«, rief er gegen den Zyklon an. »Jetzt! Wir müssen!«

»Geht nicht!«, rief der Silbervazaha. »Das Handynetz ist weg!«

Und einen Moment lang standen sie einfach im Regen, im Sturm, und keiner wusste, was zu tun war. Die Sekunden verrannen. Die Minuten verrannen. Der Regen tropfte über die Schirme.

»Maitresse!«, rief Don. »Können Sie nicht zaubern? Zaubern, dass alles gut wird?«

Sie zuckte nur die Schultern, und auf einmal sah sie sehr klein aus neben dem großen Silbervazaha unter dem grünen Troddelregenschirm. Klein und schmal und zerbrechlich.

Er verstand nicht, was sie sagte, aber er wusste es auch so.

»Man muss daran glauben. Wenn der Dorfchef nicht daran glaubt, kann ich auch nicht zaubern.«

Da zog Don die Flöte heraus und versuchte, zu spielen, eine Abschiedsmelodie für das Dorf, für die Schule, für den Mangobaum. Aber aus der Flöte kam kein Ton, sie war zu nass.

Und er merkte, dass auch sein Gesicht nass war, aber es war nicht der Regen, denn er stand ja unter einem Schirm, es war Salzwasser, das über seine Wangen rann.

Und dann klingelte das Telefon zum zweiten Mal.

Don riss es an sein Ohr, wo es weiterklingelte, weil er vor lauter Nervosität vergessen hatte, auf Grün zu drücken. Er drückte.

»Tianay?«

»Ja«, sagte Tianay. »Don? Der Regen ist hier.«

»Und ... die Papiere? Die kanadische Firma? Hat er ... er hat doch nicht ...?«

Don stellte das Telefon auf laut, alle aus dem Dorf drängten sich um ihn, um mitzuhören, obwohl es im Zyklon kaum möglich war.

»Doch«, sagte Tianay. »Er hat unterschrieben. Der Dorfchef. An allen drei Stellen im Vertrag, wo er unterschreiben musste.« Er machte eine kleine Pause. »Aber er hat dreimal unterschiedlich unterschrieben«, sagte er dann. »Jedes Mal mit einem anderen Kringel. Es ist nämlich so ... damals, das hat er uns erklärt ... Damals, als der Dorfchef ein Kind war, gab es im Dorf noch keine Schule. Nicht einmal eine aus Ästen und Zweigen. Und keine Maitresse Tui. Natürlich nicht.«

»Und?«, fragte Don atemlos.

»Und?«, fragten alle um ihn herum.

»Tja, unser weiser Dorfchef kann gar nicht schreiben«, sagte Tianay. »Und bei drei unterschiedlichen Kringeln ist den Kanadiern die Geduld ausgegangen. Sie fühlten sich veräppelt. Sie haben gefragt, was los ist ... und ... tja, und dann kam der Regen. Er schlägt hier gegen die Fenster vom Büro.«

»Und jetzt? Was jetzt?«

»Jetzt«, sagte Tianay ganz ruhig, »kommen wir alle nach Hause. Und bepflanzen die Felder wieder. Nutzen das Wasser aus. So lange es reicht.«

Irgendwann, das wusste Don – das wussten alle – würde das Regenwasser wieder ablaufen. Es hielt sich nicht im roten

Boden. Eine Quelle wäre besser gewesen. Eine Wunderquelle. Aber Wunder gab es nicht immer. Und man konnte hoffen.

Er fragte sich, ob die Wasserlemuren wiederkommen würden. Sie waren in den Himmel verschwunden, hinauf ins Blau. Hatten sie den Regen gerufen? Waren sie jetzt jenseits – jenseits der Wolken? In einem Stück der Welt, in das ihnen niemand folgen konnte? Er spürte einen kleinen Stich im Herzen. Er würde die winzigen Krallen auf seiner Schulter vermissen.

Aber die Schule würde stehen bleiben. Und der Mangobaum. Fürs Erste.

Und das war gut.

Tja, und dann fielen ihnen die Dahalos wieder ein.

Der Pick-up stand nicht mehr da. Nur noch das Polizeiauto mit den drei eingesperrten Polizisten.

»Die Dahalos sind weg!«, sagte Enia. »Wohin …?«

»Wir müssen sie festnehmen«, sagte die junge Polizistin voll neuer Entschlossenheit. »Und wir werden sie festnehmen. Wo ist ihr Lager?«

»Am trockenen Fluss«, sagte Feno.

Sie sahen sich an. Und sie dachten wohl alle dasselbe: dass der trockene Fluss kein trockener Fluss mehr war. Bei dieser Sintflut würde er wieder Wasser führen.

»Sie werden versuchen, ihre Sachen zu retten!«, rief der Silbervazaha. »Sie haben Geld in ihrem Lager! In ein paar Holzkisten! Und die Ombys! Und die Ziegen!«

»Aber wie sollen wir dahin kommen, bei dem Zyklon?«, rief irgendwer vom Dorf.

»Oh, ganz einfach!«, rief Maitresse Tui. »Wir reisen *mit* dem Zyklon! Ganz zufällig ist es die gleiche Richtung! Halten Sie sich nur alle gut fest!«

Und dann umfasste sie den Knauf des grünen Schirms fester und stieß sich vom Boden ab. Und der Zyklon hob sie einfach hoch. Wirbelte sie mit dem Regen davon. Sie drehte sich um die eigene Achse – wie ein bunter Kreisel, dachte Don. Der Silbervazaha klammerte sich etwas panisch zusammen mit ihr an den Schirm, seine langen Beine wirkten merkwürdig da oben in der Luft.

»Na, dann los!«, sagte Enia und stieß sich ebenfalls ab, und der gelbe Schirm kreiselte dem grünen nach, wurde vom Zyklon mitgerissen. Don schnappte nach Luft und krallte sich fest. Ihm war schwindelig, und es war sehr nass im Sturm. Aber es war auch wunderbar.

Er sah den lila Schirm von Feno und Zafi zu ihnen emportrudeln, dann den blauen mit Fito und der Ziege, den übrigens sehr hübsche kleine silberne Kringel zierten. Danach einen in Zartrosa mit Blättermuster, an dem sich Nenibe und eine von Fenos kleinen Schwestern festhielten … Und mehr und mehr. Der ganze dunkelgraue, stürmische Regenhimmel war plötzlich voller kreiselnder, wirbelnder Schirme, und sie bewegten sich allesamt in Richtung des Flusses Linta. Ganz zum Schluss kam ein roter Schirm, die Ränder dekoriert mit einer Girlande aus purpurnen Stoffrosen samt grünen Stoffblättchen, und an seinem Knauf hingen eine junge Polizistin und ein Fahrrad. Sowie ihr Kollege, der wieder vorn auf dem Lenker saß.

Und dann sahen sie den Linta. Und es war unglaublich.

Denn er floss. Wirklich und wahrhaftig, er floss, er lebte, er war wieder da. Wie konnte das sein, nach einer halben Stunde Regen? Niemand wusste es. Er strömte und sprudelte, brauste und warf sich in Wellen um die Kurven seines Bettes, er war gewaltig und schäumend und wunderbar, wie ein langer, flüssiger Drache, und er sah aus, dachte Don, als hätte er einen unbändigen Spaß daran, einfach zu existieren.

Noch immer warf der Himmel mit Wassermassen, fütterte den Linta, so wie alle Flüsse in der Gegend, und sie wuchsen und bäumten sich auf und lachten gurgelnd im Regen.

»Da! Da sind die Dahalos!«, schrie Enja. Und Don sah sie.

Sie saßen in den Ästen des Baums, der am Rand des Flusses wuchs und der ihr Lager überschattet hatte. Doch das Lager war nicht mehr da. Die Kaktushecke war überschwemmt, die Hütte fortgespült. Auf dem Linta jedoch trieben mehrere Holzkisten. An eine klammerte sich der Chef der Dahalos mit der Maske. Mit einem Arm hielt er sich noch an einem Ast des Baumes fest, aber die Strudel drohten ihn mitzureißen.

»Landeeeeen!«, schrie Enia, und Don schrie: »Wie deeeenn?«

Aber Maitresse Tuis grüner Schirm landete. Im Famatabaum. Und da landete auch Dons und Enias gelber Schirm, direkt daneben. Die übrigen Schirme ließen sich wie Schmetterlinge am Ufer nieder und machten es bunt, und die geklauten Ziegen, die dort auf und ab liefen, weil ihre Umzäunung umgeweht war, kamen alle angerannt und versuchten, sich unterzustellen.

Don sah es nur im Augenwinkel.

Was er eigentlich sah, war Maske, der genau in diesem Moment weggespült wurde.

»Vonjeeeeeeeo!«, brüllte er. »Hiiiilfe!«

Und Don sah ihn untergehen, wieder hochkommen, wild mit den Armen rudern, abermals untergehen. Maske konnte nicht schwimmen. Don konnte es genauso wenig, woher auch? In einem Land ohne Wasser?

»Wir müssen ihn retten!«, rief er.

»Müssen wir?«, schrie Enia. »Er war nicht nett zu uns!«

Aber dann nickte sie. »Ich kann schwimmen!«, rief sie, doch in diesem Moment sprang schon jemand anders ins Wasser. Der Silbervazaha. Er tauchte unter den Strudeln auf die Mitte des Flusses zu, und Don hielt den Atem an. Da! Da war er wieder! Er schwamm jetzt neben Maske, packte ihn – und ging selbst unter. Der Linta war einfach zu wild.

»O nein!«, schrie Enia. »Guck! Die anderen auch!«

Und wirklich, jetzt waren auch die beiden anderen Dahalos in den Fluss gerutscht. Und da war der vierte. Sie kämpften alle mit dem Wasser, es drückte sie nach unten und ließ sie nicht hochkommen.

Und Don dachte: Sie werden ertrinken, sie werden allesamt ertrinken, und es wird keine Dahalos mehr geben, und ich sollte mich freuen.

Nur irgendwie freute er sich gar nicht. Es war ein schrecklicher Gedanke, dass irgendwer ertrank.

»Ein Seil!«, schrie jemand. »Wir brauchen ein Seil!« Und erst, als Enia nickte, begriff er, dass er selbst das geschrien hatte.

Maitresse Tui hatte ihn gehört. Sie nickte. Und dann turnte

sie über die Äste zu ihrem Fahrrad hinüber, das auch im Famatabaum gelandet war, und griff in die Kiste auf dem Gepäckträger. Kurz darauf hielt sie ein langes, stabiles Seil in Händen. Sie sagte etwas zu den beiden jungen Polizisten, und der Polizist schleuderte das eine Ende des Seils zum Ufer, wo die Kinder es packten. Sie reihten sich entlang des Seils auf wie beim Tauziehen, die Erwachsenen stellten sich dazwischen – und leider, leider flogen die bunten Schirme weg, die sie hatten loslassen müssen.

Das andere Ende des Seils warf Maitresse Tui dem Silbervazaha zu, der gerade wieder hochgekommen war. Er griff danach, und sie schrie: »Gut festhalten! Sie schaffen das! Gleich sind sie draußen!«

Auch die anderen Dahalos klammerten sich fest, und jetzt zogen alle am Seil, das halbe Dorf am Ufer, die Polizisten und Maitresse Tui und Don und Enia auf dem Famatabaum.

»Hau-ruck! Hau-ruck!«, rief Maitresse Tui. Und langsam, Hand über Hand, holten sie das Seil ein. Und der Silbervazaha schwamm und hielt Maske fest, und die anderen Dahalos schwammen auch, so gut sie konnten. Und endlich, endlich, endlich waren sie alle an Land. Kletterten in den Baum. Und danach alle zusammen ans Ufer.

Maske brach dort zusammen und spuckte sehr viel rotsandiges Wasser aus. Die anderen drei Dahalos lagen einfach flach auf dem Rücken und keuchten.

»Geschafft«, sagte Maitresse Tui und klopfte dem Silbervazaha auf die Schulter. »Was für ein guter Rettungsschwimmer Sie sind.«

»Ohne das Seil hätte ich es nie geschafft«, sagte der Silbervazaha und legte einen Arm um Enia, die sehr erleichtert aussah. »Sollten wir es nicht aufrollen und verstauen?«

»Seil?«, fragte Maitresse Tui. »Welches Seil?«

»Na das, das Sie mir zugeworfen …«

Don sah seine Hände an. Da war kein Seil. »Da war kein Seil«, sagte Maitresse Tui. »Oder wenn, war es ein unsichtbares Seil aus Selbstvertrauen, das wir Ihnen gegeben haben. Sie haben den Herrn hier ganz allein gerettet.«

Der Dahalo am Boden hustete und spuckte das letzte Wasser in seinem Magen aus und kam auf die Knie. Die Maske hing halb zerfetzt und durchweicht von seinem Gesicht, und er streifte sie ganz ab. Unter der Maske sah er nicht sehr Furcht einflößend aus. Er erinnerte Don an jemanden … an den Dorfchef. Wirklich. Er hatte dieselbe Nase. Dieselbe Stirn.

»Sind Sie … sind Sie der Sohn des Dorfchefs?«, fragte Maitresse Tui ungläubig.

Der Chef der Dahalos nickte.

»Sie haben … die Ziegen Ihres eigenen Dorfs gestohlen?«

»Es war schon lange nicht mehr mein Dorf«, knurrte der Dahalo-Chef. »Ich konnte meinem Vater sowieso nie irgendwas recht machen. Als ich so alt war wie du da«, er zeigte auf Don, »da bin ich weg. Hab mich allein durchgeschlagen. Aber jetzt …« Er sah den Silbervazaha an. »Sie haben mich gerettet. Ich danke Ihnen. Das waren die Geister der Ahnen. Die Geister haben Sie geschickt. Ab jetzt werde ich kein Dahalo mehr sein. Es gibt jetzt Regen. Ich werde Gemüse anpflanzen. Eigentlich habe ich mich immer für Karotten interessiert.«

»Darüber reden wir auf dem Polizeirevier«, sagte die Polizistin. »Vielleicht können Sie im Gefängnishof ein kleines Karottenbeet anlegen. Sie sind verhaftet.«

Der Dahalo war zu erschöpft von seinem Ausflug in den Linta, um sich zu wehren, als sie ihm Handschellen anlegte. Genau wie seinen Kollegen.

»Können Sie überhaupt lesen und schreiben?«, fragte Maitresse Tui.

»Braucht man das für Karotten?«, fragte der Chef der Dahalos erschöpft.

»Um sie zu verkaufen, schon«, sagte Maitresse Tui. »Wissen Sie was, ich werde Sie im Gefängnis besuchen. Dann können Sie es lernen. Und wenn Sie sich dabei nicht allzu dumm anstellen ...« Sie beugte sich ganz nahe zu ihm, sodass die Polizistin nicht hörte, was sie sagte. Don hörte es, er stand näher bei ihnen. »... dann helfe ich Ihnen ganz vielleicht, wieder freizukommen«, sagte Maitresse Tui. »Und Ihren Kollegen. Wenn Sie dann wirklich Karotten anbauen. Aber ob ich das glaube ... das sehen wir noch.«

»Was ist eigentlich in der Kiste?«, fragte Fito, der irgendwo aus der Nässe auftauchte.

»Er hat sie ja tatsächlich gerettet. Eine wenigstens.«

Sie öffneten sie gemeinsam, was vielleicht keine gute Idee war, weil der Regen sofort den Inhalt durchnässte. »Meine Güte!«, rief Maitresse Tui. Enia pfiff durch die Zähne.

»Geldscheine! So viele Geldscheine! Wem gehören die jetzt?«

»Ich glaube, dem Dorf«, sagte Feno und ließ ihre Finger durch die Scheine wandern, ehe sie rasch den Deckel wieder schlossen. »Und da der Dorfchef nicht hier ist, beschließen wir ganz schnell, was wir damit tun.«

»Lollis kaufen! Echte Lollis!«, rief ein sehr kleiner Junge.

»Eis!«, rief ein kleines Mädchen.

»Reis!«, rief jemand Erwachsenes.

»Nein«, sagte Don und sah Maitresse Tui an. »Ich weiß, was wir kaufen. Hefte und Stifte und Kreide. Und Schulbänke.«

»*Und* ein paar Lollis«, sagte Maitresse Tui und lächelte.

In der Nacht fuhr Enia ganz plötzlich hoch – wie es ihr am Anfang im Dorf immer passiert war. Papa schlief friedlich neben ihr, und sie atmete auf, erleichtert. In ihren Träumen hatten die Dahalos schon wieder irgendwelche Leute entführt, oder waren es Ziegen gewesen? Sie erinnerte sich daran, dass die Dahalos nicht mehr da und alle Ziegen und Papas frei waren, und atmete tief durch.

Dann krabbelte sie über die Matratzen zum Zelteingang, von dem das Regenwasser noch tropfte, und sah hinaus. Und da war es wieder. Das Licht.

Ein paar dunkle Gestalten saßen um das Licht und sahen offenbar zum Zelt hinüber.

Oder nicht?

Ahnengeister, dachte Enia. Aber auf einmal hatte sie keine Angst mehr. Sie hatte so viel erlebt, es war jetzt auch egal. Sie stand leise auf, fröstelte, schlüpfte in einen Pullover von Papa, der ihr bis zu den Knien reichte, und ging barfuß über den feuchten Boden. Auf das Licht und die Gestalten zu.

Die Gestalten sahen sie kommen und standen auf.

Sie ging einfach weiter. Vielleicht, dachte sie, träumte sie nur. Vielleicht hatte sie deshalb keine Angst. Und dann stand sie vor ihnen.

»Salama?«, fragte sie. »Hallo? Azafady, aber sind Sie die Ahnengeister? Und wessen Ahnen? Meine? Oder die von den Leuten aus dem Dorf?«

Einer der Geister räusperte sich. »Wir sind, ähem, nur wir«, sagte er.

»Jean-Marcel?«, fragte Enia ungläubig.

»Ja, und ... ähem ... mein Vater und zwei Onkel«, sagte Jean-Marcel.

Enia verschränkte die Arme.

»Was tut ihr hier? Warum beobachtet ihr nachts unser Zelt?«

Jean-Marcel sah verlegen auf seine Füße. »Weil wir ... nun ja, wir sind ... wir sind das Komitee zur Bewachung der Vazahas.«

»Falls wir euch nachts überfallen?«, fragte Enia sauer.

»Nein, nein!«, sagte Jean-Marcel schnell. »Wir bewachen euch vor Überfällen. Das ist beschlossen worden, als ihr kamt. Dass jemand auf euch aufpassen muss. Euch vor den Dahalos beschützen ... und vor den Geistern. Du weißt, die Geister strafen uns in diesem Landstrich. Deshalb haben sie uns auch die große Trockenheit geschickt.«

Enia biss sich auf die Lippen, um nicht loszuprusten. »Aber guck mal, die Dahalos sind doch nun weg«, sagte sie. »Und es hat geregnet, die Geister strafen keinen mehr mit Trockenheit. Also sind sie zufrieden und glücklich und ungefährlich. Ich glaube, ihr könnt alle nach Hause gehen.«

Jean-Marcel knurrte irgendwas. Und übersetzte den anderen Männern das, was Enia auf Französisch gesagt hatte. Sie sahen sich an und nickten.

»Sie sagen, eny ary, okay«, knurrte Jean-Marcel. »Wenn das Mädchen mit den Erdhaaren nicht bewacht werden will, ist es selbst schuld. Vazahas sind komisch – da will man ihnen mal helfen, aber sie wollen es gar nicht. Tja. Dann gehen wir jetzt schlafen.«

16. KAPITEL,

*in welchem vieles repariert werden muss, mehrere
Wunder geschehen, ein Hammer an einer Wand
hängt und niemand in einen Heißluftballon steigt*

»Wach auf! Los, wach auf! Enia! Sie sind wieder da. Sie sind
alle wieder da!«

Enia blinzelte.

Sie blinzelte in gedämpftes gelbes Licht, Zeltlicht. Don kniete
über ihr, ein bisschen besorgt, und hinter ihm lauschte Feno
durch den Zelteingang. Sie angelte nach Don und zog ihn wieder aus dem Zelt.

»Moramora. Lass sie erst mal in Ruhe wach werden«, sagte
sie und lachte.

Es roch nach Kaffee. Papa war draußen irgendwie mit dem
Campingkocher zugange.

Enia schüttelte sich und fuhr sich durch die Haare und schüttelte sich noch mal, es war gar nicht so einfach, wach zu werden. Schließlich fischte sie ein T-Shirt aus dem Rucksack, krabbelte aus dem Zelt ... und schnappte nach Luft.

Es sah verheerend aus.

Der Zyklon hatte beinahe alle Hütten im Dorf zerstört, Wände waren umgefallen oder fehlten ganz, Dächer waren weggeflogen, Balken ragten ins Nichts.

»O nein!«, sagte Enia.

»Ist nicht schlimm«, sagte Don. »Guck, sie bauen es schon wieder auf. Das machen sie immer nach dem Zyklon. Es war nur lange keiner mehr.«

Und er hatte recht, die Leute wuselten alle zwischen ihren Häusern herum, sammelten Reste zusammen, flochten neue Matten für Wände. Es würde dauern, bis alles wieder so war, wie es sein sollte. Aber es würde so sein.

Papa reichte Enia ein Stück Knäckebrot und eine Tasse Tee, und dann sagte er: »Ich muss wieder – « Und war fort.

»Ich verstehe nicht, wohin muss er?«, fragte Enia.

Don zeigte in die andere Richtung, weg vom Dorf, zur Schule. Auch die Schule war kaputt. Aber sie waren schon dabei, die Wände zu flicken, Papa und Maitresse Tui. Offenbar hatte Papa nur für Enias Tee eine Pause gemacht.

Im Moment war er dabei, Maitresse Tui hochzuheben, damit sie irgendetwas am Dach machen konnte, es sah sehr wackelig aus, er wankte ein wenig nach links, dann ein wenig nach rechts ... Und dann fielen sie beide um und lagen in einem Haufen auf dem Boden.

Ihre Gesichter waren sich sehr nah, die Nasen berührten sich beinahe.

So wie im Film immer.

Enia hielt kurz die Luft an.

Dann rannte Fitos Ziege in das Filmbild, schnüffelte an Papas Stirn und nieste.

Und Maitresse Tui rappelte sich rasch auf. Sie trug an diesem Tag ein frisches Kleid, zartgelb, und die feuchte rote Erde hatte es wunderbarerweise nicht dreckig gemacht, sondern Muster daraufgetupft, die sehr hübsch aussahen. Die Sonne ließ sie leuchten, und sie ließ, dachte Enia, auch Papa leuchten. Er hatte ein etwas dummes Grinsen auf dem Gesicht und sah glücklich aus.

Obwohl in seinem Haar ein Teil des Lehms war, den Maitresse Tui offenbar zum Abdichten des Dachs benutzt hatte.

Maitresse Tui reichte ihm eine schmale Hand und half ihm hoch, und Enia und Don und die anderen liefen zu ihnen.

»Salama, Enia«, sagte sie. »Guten Morgen. Hast du gesehen? Das Land hat getrunken.«

Und sie zeigte mit einer ausladenden Geste ringsumher. »Ich würde fast sagen, es ist ein wenig betrunken«, meinte Maitresse Tui und lachte leise.

Tatsächlich, überall spross das Grün aus dem roten Boden, die grauen Büsche hatten über Nacht zarte junge Blätter und Knospen bekommen, aus denen hier und dort weiße Blüten quollen, und selbst die Kakteen blühten: knallrot. Die Famatabäume sahen immer noch aus wie Wasserpflanzen, aber ihre Auswüchse hatten sich vollgesogen und wirkten selbstbewusster als sonst. Und unter den Bäumen waren eine ganze Menge Ziegen fleißig dabei, das sprießende Gras wieder auszurupfen.

»Sie sind alle zurück, ja«, murmelte Enia. »Was ist mit den Ombys? Die die Dahalos geklaut hatten?«

»Sie sind in ihre verschiedenen Zuhauses zurückgelaufen«, sagte Maitresse Tui. »Jedes in sein Dorf. Noch gestern Nacht. Ich habe ihnen gut zugeredet. Zuerst waren sie ein bisschen ängstlich. Aber es sind ja keine Dahalos mehr da, die sie nachts zurückstehlen könnten.«

Papa staubte sich ein wenig ab und seufzte.

»Tja, und der Wasserlemur ist weg«, sagte er. »Ein für alle Mal. Nun werde ich nie ein Bild ans Institut schicken.«

»Aber das habe ich doch schon getan«, sagte Tianay.

Sie fuhren alle herum.

Tianay hing wieder mal am Mangobaum, umgekehrt natürlich.

»Hörst du schon wieder irgendwas?«, fragte Fito und putzte seiner Ziege, die sich offenbar erkältet hatte, die Nase mit dem Saum seines löcherigen T-Shirts.

»Ja«, sagte Tianay und schloss die Augen. »Das Gras wachsen.«

»Moment, was hast du getan?«, fragte Papa und beugte seinen Oberkörper so, dass er Tianay richtig herum ansehen konnte. Tianay öffnete die Augen und lächelte Papa an, ein wenig nachsichtig. »Ein Foto geschickt natürlich. An Ihr Institut. Was immer das ist. Enia hat gesagt, ich soll Ihre Botschaft abschicken. Und dann hatte ich sehr viel Zeit, als wir in dem Flur gewartet haben. Bei der kanadischen Firma. Fast zwei Tage lang. Da war ziemlich gutes Internet.«

Er ließ sich vom Baum fallen und lehnte sich, richtig herum, an den alten, dicken Stamm.

»Da habe ich ein paar Fotos von den Wasserlemuren mitgeschickt.«

»Aber wie ... Wir hatten doch gar kein Foto!«, sagte Papa. »Sie waren nur für Sekunden sichtbar! Eigentlich habe ich sie in dem ganzen Durcheinander *überhaupt* nicht richtig gesehen. Und du warst gar nicht dabei, als sie in den Himmel geflogen sind!«

Tianay zuckte die Schultern, rupfte einen frisch gewachsenen Grashalm aus und steckte ihn in den Mund. »Ach, ich habe mir vorgestellt, wie sie aussehen«, meinte er. »Und dann habe ich eine Menge Bilder gefunden, im Internet. Von Schmetterlingsflügeln und von Lemuren. Das Internet ist schon sehr faszinierend. Und du hast so ein Programm auf dem Handy, Enia, da kann man die zusammenfügen.« Er lächelte sie an. »Ich hatte ziemlich viel Zeit, beim Warten, bei dem Amt, im Flur. Da habe ich mir durchgelesen, wie das geht. Es war ganz einfach ...«

»Du hast ... Fotos vom Wasserlemuren ... gebastelt?«

»Es ist ja nicht wirklich geschummelt«, sagte Tianay. »Er *hätte* so ausgesehen, der Wasserlemur. Wenn man ihn hätte sehen können.«

»Aber das«, meinte Enia und seufzte, »werden wir wohl nie mehr tun.«

»Ich vermisse den Minilemuren ein bisschen«, sagte Don neben ihr leise.

»Und ich den großen«, sagte Feno.

Papa lachte. »Fotos an das Institut ... Das merken die doch!

Egal. Es hat geregnet, das ist die Hauptsache. Es wäre nur so schön gewesen, wir hätten ein Naturschutzgebiet für die Wasserlemuren bekommen. Ich hatte ihnen Pläne geschickt ... So ein seltenes Tier muss doch geschützt werden. Ehe es ausstirbt. Egal, ob es nun Wasser findet oder nicht.«

Er zog sein Handy aus der Tasche. »Enia, schickst du mir die gebastelten Fotos? Die müssen ja bei dir drauf sein.«

»Nachher«, sagte Enia.

»Oh«, sagte Papa.

»Was?«

Papa guckte sein Handy an, runzelte die Stirn und schüttelte den Kopf.

Dann hielt er es näher vor die Augen. Er schien etwas zu lesen. »Oh«, sagte er noch einmal. Und ein drittes Mal: »Oh.«

»O ist ein sehr schöner Buchstabe«, sagte Maitresse Tui. »Zafi hat ihn neulich schon gelernt, auf dem Weg hierher.«

»Ein Kreis«, sagte Zafi. »Wie eine Murmel.«

»Das ... das Institut«, stammelte Papa und sah endlich vom Display auf. »Sie ... sie haben eben geschrieben. Sie haben die Bilder bekommen. Von dem Ei und dem Nest, vom Trockenwald und ... und von den beiden Lemuren! Und sie ... sie schreiben, sie sind dabei, die Gelder für ein Schutzgebiet lockerzumachen! Hier, hier draußen! Ein Gebiet, das den Trockenwald und mehrere Dörfer umfasst, es gab schon ein Telefonat mit den einheimischen Behörden. Wie kann ... was ... normalerweise dauert so was Jahre!«

»Bestechung wahrscheinlich«, sagte Don. »Damit geht bei uns immer alles schneller.«

»Oder«, sagte Maitresse Tui leise, »ein wenig Magie.«

»Ich … ich kann es immer noch nicht fassen … Sie werden … es wird eine Zeit brauchen, aber sie werden hier ein Schutzgebiet aufmachen, und ich … Sie fragen, ob ich den Aufbau betreuen will … Sie werden Arbeitskräfte brauchen! Jede Menge Arbeitskräfte! Zur Bewachung! Zur Aufforstung! Und sie wollen … Sie wollen mehrere Brunnen im Umkreis bohren. Für die Leute in den Dörfern. Damit sie ihre Felder bewässern und ernten können und nicht den Wald abholzen, um an Geld zu kommen. Das ist … das ist …«

»Unglaublich!«, rief Don.

»Brunnen!«, rief Feno.

»Bei uns im Dorf auch?«, fragte Zafi.

»Ganz bestimmt, ihr seid doch das nächste Dorf, ihr liegt auch in der Nähe vom Trockenwald«, sagte Feno. Zafi nickte. »Dann … dann können sie aufhören, nach diesem Dings, diesem Glimmer zu graben. Ich glaube, die Schächte sind jetzt sowieso erst mal voll Wasser gelaufen. Dann könnte ich … nach Hause gehen.«

Sie sah Maitresse Tui an. »Nur … könnte ich … wäre es möglich … ginge es, wenn …«

»Wenn sie wieder repariert ist, kannst du gerne zu uns in die Schule kommen«, sagte Maitresse Tui. »Und die anderen Kinder bei euch auch.«

»Zum Glück sind die Wände kaputt«, sagte Enia. »Dann kann man die Schule gleich größer machen, damit alle reinpassen.«

An diesem Nachmittag fuhren sie mit dem Fahrrad zum Wald hinaus, während die Erwachsenen weiter die Hütten reparierten: Don trat wieder in die Pedale, und die anderen waren irgendwie auf dem Rad verteilt. Inzwischen hatten sie Übung.

Nur die Ziege fehlte. Fito sagte, sie hätte sich wohl sehr viel mit den anderen Ziegen zu erzählen, die bei den Dahalos gewesen waren.

Das Rad hob nicht ab, es war ein ganz normales altes, klappriges Rad mit etwas mitgenommenen roten Stoffrosen. Aber das Land, durch das sie fuhren, war neu. Überall lugten kleine Triebe aus der roten Erde hervor.

Und schließlich erhob sich der Wald vor ihnen, der graue, dürre, dornige Wald. Nein. Er war nicht länger grau und dürr und dornig. Er war lebendig. Die Büsche und Bäume hatten neue Blättchen bekommen, Lianen hingen in allen Schattierungen von Grün im Wald wie Girlanden, manche hatten bereits Blüten in Orange oder Zyklam. Die Bäume, die der Zyklon umgeworfen hatte, lagen in einem weichen Bett aus sprießenden Pflanzen; es war so schön und so unwirklich wie ein Traum.

Sie stiegen vom Fahrrad und sahen an den Bäumen hinauf. Vögel turnten durch die Äste. Vögel, die sich endlich wieder trauten, zu zwitschern und zu krakeelen.

Etwas lief über Enias Fuß, und sie sah hinunter: Es war eine braune Schildkröte, die verwundert vorbeiging und die Veränderung wohl auch nicht glauben konnte. Ein Sternenmuster zierte ihren Panzer, und Enia dachte, dass die Schildkröte ebenso ein Wunder war wie der Wald.

Wie alles Leben.

»So muss es sein«, sagte Zafi und seufzte. »Genau so. Ich wünschte, Feno, du könntest es sehen.«

»Ich seh es doch«, sagte Feno und fuhr mit der Hand durch die Blätter. »Mit den Fingern. Und ich höre es, und ich rieche es und ...«

Sie verstummte.

»Da!«, flüsterte sie.

Und da sahen sie es alle: Mitten zwischen dem Grün stand jemand im Wald, auf einer kleinen Lichtung. Jemand, der sich würdevoll auf einen Speer stützte und ein Tuch mit großen Blumen über die Schulter geschlagen hatte.

»Der Dorfchef«, flüsterte Don.

In diesem Moment drehte der Dorfchef sich um.

»Kinder«, sagte er. »Willkommen. Willkommen im Wald. Er ist wieder grün. Ist das zu fassen?«

Er breitete die Arme aus und lächelte. »Habe ich es nicht immer gesagt?«

Das hatte er natürlich nicht, dachte Enia, aber es war ja auch egal.

»Wenn ich nur wüsste, wo diese Wassertierchen sind«, sagte der Dorfchef. »Ich hätte sie zu gerne einmal gesehen. Aber als sie sichtbar waren, war ich nicht ... äh ... anwesend.«

»Niemand weiß, ob sie zurückkommen«, sagte Don.

Der Dorfchef seufzte. »Grüß mir diesen verrückten Vazaha, mein Kind«, sagte er zu Enia, »der ständig Dinge in den Haaren hat. Ohne ihn hätte wohl niemand nach dem Wasserlemuren gesucht.«

»Ohne mich, eigentlich«, murmelte Enia. Aber ganz leise.

Sie dachte an das Bild im Internet und an den Tag, an dem sie es gefunden hatte. In der Schule.

Sie schloss die Augen, sah sich selbst in der Klasse sitzen, an einem sauberen Tisch, auf dem Bücherstapel und bunte Stifte und Hefte lagen, in dem hellen Raum mit den Wänden voller Hochglanzposter. Und sie vermisste Don und Feno, Zafi und Fito, die Ziegen und die Kakteen und den roten Staub.

Sie öffnete die Augen wieder. Ein Glück, sie war ja noch hier.

»Wie lange bleibt ihr noch?«, fragte Don vorsichtig. Als hätte er ihre Gedanken gelesen.

»Ich weiß nicht. Eine Woche? Papa hat die Flugtickets.«

»Wenn er sie nicht verbummelt hat«, sagte Zafi.

»Wie sehen Flugtickets eigentlich aus?«, fragte Fito.

»So lang und weiß und aus steifem Papier. Mit abgerundeten Ecken. Wieso?«, fragte Enia alarmiert.

»Na ja, weil ... weil die Ziege heute leider in eurem Zelt war«, murmelte Fito. »Und ich fürchte ... ich fürchte, sie hat etwas gefressen, das genau so aussah.«

»Sie ... hatten gesagt, ich solle zum Tee vorbeikommen?«, fragte der Biologe, den seine Tochter Papa und alle anderen den Silbervazaha nannten.

Er stand vor der Tür einer fremden Hütte, mitten in einem glühenden orange-rosa-roten Sonnenuntergang.

Nach der Arbeit an der Schule und den Hütten hatte er geduscht – was bedeutete, dass er Wasser aus einem Eimer über sich gegossen hatte –, und er trug jetzt ein sauberes Hemd. Das letzte, das er in seinem Rucksack im Zelt gefunden hatte. Er war eine Weile gewandert, bis zu dem Ort, an dem die Hütte stand. Etwas einsam. Maitresse Tui hatte sie ihm beschrieben, aber er hatte irgendwie geglaubt, sie gehörte zu einem anderen Ort. Das tat sie nicht. Sie stand einfach so da, mitten im Nichts, zwischen zwei Famatabäumen, hinter einer Kaktushecke.

Ganz normal.

Bis auf das rote Fahrrad mit den Stoffblumengirlanden an Lenker und Gepäckkiste, das davor abgestellt war.

Der Biologe dachte an seine erstaunliche Tochter, die in diesem Moment bei ihrem Freund Don und seiner Großmutter zu Abend aß. Reis. Und zwar Reis, den sie gefunden hatten, angespült am Flussufer. Er musste aus dem Lager der Dahalos stammen, und er würde das Dorf für ein paar Tage ernähren. An all das dachte er, und dann fragte er noch einmal: »Salama? Hallo?«, und drückte die Tür zu der niedrigen Hütte auf. Er musste sich ducken, um hineinzupassen.

»Salama«, sagte Maitresse Tui. Sie saß auf dem Boden, auf einer Raphiamatte, die Beine untergeschlagen, und rührte in einem Topf auf einer kleinen Feuerstelle. Der Rauch zog durch ein Loch zwischen Wand und Dach ab, wo die Wand ohnehin schadhaft war.

Es war einfach eine Hütte wie jede andere.

Kein Samtsofa. Keine Stehlampe. Nichts.

Das Kleid der jungen Frau, die da im Topf rührte, war ebenfalls sehr einfach: Sie trug wieder das weiße, mit der Rüsche, die abging. Irgendwo hatte er mal ein Stück einer solchen Rüsche gefunden. Ach ja, richtig, bei den Kakteen, bei denen auch die Spur des Wasserlemurs begonnen hatte.

Es schien sehr lange her zu sein.

Der Biologe setzte sich neben die junge Frau auf die Matte, in respektvollem Abstand, und sie goss Tee in zwei unzusammenpassende Plastiktassen und reichte ihm eine.

»Zucker habe ich zurzeit nicht«, sagte sie entschuldigend.

»Wir können welchen erfinden«, sagte der Biologe.

Sie lächelte, ein bisschen müde.

»Heute geht es mal ohne. Ich habe so viel erfunden in den letzten Tagen, ich bin ein wenig erschöpft. Wenn Sie verstehen.«

»Natürlich«, sagte er und trank seinen Tee.

Und dabei fiel sein Blick auf den Hammer, der an einer Schlaufe an der Wand der Hütte hing. Und auf eine Schale mit ein paar weißen Murmeln, die darunter stand. Wenn man mit dem Hammer eine solche Murmel zerschlagen würde, dachte er, würde es Scherben geben, splitterige, harte weiße Scherben wie die Schalen eines sehr kleinen Eis. Auf einem Holzschemel mit drei Beinen lag ein Heft, in dem offenbar Blumen gepresst worden waren, und auch ein Schmetterlingsflügel. Der bunte Staub des Flügels hatte sich über die halbe Seite verteilt.

»Ich sammle sie nur, wenn sie ohnehin tot sind«, sagte Maitresse Tui.

Der Biologe nickte und trank noch einen Schluck Tee. Er schmeckte vor allem nach heißem Wasser.

Er zog das zusammengeklebte Papier, das Enia ihm gegeben hatte, aus der Tasche – das aus den beiden Hälften. Und einen Ausdruck des Fotos, das Enia im Internet gefunden hatte.

»Was genau steht da über *die Wahrheit*?«, fragte er. »Sie wollten mir das noch übersetzen. Für meine wissenschaftliche Arbeit.«

»Natürlich.« Sie nahm das Papier und studierte es einen Moment.

»Da steht«, sagte sie dann, »die Wahrheit ist, dass er seinen Paarungsflug nur dann vollführt, wenn die Wetterlage auf einen unmittelbaren Regenguss hindeutet. Er spürt die Veränderung des Luftdrucks, dazu scheint das Tier eine besondere Befähigung zu haben, und steigt dann in den Himmel auf. Und dies ist die ganze Wahrheit über den Wasserlemuren.«

»Ah. Oh«, sagte der Biologe. »Also hat er den Regen nicht … gerufen? Das beruhigt mich. Es ist alles wissenschaftlich erklärbar.«

Maitresse Tui nickte und nippte an ihrem eigenen Tee.

Der Biologe sah wieder den Hammer an der Wand an und die Murmeln und die gesammelten Schmetterlingsflügel in dem Heft.

»Wir haben den Wasserlemuren eigentlich nie so richtig richtig gesehen«, sagte er schließlich leise. »Also, wir haben. Aber es ging so schnell! Ich kann mich gar nicht erinnern, was ich tatsächlich gesehen habe.«

»Die Frage ist«, sagte sie leise und legte eine Hand auf seine, »ob das zählt.«

»Kann es sein, dass Sie die Spuren gemacht haben? Die Spuren, die uns zum Trockenwald geführt haben? Und kann es sein, dass Sie das Nest …?«

»Was zählt«, flüsterte sie, »ist doch, was man glaubt.«

»Moment. Dieser Reise-Blogger. Dessen Foto Enia im Netz

gefunden hat. Das hier.« Er hielt es mit der freien Hand in einen Lichtstrahl, der durch die geflochtene Wand fiel. »Ist das … überhaupt ein Foto? Ich meine, Sie sind dem Reisenden, der das gepostet hat, nicht zufällig begegnet und …? Ich finde, es könnte auch ein Bild sein. Sehr naturalistisch gezeichnet. Von jemandem, der gut zeichnen kann. Jemandem, der es gewohnt ist, zum Beispiel … Blumen an Tafeln zu zeichnen oder … solche Dinge. Für Schüler.«

»Möglich, möglich«, flüsterte Maitresse Tui. »Aber ist das denn alles überhaupt wichtig? Wir bekommen ein Naturschutzgebiet. Für alle Tiere. Und Brunnen. Und Geld für Arbeitsplätze. Es sind so viele Wunder geschehen.«

Der Biologe nickte langsam. »Ja. Ja, da haben Sie recht. Und wir werden dem Institut mehr Fotos liefern. Forschungsergebnisse. Material.«

»Sicherlich«, sagte sie und sah zu den Schmetterlingsflügeln hin. »Sicherlich. Wissen Sie schon, wie Sie das neu entdeckte Tier benennen werden? Mit lateinischem Namen?«

»Lemur Katta Tohizantsoa-ensis«, sagte der Biologe. »So heißen Sie doch, ja? Tohizantsoa?«

Sie nickte. Ihre Hand, die die Teetasse hielt, zitterte ganz leicht.

»Das ist eine zu große Ehre«, sagte sie. »Viel zu viel der Ehre. Ich bin nur eine einfache Dorflehrerin.«

»Sie sind viel mehr«, sagte der Biologe und stellte seine Tasse ab, die leider umfiel, woraufhin sich ein nasser Fleck auf seiner Hose ausbreitete. »Sie sind … ich weiß nicht … Sie sind … die Hoffnung dieser Kinder.«

»Nein«, sagte Maitresse Tui. »Diese Kinder sind *meine* Hoffnung. Sie machen die Welt so bunt. Schauen Sie sich um – hier ist nichts bunt.«

»Keine Lollis, keine fliegenden Schirme, keine Eiscreme«, sagte der Biologe und nickte. Er hatte ihre Hand genommen und hielt sie ganz fest, und sie hinderte ihn nicht daran.

»Bunt wird es erst, wenn die Kinder da sind und an all das glauben«, flüsterte sie.

»Wir können Kinder sein«, sagte er. »Immer.« Und er zog sie auf die Beine und aus der Hütte ins Freie und sah in den Himmel. »Da! Sehen Sie den Heißluftballon? Mit den grünen und blauen und roten Streifen?«

»Ja«, sagte sie und lachte auf einmal. »Ja, ich glaube, ich sehe ihn.«

»Wir könnten damit fliegen«, sagte der Biologe. »Vielleicht sehen wir ein paar Wasserlemuren vorbeiflattern.«

»Aber es ist fast dunkel.«

»Dann morgen«, sagte er. »Stimmt, ich muss nach Hause, zu meiner Tochter. Wir sehen uns morgen.«

»Die Ziege hat die Flugtickets gefressen«, sagte Enia, als sie schon im Schlafsack lag.

»Das macht nichts«, sagte Papa. »Sie sind sowieso zu nichts gut. Heutzutage muss man nur seinen Pass vorzeigen, den Rest haben die im System.«

»Aber ...«, begann Enia. Und verstummte.

»Zafi ist auch schon weg. Sie ist in ihr eigenes Dorf zurückgegangen.«

Sie seufzte.

»Ein paar Tage haben wir doch noch«, sagte Papa. »Aber alles, auch das Allerbeste, geht irgendwann vorbei. Es war ein großes Abenteuer.« Er legte einen Arm um Enia, denn das Zelt war klein, und die Matratzen lagen dicht beieinander. »Ein wunderbares Abenteuer. Und ich danke dir dafür.«

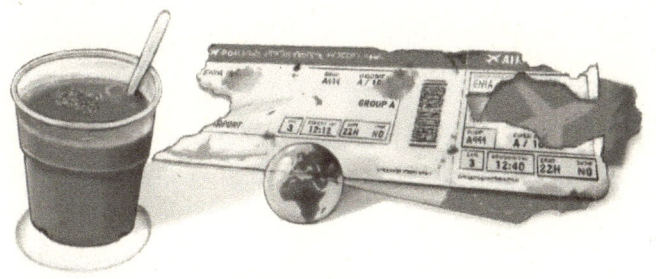

NACHWORT,

in welchem wir alles danach erfahren

Das Flugzeug war groß und laut und sehr sauber.

Enia nahm die Murmel aus der Tasche: die große blaue Murmel mit den grünen Flecken.

Sie drehte sie in der Hand hin und her, hin und her … Und dann sah sie es. Es war nicht nur eine Murmel. Es war eine Weltkugel. Die grünen Flecken waren die Kontinente. Jedenfalls so ungefähr. Sie fand Afrika und rechts unten daneben einen winzig kleinen Flecken. Madagaskar.

»In zwei Monaten«, sagte Papa.

»Wie?«, fragte Enia und sah auf.

»In zwei Monaten muss ich wieder hin, um das Naturschutzgebiet mit aufzubauen. Was machen wir dann mit dir?

Du könntest eine Weile zu Sophie ziehen. Falls ihre Eltern das erlauben. Du musst ja zur Schule.«

»Aber ... in Ehinde gibt es doch eine prima Schule!«, rief Enia – und als die Reihe vor ihnen im Flugzeug sich umdrehte, leiser: »Die beste Schule der Welt!«

»Enia, diese Schule ... hat nicht mal eine richtige Tafel«, sagte Papa.

»Noch nicht«, sagte Enia. »Also hör mal, das ist ja wohl keine Frage. Ich gehe mit dir mit. Und weißt du, ich habe nachgedacht, wir könnten doch für Feno Bücher in Blindenschrift mitbringen. Auf Französisch. Und irgendwie eine Anleitung oder so. Blinde in großen Städten in Madagaskar lernen doch sicher auch Blindenschrift? Vielleicht finden wir da irgendwo auch einen Lehrer, der mal nach Ehinde kommen möchte. Und wir bräuchten mal einen Atlas für Maitresse Tui, und wir könnten ihr noch eine Menge andere Sachen mitbringen, einen ganzen Koffer voll. Aber ich würde gerne in einer Hütte wohnen, nicht mehr im Zelt, wir bauen uns eine, da helfen garantiert alle, und ...«

»Und es gibt nur eine Eimerdusche? Und kein warmes Wasser? Und überall Staub?«

»Na hoffentlich«, sagte Enia und lachte.

»Es ... es ist so«, sagte Papa, »ich ...« Er verstummte.

»Ja?«, fragte Enia.

»Also, ich habe Tui gefragt, ob sie ... also, ob sie sich vorstellen kann ... wenn ich zurückkehre ... ob sie mich möglicherweise ... ob wir vielleicht ...«

»Oh, Papa!«, rief Enia, und es war ihr ganz egal, dass die vordere Reihe sich wieder umdrehte. Sie warf ihre Arme um Papa und lachte. »Das ist eine wunderbare Idee! Und weißt du was? Sie wird eine riesengroße Torte aus ihrer Fahrradkiste ziehen, wetten, und ein weißes Kleid mit noch mehr Rüschen als das andere, und Don wird Flöte spielen, und der Pastor wird etwas sagen, was wir nicht verstehen, was aber schön klingt, und alle werden singen, und es wird wunderwunderwunderschön! Wir werden Konfetti schmeißen und Blütenblätter und Seifenblasen machen …«

»Und dann werde ich das Konfetti und die Blätter und die Seife im Haar haben«, sagte Papa zufrieden. »Ja. Genau so wird es sein.«

»Enia?«

»Was? Ja? Wer ist da? Es knistert so, die Verbindung ist schlecht.«

»Don. Hier ist Don. Ich wollte sagen …«

»Gib mal! Ich will! Enia? Hier ist Zafi. Ich habe gelernt, Enia zu schreiben. Wir schreiben dir jetzt nämlich einen Brief, alle in der Schule, sogar Jean-Marcel macht mit …«

»Und jetzt gib sie mir! Mir! Enia?«

»Feno? Bis du das?«

»Klar bin ich das«, sagte Feno. »Enia, du solltest dich wirklich beeilen mit dem Zurückkommen.«

»Ja, es dauert … wir regeln noch die Papiere …«

»Nämlich«, sagte Feno. »Rate mal. Heute früh, als ich zur Schule gegangen bin, ist was auf meinem Arm gelandet. Die anderen sehen es nicht, und die Erwachsenen sagen, wir bilden es uns vielleicht nur ein. Aber ich, ich sehe es. Ich fühle es. Vier kleine Tatzen und ein Schwanz, und die Flügel rascheln.«

»Der ... der Wasserlemur ist wieder da?«

»Na, und wie«, sagte Feno.

»Der kleine auch«, sagte Don und riss das Telefon wieder an sich. »Er ist gewachsen. Und er hat vorhin die Kreide gefressen. Maitresse Tui sagt, das stimmt nicht, ich hätte sie verloren, aber es war natürlich der kleine Wasserlemur.«

»Glaubt er immer noch, dass du seine Mama bist?«

»Vielleicht hat er eingesehen, dass er zwei Mamas hat«, sagte Don. »Au! Er beißt jedenfalls immer noch gerne in Ohren. Und ...«

»Warte, was ist das Geräusch da im Hintergrund?«, fragte Enia. »Das komische Hicksen?«

»Das ist die Ziege«, sagte Fito. »Sie hat schon wieder Schluckauf. Das heißt, es wird bald etwas Aufregendes passieren.«

Was dein Leseherz begehrt!
Tauche ein in unsere Welt voller Bücher, Medien und mehr.

Ob Buch oder Hörbuch, gedruckt oder digital, für dich oder deine Liebsten: In unserem Webshop findest du garantiert, was du suchst!

Durchstöbere unser breites Angebot an fantasievollen und mitreißenden Geschichten für Kinder, Jugendliche und junge Erwachsene sowie Spiele und Geschenkideen für Groß & Klein.

Scanne einfach den QR-Code oder besuche uns auf **oetinger.de** und lass dich inspirieren!

Hier geht es direkt zum Webshop!

 Oetinger

Weitere Informationen unter:
www.oetinger.de

Die besten Neuigkeiten
aus der Welt der Bücher – abonniere
jetzt unseren Newsletter!

Wenn es um deine Lieblings-held*innen geht, möchtest du stets auf dem neuesten Stand sein? Dann registriere dich jetzt für unseren Newsletter und freue dich auf aktuelle Neuerscheinungen, tolle Sonderaktionen & Gewinnspiele, kostenlose Downloads, Spiele Geschenkideen und vieles mehr!

Genau auf dich zugeschnitten erhältst du regelmäßig Empfehlungen aus der Welt der Kinder- und Jugendliteratur. Und als besonderes Highlight verlosen wir unter allen Neu-Abonnent*innen monatlich ein spannendes Buchpaket.

Scanne einfach den QR-Code oder besuche uns auf **oetinger.de/newsletter** und werde Teil unserer Community!

Hier geht es direkt zur Newsletter-Anmeldung!

Weitere Informationen unter:
www.oetinger.de

Bring dich und deine Ideen ein!

Du bist Expert*in, denn du weißt am besten, was dir gefällt. Im UserLAB kannst du deine Meinung und Gedanken zu verschiedenen Produkten, zu Buchcovern, geplanten Reihen oder digitalen Medien einbringen.
Das UserLAB ist eine Einladung an dich, bei uns mitzumachen. Gemeinsam entwickeln wir Geschichten neu!

Neugierig? Dann mach mit beim Oetinger UserLAB. Viele spannende Umfragen warten auf dich!

Hier geht es direkt zum UserLAB!

 Oetinger

Weitere Informationen unter:
www.oetinger.de/newsletter-userlab